BÜZZ

© 2021 Buzz Editora
© 2018 Sharon Saline
Título original: *What your ADHD child wishes you knew*
Todos os direitos reservados, inclusive o de reprodução total ou parcial por qualquer meio, impresso ou eletrônico. Esta edição foi publicada mediante acordo com TarcherPerigee, um selo do Penguin Publishing Group, divisão da Penguin Random House LLC.

Publisher ANDERSON CAVALCANTE
Editora TAMIRES VON ATZINGEN
Assistente editorial JOÃO LUCAS Z. KOSCE
Tradução DÉBORA ISIDORO
Preparação CAMILA BERTO
Revisão LARISSA WOSTOG, PAOLA CAPUTO
Projeto gráfico ESTÚDIO GRIFO
Designer assistente NATHALIA NAVARRO

Ilustrações: p. 148: © Sarina Hahn; p. 102: Rhymes with Orange © 2016 Hilary B. Price, distribuído pela King Features Syndicate, Inc.; p. 179: Rhymes with Orange © 2011 Hilary B. Price, distribuído pela King Features Syndicate, Inc.

Dados Internacionais de Catalogação na Publicação (CIP)
de acordo com ISBD

S165p

Saline, Sharon
TDAH: Tudo o que seu filho com Transtorno de Déficit de Atenção e Hiperatividade quer que você saiba / Sharon Saline.
Traduzido por Débora Isidoro / Tradução de: *What Your ADHD Child Wishes You Knew: Working Together to Empower Kids for Success in School and Life*
São Paulo: Buzz Editora, 2021
240 pp.

ISBN 978-65-86077-93-3

1. Medicina. 2. Saúde. 3. Transtorno do Déficit de Atenção com Hiperatividade - TDAH. I. Isidoro, Débora. II. Título.

2021-439   CDD 616.8589
               CDU 616-008.61

Elaborado por Vagner Rodolfo da Silva - CRB-8/9410

Índice para catálogo sistemático:
1. Medicina: TDAH 616.8589 2. Medicina: TDAH 616-008.61

Todos os direitos reservados à:
Buzz Editora Ltda.
Av. Paulista, 726 - mezanino
CEP: 01310-100 São Paulo, SP
[55 11] 4171 2317
[55 11] 4171 2318
contato@buzzeditora.com.br
www.buzzeditora.com.br

Dra. Sharon Saline

TDAH

Tudo o que seu filho com Transtorno de Déficit de Atenção e Hiperatividade quer que você saiba

Este livro é dedicado a todas as crianças que confiaram em mim o suficiente para contar suas histórias e à minha mãe, que acreditou neste projeto desde o início.

09	Prefácio: dra. Laura Markham
11	Introdução

PARTE UM: A vida com TDAH

17	1. Os Cinco C's da parentalidade TDAH
45	2. Entender o cérebro TDAH faz toda a diferença
71	3. Aceitar o cérebro TDAH que você tem

PARTE DOIS: A vida na escola

93	4. Superar os obstáculos na escola
101	5. Não entre em pânico: usando e ensinando o autoControle
107	6. Colocar-se no lugar deles em relação à escola: três passos para desenvolver a Compaixão
121	7. Criar soluções escolares duradouras: o segredo é a Colaboração!
131	8. Manter o ritmo: promovendo a Consistência na escola
135	9. Celebração: mais que dizer "muito bem!"

PARTE TRÊS: A vida dentro e fora de casa

141	10. Lidar com sentimentos intensos
165	11. Fazer as coisas
183	12. Você precisa ter amigos: a vida social das crianças com TDAH
197	13. Conectado: louco por tecnologia
215	Observações finais: esperança e confiança

219	Agradecimentos
221	Fontes para os pais
223	Notas
233	Bibliografia

Prefácio

Ser pai ou mãe de qualquer criança é difícil. Mas ser pai ou mãe de uma criança com TDAH é o tipo de dificuldade que pode fazer você querer se jogar no chão e entrar no ataque de birra de seu filho.

E convenhamos, as coisas não ficam mais fáceis quando as crianças atingem a pré-adolescência e a adolescência – ficam mais difíceis. Porque você não vai estar lá para ajudar quando seu filho tiver que manter os materiais organizados e se lembrar de entregar a lição de casa, ou quando sua filha tentar ser pontual nas aulas enquanto vive os complicados dramas dos colegas. O cérebro com TDAH se desenvolve um pouco mais lentamente, e a escola vai se tornando uma pressão cada vez maior para os jovens.

Se você está se perguntando de que maneira ensinar à sua criança ou seu adolescente as funções executivas essenciais para o sucesso à medida que eles se tornam mais independentes na escola e na vida, este livro é para você. A dra. Sharon Saline trabalha com crianças e adolescentes com TDAH há mais de 25 anos e demonstra de maneira convincente que eles têm um aliado essencial, uma ferramenta insubstituível enquanto atravessam os anos da pré-adolescência e da adolescência até a vida adulta: você.

Desde ensinar funções executivas até servir de exemplo de autocontrole emocional, você, pai ou mãe, é o professor mais importante de seu filho. Pense neste livro como seu mapa. Nele, há rotas claras para que *você* se torne o pai ou a mãe capaz, gentil e prestativo de que sua criança ou seu adolescente precisa, para que seu filho possa se tornar melhor para ele mesmo.

Acima de tudo, a dra. Saline oferece ferramentas concretas e objetivas para a construção do relacionamento que você e seu filho querem e merecem ter. Seus Cinco C's, autoControle, Compaixão, Colaboração, Consistência e Celebração, somam-se a um plano que dá suporte aos pais, enquanto ajuda os filhos a desenvolverem as habilidades de que precisam para florescer.

A dra. Saline sabe muito bem como a vida pode ser desafiadora quando o TDAH está em cena. Ela oferece uma clareza rara e um coração aberto para assuntos espinhosos, como a vergonha que criança e pais frequentemente sentem enquanto enfrentam juntos as dificuldades do TDAH. Mas ela também nos ajuda a celebrar os pontos fortes – a energia, a imaginação e o humor de crianças com o distúrbio. Ler este livro é um lembrete para os pais de que outras famílias conseguiram lidar com o TDAH e ajudaram seus filhos a desenvolver habilidades conquistadas com muito esforço para dar conta da vida adulta.

O que é mais emocionante neste livro, e muito útil para os pais, são as vozes de várias crianças e adolescentes com TDAH que preenchem estas páginas. O poder secreto da dra. Saline e a arma secreta dos pais são a mesma coisa: ouvir. Se você realmente ouve seu filho e enxerga o mundo pelos olhos dele, se seu filho se sente visto e ouvido por você, é possível construir um relacionamento de amor e compaixão que lhes dará amparo nos momentos difíceis.

Nem sempre você vai achar fácil ser pai ou mãe de uma criança com TDAH. Às vezes, poderá ficar desesperado ao pensar: "O que vai ser do meu filho?". Felizmente, você vai ver neste livro, e ouvir na voz dessas jovens pessoas, que elas serão elas mesmas e muito mais, e que nessa batalha é imensurável o impacto de ver os pais intercedendo junto à escola em nome delas, sentando-se com elas quando estão magoadas, apoiando-as nas tarefas e atividades acadêmicas e acreditando nelas, mesmo que nem elas acreditem.

Quanto mais difícil a luta, mais doce é a vitória. O modelo da dra. Saline que valoriza o relacionamento oferece a você a sabedoria prática para criar com seu filho aquela relação carinhosa e de apoio que dá a ele as habilidades necessárias para se desenvolver. Cada um de vocês vai crescer conforme as lições e informações do livro se tornarem parte de sua vida diária. E o que uma criança e seus pais/responsáveis podem desejar mais do que isso?

Dra. Laura Markham,
autora de *Pais e mães serenos, filhos felizes:*
crie uma conexão de empatia
(Editora nVersos, 2019)

Introdução

"A escola é legal, mas a pior coisa é a lição de casa, principalmente com minha mãe. Ela simplesmente não entende como é para mim. Fazemos minhas coisas, mas brigamos muito. Quero fazer sozinho, mas não consigo, e acabo sem saída."
Oliver, 9 anos

"Me concentro muito no momento. Sou muito boa em esquecer, o que, sinceramente, é uma das minhas qualidades favoritas. Pequenas coisas não me incomodam muito."
Ella, 16 anos

"Depois da escola, vou lá para fora ou jogo PlayStation sozinho ou com meus amigos… Sozinho é difícil de parar, mas se estou com outra pessoa e meu pai grita que é hora de desligar, vamos fazer outra coisa. Mas sozinho, hum, o que tem para fazer?"
Logan, 11 anos

"Ter TDAH é como tentar subir uma ladeira de bicicleta, mas sem a marcha engatada, e aí você vai para trás. Você tenta, mas não vai. Às vezes perco a cabeça e fico bravo, porque me esforço muito."
Amari, 17 anos

Se você é pai ou mãe de uma criança ou adolescente com transtorno de déficit de atenção com hiperatividade (com ou sem hiperatividade), essas ou outras histórias semelhantes a elas podem parecer familiares. Você pode saber que a escola é um desafio para seu filho e que vocês discutem muito. Pode saber que sua filha é esquecida e precisa de vários lembretes para não perder o treino de futebol e não deixar de fazer as tarefas. Mas realmente entende o que é, para eles, ter TDAH? Que diferença isso faria na sua luta diária para ajudá-los a crescer e se tornarem adultos responsáveis, competentes e felizes? Com base em entrevistas com dezenas de crianças de diversas origens étnicas e socioeconômicas, este livro traz informações sobre a mente e os sentimentos de crianças e adolescentes com TDAH. Suas histórias revelam um rico tesouro de sentimentos, pensamentos e ideias sobre elas mesmas e o que significa ter TDAH. Seus pontos de vista são oportunidades extraordinárias para que os pais entendam melhor a cabeça, as emoções e as atitudes desses filhos. Tais depoimentos, somados a décadas de experiência clínica, fundamentam minha abordagem singular, os Cinco C's da parentalidade TDAH. Com essas ferramentas, você aprende como criar soluções duradouras para os desafios diários de sua família.

Através de meu trabalho com crianças, adolescentes e suas famílias, na prática da psicoterapia e como consultora de escolas, palestrante e mediadora de oficinas, observei que famílias que lidam com TDAH parecem deixar de ver os sinais uns dos outros e acabam revoltados, frustrados, magoados e desconectados. As crianças muitas vezes me dizem coisas que não compartilham com os pais, mas sobre as quais gostariam de conversar. Os pais me dizem que querem entender o que está acontecendo com os filhos, mas precisam de estratégias práticas para enfrentar as dificuldades do dia a dia. Meu método dos Cinco C's (*autoControle, Compaixão, Colaboração, Consistência e Celebração*) oferece um plano eficiente, baseado em evidências, para reduzir o estresse familiar e melhorar os vínculos amorosos que todos querem.

As vozes neste livro reverberam os sentimentos e comportamentos de seu filho ou sua filha, possibilitando abrir uma janela para coisas que você talvez não saiba sobre eles. Algumas crianças fizeram terapia comigo ou com outros terapeutas; outras nunca passaram pelo consultório. Todas compartilham suas experiências com honestidade, humor e intensidade surpreendentes. Durante a leitura, você vai aprender maneiras eficientes de entender o que *seu* filho está lhe dizendo com suas palavras e atitudes. Vai se tornar mais habilidoso para lidar com as questões complicadas que eles levam até você. Em vez de se concentrar em como corrigir sua criança ou seu adolescente, os Cinco C's constroem conexão e melhoram o trabalho em conjunto como prática para uma mudança efetiva. Muitas crianças compartilham um desejo semelhante de se sentir vistas, ouvidas e entendidas. Você vai criar situações de sucesso nas quais elas vão *querer* trabalhar com você. Muitos livros sobre TDAH dizem aos pais o que fazer e como disciplinar. Este explica como ser um aliado empático produz as mudanças duradouras que você e seu filho tanto querem.

Ao longo de anos de trabalho com famílias, descobri que essa abordagem colaborativa é a mais eficaz.

Cada capítulo começa com uma vinheta ou trechos de entrevistas para dar o tom de nossa jornada, com depoimentos entremeados ao longo do livro todo. Na parte um, vamos ver o modelo dos Cinco C's da parentalidade TDAH. Falamos sobre viver com TDAH e quais são as diferenças, entender o cérebro com TDAH e as funções executivas, ter um diagnóstico preciso e aceitar a vida com um cérebro TDAH (para você e seu filho). Na parte dois, mergulhamos em vários aspectos do aprendizado escolar, inclusive questões acadêmicas, lição de casa e autodefesa. Na parte três, examinamos a vida em casa analisando ataques de birra e preocupações, organização, amizades e tecnologia. Com exercícios úteis e técnicas fáceis de lembrar, você vai aprender diversas estratégias práticas que funcionam de verdade.

Ao longo deste livro, eu me refiro a questões de atenção como TDAH em parte porque TDAH/DDA é muito complicado, e a terminologia clínica e médica chama de "tipo TDAH desatento, hiperativo ou combinado".* Chamo as crianças de "meninos", "meninas", "filhos" e "filhas" pela facilidade de linguagem, não pela intenção de excluir pessoas transgênero ou não conforme de gênero. Todos os nomes e identidades das crianças, adolescentes e pais foram trocados para proteger sua privacidade.

Finalmente, tenho uma ligação pessoal com o TDAH que é diferente da maioria dos autores. Cresci com um irmão mais novo que era hiperativo e impulsivo. Aos 5 anos, ele começou a fazer terapia, o que ajudou no controle da fúria, mas acabou errando o alvo. As questões principais de dificuldades de atenção e os desafios relacionados às funções executivas acabaram ficando de fora, porque havia poucas informações sobre TDAH no começo dos anos 1970. Foi uma batalha para ele, meus pais o acompanharam nessa luta também, e eu vi tudo acontecer. Eles adotavam um modelo autoritário de parentalidade que simplesmente não funcionava. Às vezes eu evitava me envolver nos conflitos deles; outras vezes, tentava mediá-los. Era difícil para todos nós, especialmente para minha mãe.

---

* Embora as questões e os comportamentos para hiperatividade e desatenção sejam diferentes, para a maioria das crianças é mais comum que as experiências de viver com TDAH sejam parecidas. Por esse motivo, uso a nomenclatura TDAH.

Minha perspectiva de irmã – conviver com um caso de TDAH não tratado e ver como isso afetava todo mundo – primeiro me induziu à terapia infantil e familiar e, agora, a escrever este livro. Quero que crianças com TDAH compartilhem suas histórias e saibam que suas palavras importam para os adultos que cuidam delas, e que as estamos ouvindo. Almejo ver famílias com menos conflitos e estresse e mais tranquilidade em suas interações diárias. Espero que os pais compartilhem as histórias que possam soar familiares neste livro com seu filho ou sua filha como uma garantia de que eles não estão sozinhos. Acredito que esta obra abre caminho para diálogos essenciais e intervenções bem-sucedidas entre pais e filhos. Os Cinco C's da parentalidade TDAH oferecem uma orientação valiosa para fazer tudo isso, e também construir proximidade e cooperação. Com essas ferramentas em mãos, sua criança ou seu adolescente estará em uma posição melhor para crescer com a competência, a autoestima e a resiliência de que precisa para ter uma vida com propósito e produtiva.

PARTE UM
A VIDA COM TDAH

1 OS CINCO C's DA PARENTALIDADE TDAH

Drew, 12 anos, diz ao pai:
"Não abre o meu armário! Só me ajuda a chegar na aula na hora!".

Eles formam uma dupla curiosa, mas não incomum. O menino é alto e desengonçado, com cabelos pretos e ondulados que estão sempre caindo nos olhos, uma camisa amarrotada e tênis Converse preto número 44. O pai, um homem encurvado, careca e alguns centímetros mais baixo que o filho, vai se arrastando ao lado dele. A missão: entrar no prédio da escola depois que os alunos saíram naquela tarde de outono e definir a melhor rota para as salas de aula, de forma que Drew, diagnosticado recentemente com TDAH, não se atrase mais.

O prédio está estranhamente silencioso. Bill, que nunca gostou muito de ir à escola, olha em volta desconfiado. Ele respira fundo e diz a si mesmo que está ali para ajudar o filho. Olha para Drew e resmunga:

– Vamos começar pelo seu armário.

Os dois caminham em silêncio pelos corredores vazios até chegarem ao armário 152.

– Abre.

– Pai, ver meu armário não faz parte do nosso combinado. Viemos aqui para descobrir como consigo chegar às aulas sem me atrasar, o que não vai dar certo porque sou lento, só isso. Eu ando devagar.

Bill cerra os olhos e sente a garganta apertada.

– Drew, abre o armário. Quero ver como você guarda suas coisas. Seu relatório de desempenho diz que você chega atrasado nas aulas e se esquece de entregar os trabalhos. Abre o armário. Vamos dar uma olhada no que tem aí dentro.

Drew destrava a fechadura e, relutante, abre a porta. Imediatamente, um caderno, várias folhas de papel e uma lata vazia de refrigerante caem no chão.

– Drew, não pode manter suas coisas desse jeito. Está uma bagunça, como seu quarto. – Bill se abaixa e começa a recolher os papéis espalhados pelo chão. – Tem que guardar as folhas em pastas, e os livros precisam ser empilhados, não jogados aí dentro. E o que é isto? – Ele pega o resto de uma barra de chocolate que derreteu em um caderno. – Não te ensinei que não é assim? – E começa a puxar tudo para fora do armário, para o chão.

– Pai, dá pra parar? Pai! Era por isso que eu não queria abrir meu armário. São minhas coisas. Não preciso nem da metade desses papéis... – Drew ergue a voz. – Para de mexer nas minhas coisas! Você não sabe o que está fazendo!

Bill continua dando um sermão sobre responsabilidade. Drew esmurra um armário próximo e, quando nem isso faz o pai parar, se joga no chão, antes de finalmente sair furioso. Ele odeia quando o pai o ignora e, além disso, estavam ali para descobrir como Drew poderia chegar mais depressa à aula, não para organizar seu armário. Isso é uma idiotice. Bill grita:

– Aonde pensa que vai?

– Embora.

– Sou eu quem leva você para casa.

– Eu vou a pé.

Confuso e frustrado, Bill vê Drew ir embora e se pergunta como pode ajudar o filho.

Achou familiar? Se você é pai de uma criança com TDAH, deve ter estado em uma situação parecida com essa muitas vezes. Você sempre se pergunta: "O que é tão difícil? Por que ele continua repetindo os mesmos erros? O que ela não entende?". Você tem a sensação de que está vivendo no filme *Feitiço do tempo*, porque todos os comportamentos negativos se repetem com muita frequência, e nada parece fazer diferença. Você ama seu filho, mas se sente constantemente frustrado e, em um nível mais profundo, está com medo. E se pergunta: "O que vai ser do meu filho, se ele não consegue encontrar o rumo? Estará fadado a passar a vida trabalhando em um emprego mal remunerado, sem chance de crescimento e insatisfatório?". Criar uma criança sempre é difícil. Mas criar uma criança com TDAH às vezes dá a impressão de que picos de progresso são sempre seguidos de intensos retrocessos.

Por que a vida cotidiana é frequentemente mais difícil para crianças com TDAH? Elas têm dificuldades escolares, sociais e psicológicas. Esquecem as coisas, não conseguem relaxar, têm problemas para se concentrar, se desligam com regularidade. São desorganizadas; sentem-se sobrecarregadas; não conseguem controlar suas emoções; não percebem as nuances das interações com os pares.

Embora apreciem terem criatividade, "pensamento fora da caixa" e energia, é comum se sentirem envergonhadas por suas deficiências, quererem evitar lidar com elas e, não raro, sentirem-se impotentes para tal. Como todas as crianças, elas só querem ser "normais". Certamente não querem ter um "transtorno", e independentemente de quantas vezes você diz a elas que cada pessoa tem um cérebro diferente, acreditam piamente que é mais que um "problema de foco". No papel de pai ou mãe, como você pode se sentir competente e eficiente para ajudá-las a superar os desafios diários que enfrentam e aceitar o cérebro que têm? Como pode ouvir o que seu filho está lhe dizendo sobre suas experiências e oferecer a ele a empatia e a orientação de que precisa?

Essas duas questões estão fundamentalmente ligadas. É tão difícil para seu filho quanto é para você. É crucial lembrar que crianças com TDAH estão fazendo o melhor que podem com suas habilidades, as quais são comprometidas pelas complexidades inerentes a ter TDAH (como dificuldades com memória de trabalho, controle de impulso e concentração).

É TÃO DIFÍCIL PARA ELES QUANTO É PARA VOCÊ.

Elas fazem o melhor que podem com seus recursos pessoais e sabem, explícita ou internamente, quando isso não é suficiente. Você, como guardião, é testemunha dos esforços delas. Vê como triunfam em um dia e falham no dia seguinte. Tenta tornar as coisas melhores para elas, às vezes oferecendo sugestões que funcionam ou ouvindo recusas para outras antes mesmo de terminar a frase. É muito comum vocês acabarem num bate-cabeças para em seguida recuarem feridos e agitados.

Crianças e adolescentes com TDAH se sentem mal compreendidos e criticados por comportamentos que não conseguem evitar, mas também querem se conectar com outras pessoas, serem amados e aceitos como são. Eles querem ser habilidosos e bem-sucedidos, querem ter a sensação de pertencimento e, principalmente, querem ser ouvidos. Mas em geral sentem o contrário: incompetentes, inseguros, preocupados, furiosos, silenciados. Ora se apegam à ajuda parental, ora a recusam. Apesar das ações e palavras que tentem dizer o contrário, crianças com TDAH, como todos os jovens, anseiam desesperadamente pela aprovação e pelo apoio dos pais. Também querem a aceitação de seus professores e colegas.

Apesar de amar seus filhos, você, como pai ou mãe, pode se sentir mais esgotado por esse jeito peculiar do que se divertir com ele. Mesmo valorizando sua criatividade, inteligência ou façanhas atléticas, você provavelmente tem que se esforçar muito para manter a paciência, o equilíbrio e o humor diante da batalha e do caos. Quer ver comportamentos mais solidários, responsáveis. Não quer ter que lembrar seu filho de pôr a roupa suja para lavar pela terceira vez, enquanto as coisas limpas vão se misturando lentamente com as sujas no chão. Não quer ir a mais uma reunião com a professora da sua filha para falar sobre como ela é avoada em sala de aula e não entrega as tarefas. E, acima de tudo, não quer se sentir um pai ou mãe incapaz e perdido sobre como orientar seu filho para que ele se torne um adulto plenamente apto. Você, como todos os pais, quer se sentir capaz e competente.

O objetivo deste livro é ser um guia para que você seja esse pai capaz por meio das vozes de crianças e adolescentes com TDAH. Você vai incentivar e ouvir as histórias de seu filho sobre como é ter TDAH e responderá a elas com empatia, calma e apoio. Notará que eles se comunicam com você com suas palavras e atitudes. Vocês trabalharão juntos para encontrar soluções para os desafios do dia a dia. Seu filho ou sua filha vai aprender a ver você como um aliado. Vai se abrir mais às suas sugestões, porque se sentirá visto e ouvido. Você ficará menos estressado, e eles vão começar a desabrochar.

Chamo este guia de Cinco C's da parentalidade TDAH:

---

autoControle: aprender a lidar com seus sentimentos primeiro para então poder agir com eficiência e ensinar seu filho com TDAH a fazer o mesmo.

> "Perdi a cabeça com ele ontem antes de sairmos para jantar com meus pais. Depois de pedir três vezes para ele pôr os sapatos, e ele continuar descalço, berrei: 'Terrell! Sapato!'. Queria ter mais paciência, mas também tenho meus limites."
> Monica, mãe de Terrell, 8 anos

> "Sou uma pessoa emotiva, e às vezes não controlo meus sentimentos. É como ser um vulcão que está pronto para explodir o tempo todo."
> Martina, 17 anos

Compaixão: encontrar seu filho onde ele está, não onde você espera que ele esteja.

> "Ele se esforça muito para dar conta de um dia na escola. Fico impressionada. Tento me lembrar disso quando estamos brigando porque ele não fez a lição de casa como eu acho que deveria."
> Eva, mãe de Marco, 10 anos

> "Não gosto de como meus pais tentam me ajudar, porque eles falam demais e fazem muitas perguntas. Me sinto pressionado quando não tenho respostas, mas não falo nada, porque não quero que eles fiquem bravos comigo."
> Angel, 11 anos

Colaboração: trabalhar junto com seu filho e outros adultos importantes na vida dele a fim de encontrar soluções para os desafios do dia a dia, em vez de impor suas regras a ele.

> "Treino o time de basquete da minha filha, e como ela tem problema para lembrar das orientações, as pessoas sempre acabam frustradas ou gritando com Sheena, e ela não gosta disso. Fizemos um plano: relembro-a calmamente, e ela pede ajuda com mais frequência. Ontem, quando não captou as orientações do aquecimento, reagiu rapidamente, perguntou a alguém o que era para fazer e começou. Sem drama! Isso foi um grande passo para ela."
> Eric, pai de Sheena, 12 anos

> "Às vezes existem alguns obstáculos, como de manhã. Minha mãe disse que posso jogar *videogame* se ficar pronto cedo para ir à escola, mas não quero parar quando chega a hora de sair e fico muito bravo. Agora temos um *timer* que dá um lembrete e um apito final. Não gosto, mas não grito muito. Ela gosta disso."
> Jack, 8 anos

Consistência: faça o que diz que vai fazer; procure se manter firme, não busque perfeição. Incentive o esforço de seu filho para fazer o melhor que puder, e faça o mesmo.

"Usamos os eletrônicos como recompensas e castigos, mas nem sempre é possível seguir um plano à risca. Às vezes esquecemos, ou acontece alguma coisa, ou só estamos cansados. Sei que enviamos mensagens confusas, mas estamos tentando fazer o melhor possível."
Scott, pai de Darren, 15 anos

"O que minha mãe faz, e eu realmente não entendo, é que ela limpa e reclama. Ela diz: 'Na próxima vez que você fizer sujeira, vou deixar e mandar você limpar', e aí ela vai, limpa e me fala sobre isso. Eu respondo: 'Na próxima vez, me deixa limpar', mas ela nunca deixa."
Stella, 14 anos

Celebração: note e reconheça o que está dando certo, oferecendo palavras e gestos contínuos de incentivo, elogio e validação.

"Quero que Nolan dê seu melhor na escola e em casa, por isso fico chateado quando ele não se esforça. Na semana passada, ele me disse que o que ouve de mim é que ele nunca é bom o bastante. Fiquei surpreso por Nolan não me ouvir dizer como ele é inteligente e justamente por isso poderia fazer melhor."
Michael, pai de Nolan, 11 anos

"Minha mãe me ensinou a pensar de maneira positiva. Se você pode fazer perguntas a si mesmo durante o dia, do tipo 'O que estou fazendo agora? O que posso fazer para tornar essa situação um pouco melhor?', então, consegue mudar uma situação ruim. Quando fazemos isso juntas, ela me ajuda a encontrar alguma coisa boa, e eu gosto muito."
Martina, 17 anos

Meu modelo dos Cinco C's se fundamenta em duas coisas: pensamento baseado em pontos fortes e consciência atenta. Com o pensamento baseado em pontos fortes, você se concentra nas capacidades de seu filho para ajudá-lo a desenvolver competência, autoconfiança e orgulho. Adotar o pensamento baseado em pontos fortes significa detectar características ou comportamentos em que ele seja muito bom e cultivar essas habilidades. Elas podem ser óbvias ou obscuras, mas estão ali, e seu trabalho é identificá-las. Se as coisas têm sido difíceis em casa e tudo o que você consegue ver é como seu filho de 17 anos é bom em montar coisas com Lego e fazer carinho no cachorro, então, esses pontos fortes são seu ponto de partida. "Shawn, que casa bonita você construiu com seus Lego. Olhe só todos esses cômodos." "É muito legal como você gosta de fazer carinho no nosso cachorrinho. Sei que você gosta dele de verdade." Preste a mesma atenção, ou mais, a essas qualidades, em vez de dar ênfase a como ele lê devagar e é um jogador de futebol teimoso. Enfatize e reconheça seus pontos fortes, por mais que isso possa parecer idiossincrático. "Uau, você arrumou a mesa com os talheres dentro dos copos. Que diferente." "Ei, arrumou seu banheiro e arrumou toda a maquiagem por cores. Ficou legal." Quando os pais usam o pensamento baseado em pontos fortes, cultivam autoconfiança, resiliência e motivação nos filhos, porque trabalham a partir de competência, não de fracasso.

Consciência atenta envolve observar, ouvir e reconhecer o que a criança está dizendo. Serve de ponto de partida para qualquer mudança que se deseja. Se sua filha de 13 anos entrou em pânico no domingo à noite porque se esqueceu de fazer a lição de matemática que é para segunda-feira, ela está mostrando várias coisas. Não só que é desorganizada com as tarefas e incapaz de se lembrar delas, mas que está com medo, preocupada e sobrecarregada. Em vez de ficar bravo e dizer: "Quantas vezes já repeti que você precisa se esforçar mais com a lição de casa e não deixar tudo para a última hora? Você tem que ir dormir em meia hora", ou "Por que não aprende a organizar as coisas e seguir orientações como sua irmã?", use a consciência atenta e responda com empatia. Por exemplo, você pode dizer: "Estou vendo que está preocupada e sobrecarregada com sua lição de matemática. Vamos ficar calmos e pensar no que podemos fazer. Você vai resolver isso, e eu vou ajudá-la como puder". Ficar bravo com ela não vai ajudar ninguém. Ela está emocionalmente sobrecarregada e precisa de seu apoio. A consciência atenta posiciona você na mesma direção que sua filha para encontrar a solução do problema.

No dia seguinte, quando as coisas estiverem mais calmas, vocês podem pensar juntos em uma abordagem diferente para a lição de casa do fim de semana. "Acho que precisamos de um plano para evitar esses incidentes no futuro. O que acha? Quando podemos conversar sobre isso?" Depois, peça a opinião dela sobre o que aconteceu, compartilhe suas observações e criem soluções juntos. Quando uma criança com TDAH falha em uma tarefa que deveria ser capaz de realizar, normalmente é porque não sabe o que mais pode fazer, ou não consegue ter acesso ao que sabe que deve fazer. O dr. Ross Greene, fundador do Lives in the Balance (livesinthebalance.org), afirma que "as crianças fazem as coisas direito se são capazes disso", e preferem fazer direito, se têm as habilidades para tal.[1]

Quando as crianças se sentem derrotadas, é porque não veem alternativas para si naquele momento. Essa é uma perspectiva que nossa mente adulta pode ter dificuldade para compreender. Como é possível que seu filho adolescente não veja outra opção quando furta uma lata de refrigerante? Há muitos motivos: pouco controle de impulsos, pressão dos colegas, negação das possíveis consequências, diversão pelo comportamento de risco. O cérebro racional não estava disponível para ele naquele momento, mas isso não significa que seu filho gosta de fazer "coisas ruins". Frequentemente, crianças com TDAH deixam de fazer escolhas eficientes porque não captaram as dicas ambientais, visuais ou verbais que as ajudariam a parar e pensar em uma alternativa. Às vezes elas falham tanto que não acreditam mais que possam ter sucesso. Darren, um menino de 15 anos que atendo em terapia, recusou-se a conversar com sua professora de biologia sobre o fracasso na prova: "Fui reprovado nessa matéria no ano passado, e vou ser reprovado de novo. Para quê? Não vai adiantar nada". Depois de algum esforço, lembramos que ele havia conversado com ela havia pouco tempo sobre uma dificuldade em uma tarefa em sala de aula, e a professora foi muito prestativa. Ele reconsiderou a ideia. Eles viram quais foram os erros na prova, e ela acabou complementando a nota pelas correções que ele fez.

Pensamento baseado em pontos fortes e consciência atenta contra-atacam o padrão de fracasso da criança. Desafios que são frequentemente frustrantes, avassaladores ou sufocantes tornam-se administráveis, porque vocês os enfrentaram juntos. Às vezes eles procuram o pai ou a mãe para pedir conselho sobre um problema. Compartilham suas histórias, ouvem o que os pais dizem e observam suas atitudes. Eles veem e sentem como é essa conexão. Percebem que não estão

tão sozinhos quanto podem ter sentido, porque os pais estão dividindo seus sucessos e seus fracassos. Outras vezes, você aborda um problema, muitas vezes uma parte difícil, mas necessária a seu papel de pai ou mãe. Nesses momentos, cria o espaço para discutir questões a partir da sua abordagem, seu tom e sua postura.

Quando vocês pensam juntos para encontrar alternativas e explorar novas opções em relação a uma questão de interesse comum, os Cinco C's da parentalidade entram em ação. Vocês compartilham tranquilamente o que veem ou ouvem, seus pontos de vista e feedbacks. Ao incluir seu filho no processo de solução de um problema que você identificou sozinho ou com ele, está demonstrando respeito básico pela criança, mesmo que nem sempre seja recíproco. Isso é parte do desenvolvimento para a vida adulta. Colaboração mútua é a chave, mas, como pai ou mãe, você obviamente tem a palavra final. Se seu filho acha que a louça suja que passa a noite no quarto dele não é um problema, ou se sua filha se recusa a ligar para avisar quando for se atrasar uma hora, como o adulto responsável, você tem que insistir em uma mudança.

Muitos pais reagem incrédulos quando falo sobre esta abordagem para criar filhos com TDAH. "Por que é preciso 'negociar' coisas? Por que ela não pode simplesmente fazer o que eu digo que tem que fazer? Eu sou a mãe dela. Fui criada assim. Faça o que eu mando, ou vai enfrentar as consequências." Para muita gente, "as consequências" normalmente incluíam gritaria, tapas, surras de cintos ou palmatórias; ou um tempo em isolamento (passar horas no quarto). Mas esse estilo "quem manda aqui sou eu" de parentalidade não se adequa aos pais da geração X ou millennials, que não querem silenciar seus filhos, seja por crenças filosóficas, seja por rejeitarem as restrições que sofreram na infância.[2] Há 50 anos, a psicóloga Diana Baumrind classificou esse tipo impositivo de parentalidade como "autoritário",[3] e desde então pesquisadores descobriram que ser punitivo e controlador não ajuda os pais a conseguir mais cooperação dos filhos.[4] De fato, é o relacionamento entre pai e filho que motiva as crianças a participar e obedecer. Alfie Kohn, autor especialista no assunto, escreve:

> No geral, as crianças que acatam orientações são aquelas cujos pais não se valem de poder, mas desenvolveram um relacionamento afetuoso e seguro com elas. Essas crianças têm pais que as tratam com respeito, dosam o uso de controle e fazem questão de dar motivos e explicações para as perguntas delas.[5]

Minhas conversas com crianças portadoras de TDAH confirmam totalmente a opinião de Kohn. Aliar-se a seu filho para lidar com problemas pontuais produz melhores resultados de maneira geral, mas o vai e volta pode ser enlouquecedor. Tanto os pais como os filhos estão tentando fazer o melhor que podem com os recursos que têm. Naturalmente, todos os pais querem ajudar os filhos a prosperar e, em geral, fazem tudo o que estiver a seu alcance. Você ensina a seus filhos competências para a vida, oferece sugestões, repete instruções e depois observa esperançoso os movimentos deles, às vezes fluidos, às vezes irregulares. Na semana passada, sua filha de 6 anos ficou pronta para ir à escola na hora certa na segunda e na terças-feiras, ouviu seus lembretes e seguiu a rotina. Na quarta-feira, foi preciso correr loucamente para chegar ao trabalho e à escola a tempo. Enquanto você se vestia apressado para o trabalho, ela deveria estar escovando os dentes e calçando os sapatos. Em vez disso, pulava com um pé só com um chapéu sobre os olhos, fingindo ser um canguru cego. Um passo à frente e dois para trás. Às vezes você acha graça, outras vezes se sente desanimado. É nesses momentos, quando se sente estressado, de saco cheio e desmoralizado, que precisa da minha abordagem dos Cinco C's da parentalidade.

UM PASSO À FRENTE E DOIS PARA TRÁS.

Quantas vezes você já viveu a situação a seguir? Sua filha de 13 anos chega em casa da escola e, ao mesmo tempo, come um lanche, assiste à televisão, faz a lição de casa de matemática e deixa pratos sujos e livros em cima do sofá, com a televisão ligada, enquanto sobe para o quarto conversar com os amigos pelo Facebook. Provavelmente, você já disse a ela para não estudar e assistir à TV ao mesmo tempo, nem comer no sofá. Apesar do combinado sobre as regras da casa, você chega do trabalho e encontra novamente a bagunça de sempre. Você deve pensar: "Qual é o problema com ela?". Pode perder a cabeça e gritar: "Arrume tudo agora, ou vai ficar sem computador e celular pelos próximos cinco dias". Pode até dizer que ela "está fora da realidade e é desleixada". Pode perguntar se sua filha sabe quais são as regras da casa e, quando ela responder de má vontade que sim, perguntar por que não as segue. Ela não tem resposta. Talvez saiba, mas se recuse a dizer, ou talvez realmente não saiba.

O que o comportamento de sua filha demonstra é que, por causa do TDAH e de seu nível de desenvolvimento, ela simplesmente não faz escolhas positivas de maneira consistente. É claro que ela conhece as regras da casa, mas por ser uma adolescente com TDAH, seus desejos impulsivos, sua incapacidade de terminar uma coisa antes de começar outra e a inépcia para se lembrar de fazer coisas atropelaram as regras. É bem provável que ela sinta vergonha por isso, mas você não vai perceber esse constrangimento se estiver gritando, e se verá diante de uma menina furiosa e na defensiva. Qualquer conversa proveitosa fica impossível e ninguém ouve mais nada. Você se sente cansado e de mãos atadas.

Vocês dois precisam de habilidades diferentes e novas maneiras de se comportar, e *para já*!

Meu modelo Cinco C's de autoControle, Compaixão, Colaboração, Consistência e Celebração o ajudará a aprimorar o que já funciona e lhe dará novas ideias e perspectivas para ajudar com as partes mais difíceis. Os cinco componentes, examinados em detalhes no restante deste capítulo, fortalecerão suas habilidades naturais de parentalidade e construirão conexões familiares mais afetuosas, reduzindo estresse e desarmonia.

1. AUTOCONTROLE

"Ontem, no café da manhã, chamei meu pai de idiota quando ele pegou suco de laranja, em vez de leite, para misturar no meu cereal. Foi engraçado. Mas ele não achou graça. Pôs a caixa na mesa com força, o que fez o leite respingar, segurou meu braço e gritou que eu não tinha o direito de falar com ele daquele jeito. Depois saiu da cozinha furioso, e eu tive que limpar a sujeira, e nem era minha culpa."

Carly, 12 anos

Nenhum pai ou mãe pode interagir de maneira eficiente com alguém, muito menos com o filho ou a filha com TDAH, no meio de um conflito (ou qualquer outra situação), se ficam momentaneamente desconectados deles mesmos, emocionalmente abalados ou descontrolados. Muitas crianças costumam apresentar comportamentos que podem levar os pais à loucura. As que têm TDAH, com inerente controle fraco de impulsos, problemas de esquecimento e intensidade emocional, conseguem tirar os pais do sério repetidas vezes de forma desgastante. Sua capacidade de agir com calma e racionalmente pode impedir a recorrência desses episódios. **Quantas você se sentiu no limite, como se estivesse vendo a cota de paciência indo embora enquanto grita de novo com seu filho?**

Você não pode lidar com nenhuma situação de maneira eficiente enquanto não conseguir se controlar. Ter consciência de seus sentimentos e do que está em ebulição dentro de você é o primeiro passo em direção a uma parceria positiva com sua criança ou seu adolescente. Respire fundo, faça uma pausa, entre em contato com o que está sentindo. Qualquer um dos exercícios a seguir vai aplacar a exaltação dentro de você.

EXERCÍCIO 1: RESPIRAÇÃO

Estas são minhas técnicas favoritas de respiração, *simples de verdade*, que crianças com ou sem TDAH parecem adorar. Juntos, você e seu filho ou sua filha, experimentem cada uma delas e escolham suas preferidas.

Respiração alternada

Isso vem da ioga. Use o dedo da mão direita para pressionar a narina direita e inspire e expire pela esquerda. Depois troque. Repita de cinco a dez vezes. Perceba como se sente.

Respiração peitoral

Ponha a mão sobre o peito ou sobre o diafragma e respire fundo. Expire. Repita cinco vezes. Veja como se sente.

Respiração de flor/vela

Uma das minhas pacientes, Zora, de 16 anos, me falou sobre esta terceira opção – "Cheire a flor, sopre a vela"[6] – que ela aprendeu na escola, e nós a adaptamos. Estique o dedo indicador e mantenha a aproximadamente quinze centímetros do rosto. Inspire profundamente, devagar, como se cheirasse uma linda rosa. Depois, expire como se soprasse uma vela em um bolo de aniversário. Repita três vezes. Perceba como se sente.

Agora que está mais calmo, você tem a chance de pensar em um jeito de lidar com a situação, antes de fazer algo que a torne ainda pior. Esse processo de *mindfulness* é o contrário de perder a cabeça. A dra. Laura Markham aponta:

> Ser *mindful* significa que você presta atenção ao que está sentindo, *mas não age com base nesse sentimento...* Agir com base no que se sente sem a devida consciência, por palavras ou atos, é o que compromete a parentalidade.[7]

Escolher o *mindfulness* leva a responder em vez de reagir. Impede que uma situação se transforme em confronto e leva à criação da parceria positiva entre pai e filho, que é o centro da abordagem dos Cinco C's.

Todos nós temos momentos quando, frustrados, dizemos alguma coisa de que nos arrependemos. Provavelmente, essas palavras fazem parte de uma reação impulsiva, quando o cérebro emocional se sobrepõe ao cérebro racional. Reagir com sentimentos explosivos e ações fora do tom acelera a desconexão interpessoal e só alimenta o descontrole. Como adultos, nosso córtex pré-frontal desenvolvido, onde fica o cérebro racional, é capaz de restabelecer o *autoControle* e pôr as emoções explosivas no eixo. No entanto, a criança e o adolescente, cujo córtex pré-frontal ainda está amadurecendo (até os 25 anos, pelo menos), não têm esse importante nível de autorregulação.[8] Eles precisam de orientação para lidar com emoções intensas. Para eles, as reações emocionais e físicas acontecem muito rápido. Um adolescente me disse que sua fúria "é como uma onda enorme, um maremoto. Está tudo bem, até que 'PUM'! De repente quase não consigo manter a cabeça fora d'água". É provável que você também tenha sentido essa onda poderosa de emoção em algum momento da vida. Mas, como adulto, você tem as habilidades para contê-la e se controlar.

Reagir envolve, geralmente, crítica e culpabilização, seguidas de arrependimento. A crítica é uma expressão da intolerância ou raiva espontânea adulta que uma criança interpreta de imediato. Para crianças com TDAH, isso é a lixa em fricção constante na pele. "Senta e fica quieto como Jamie e Tyler durante a reunião pela manhã!" "Será que você consegue parar de deixar suas meias do futebol fedidas na cozinha todos os dias e levá-las para o cesto de roupa suja, que é onde devem ficar?"; "Por que não tem nenhuma letra maiúscula no seu trabalho? Não pode entregar desse jeito." Mesmo quando você está tentando dar a seu filho orientações úteis ou feedback positivo, o tom e o jeito de falar podem dar a impressão de que o que você diz é uma crítica. Muitas crianças, com ou sem TDAH, questionam o conceito de "feedback positivo". Mas crianças e adolescentes com TDAH simplesmente parecem não acreditar nisso. Como me disse Chloe, 10 anos, enquanto se agitava de cabeça para baixo na cadeira listrada do meu consultório: "Essa coisa de feedback positivo não existe. Não tem nada de bom em um feedback. É tudo ruim. Não sei por que vocês, adultos, não admitem isso". Para eles é tudo crítica: um lembrete constante de como fizeram tudo errado de novo.

A culpa ensina às crianças que o adulto estar certo é mais importante que ele ser compreensivo: que é aceitável diminuir alguém que cometeu um erro, e que alguma coisa errada geralmente é culpa de alguém. Culpar uma criança diminui sua capacidade de assumir a responsabilidade por seus atos, incentiva a mentira e gera medo. Quando as crianças se preocupam com a possibilidade de ser culpadas, evitam conscientemente assumir seus atos. Quando os pais encontraram formigas em seu quarto, Ruby, 9 anos, negou com veemência ter comido lá dentro, porque sabia que aquilo contrariava a vontade do pai. Mas Ruby gosta de comer quando lê, atividade que sempre faz no quarto. Finalmente, ela admitiu ter feito um lanche enquanto lia na cama:

> Fui até a cozinha com meu livro pegar alguma coisa para comer, depois voltei para o quarto. Estava pensando no livro, não na comida. Meus pais me disseram que comida no quarto pode atrair insetos, só que não dei muita bola. Eu me arrependi de verdade, mas parece que os pais não funcionam desse jeito. Eles falam: "Ah, essa criança bagunça nossa casa, e isso custa dinheiro, então ela vai ser castigada". Por que eu contaria para eles?

A culpabilização agrava ainda mais a baixa autoestima por meio da crítica a comportamentos e escolhas, embora crianças com TDAH às vezes não consigam controlar o que fazem.

A necessidade aqui é responder, o que pode ser difícil. Um pai, mãe ou cuidador precisa reconhecer o que a criança ou adolescente está expressando, seja verbalmente ou não, de maneira isenta de julgamentos. Você não pode ser debochado: "Não devia ser tão difícil largar esse iPad. Faz uma hora que está com ele!". Isso só alimenta a tensão e nega que é, sim, difícil para seu filho desligar o aparelho. Você pode lançar mão de todo o seu autoControle para ser paciente, deixando suas palavras refletirem apenas o que vê e ouve acontecer ao seu redor. "Sei que é difícil largar o iPad quando está se divertindo tanto com ele. Mas combinamos um horário para desligar, e está na hora." Ao responder, em vez de reagir, você valida o que está acontecendo, seja o que for, e, se necessário, abre espaço para criar uma solução alternativa: "Entendo que você acha que não é justo e que não quer parar. Como podemos resolver isso?". Assuma o comando e crie um plano diferente para o dia seguinte. As crianças podem se aborrecer do mesmo jeito, mas, provavelmente, vão se sentir reconfortadas por saber que suas opiniões foram levadas em conta e fazem parte do processo de tomada de decisão. Responder não significa que você está "cedendo", mas que está consciente a respeito dos sentimentos delas e traçando um plano para o futuro.

Responder é especialmente desafiador em famílias nas quais as coisas acontecem muito depressa, não raro em questão de segundos. Por mais que você goste de administrar o comportamento dos envolvidos e evitar uma explosão, tudo o que pode controlar, na verdade, é a si mesmo. A diferença crucial em qualquer situação de provocação é se você reage ou responde. Quando chega em casa depois de um longo dia de trabalho carregando duas sacolas de compras que tem que transformar com um passe de mágica em alguma coisa deliciosa, e sua filha de 12 anos corre até você balançando de maneira enfática um pedaço de papel cor-de-rosa e gritando: "Você precisa assinar isto aqui para eu poder ir à excursão da escola na sexta-feira! Minha professora disse que é muito importante. Pode assinar agora?", você tem duas opções. Pode reagir e gritar: "O que está fazendo? Não vê que estou com as mãos ocupadas?". Ou pode responder e dizer: "Ei, eu sei que é importante, mas estou com meus braços ocupados. Pode me ajudar aqui, e aí resolvemos isso?". Se você escolhe a primeira alternativa, há grande chance de que provoque uma reação ainda maior. Ao escolher a segunda opção, é provável que evite uma explosão e talvez até consiga alguma cooperação.

Willie, 13 anos, e o seu pai, David, contam como melhoraram o relacionamento entre eles praticando o autoControle deliberado:

DAVID: Agora nos comunicamos melhor, ouvimos um ao outro sem agitação emocional. Gosto das coisas de determinada maneira. Tenho opiniões firmes. Quando as coisas não são como eu quero, tento exercer controle sobre elas. Normalmente, sem muito sucesso.

WILLIE: É, comunicação geral. Papai não faz mais o que sempre costumava fazer, já sair achando automaticamente que estou mentindo. Era assim que muitas das nossas brigas começavam. Ele me acusava e gritava, e eu dizia, "não, não é isso", e ficava zangado com ele. Às vezes, não fazia o que ele queria só para irritá-lo também. Não me importava com castigos.

DAVID: Tenho tentado manter a calma e ouvir mais. Nem sempre é fácil. Acho que Willie sabe disso. Ele já não é mais tão teimoso e não faz tanta birra, e isso também ajuda.

WILLIE: É simples. É só não dizer que estou mentindo e se recusar a me ouvir. Agora não preciso ficar tão bravo, porque ele não me acusa tanto.

Praticar o autoControle não significa perfeição; é um processo contínuo. Você ainda vai se aborrecer de vez em quando, não se puna por isso. Apenas tente retomar o plano.

Esses momentos em que se sente mais frustrado são justamente aqueles em que mais precisa lembrar para desacelerar e usar o pensamento racional. Faça dois minutos de respiração alternada ou peitoral. Depois, pode simplesmente dizer a seu filho que percebe o que está acontecendo. Quando você observa, ouve com atenção, exerce o autoControle e mantém uma postura estável, demonstra a seu filho que há outras opções disponíveis para quando ele estiver bravo. Como me disse o pai de um menino de 14 anos: "A força do exemplo é tudo o que qualquer um de nós pode dar a seus filhos".

2. COMPAIXÃO

"Quando perco a cabeça, é difícil falar. Tipo, se estou desapontado comigo, não falo. Às vezes até falo. Os pensamentos ficam se agitando na minha cabeça. Então, só deito e não faço nada, e finjo não ouvir ninguém. Minha mãe diz que fica frustrada porque não peço ajuda, mas é mais forte que eu."

James, 11 anos

Como é a Compaixão, quando se exerce a parentalidade com uma criança ou um adolescente com TDAH? O Dalai-Lama acredita que amor e Compaixão são necessidades, não luxos, para a sobrevivência humana.[9] Compaixão em parentalidade significa ser capaz de ver seu filho onde ele está: com empatia e paciência no contexto de seu desenvolvimento cognitivo, social, emocional e físico. Quando seu filho de 10 anos está cooperando com você e lavando a louça do jantar, ser gentil não é um problema. Quando sua filha de 16 anos está chorando em seus braços porque a amiga brigou com ela, demonstrar seu amor e compreensão também não é muito difícil. Mas quando sua filha de 9 anos pega o xampu e esfrega todo o conteúdo do frasco nas paredes do box para ver quanta espuma consegue fazer e depois joga água para tirar a espuma, espalhando a bagunça pelo banheiro todo, é pouco provável que você reaja com sensibilidade à curiosidade dela. Na verdade, você fica furioso. É nesses momentos que você precisa se lembrar da necessidade de Compaixão, procurar lá no fundo de si mesmo e encontrar um pouco dela.

Igual ao autoControle, o primeiro passo para ter Compaixão com os outros é cultivar o sentimento por você mesmo. Se adultos que são pais de crianças com TDAH podem se aceitar como são, com verrugas e tudo, fica mais fácil compreender os pontos fracos dos filhos. Você é capaz disso? Se não é, o que o impede? Compaixão é um estado de espírito que suspende o julgamento e aceita os outros como são em determinado momento, mesmo que não sejam como você deseja. Isso é especialmente válido quando avalia seus filhos. Você pode se apegar à possibilidade de seu filho mudar, desde que não seja uma expectativa. Expectativas causam decepção; esperança leva à oportunidade.

Muitas crianças com TDAH entrevistadas para este livro falaram diversas vezes sobre como os pais eram sua principal fonte de apoio. Quando perguntamos "o que o ajuda a passar pelos momentos difíceis", elas responderam:

→ "Tenho muito apoio da minha família, mesmo quando eu não estou conseguindo."
→ "Acho que é o relacionamento com meus pais; devo muito a eles."
→ "Minha mãe é a pessoa com quem mais converso sobre essas coisas."
→ "Ter minha mãe ali para me ajudar a ter um bom desempenho."
→ "Eles me dizem coisas como: 'Você não é burro', diferentes das coisas negativas que digo a mim mesmo."
→ "Eu e meu pai conversamos quando fazemos coisas na fazenda. Eu e ele temos um canal direto de comunicação, o que é bom."
→ "Meu pai me ajudou a organizar as coisas da escola, o que é muito importante, porque não sei fazer tudo sozinho."

Essas crianças se sentem vistas e ouvidas pelos pais; incentivadas por eles; compreendidas por eles. Não se sentem alvo de piedade ou de rótulos como "burro" ou "deficiente". Elas veem os pais intercedendo por elas na escola, sentando-se com elas e enfrentando suas dificuldades acadêmicas ou em outras áreas e acreditando nelas, mesmo quando nem elas o faziam. Às vezes, isso significa que os pais deixaram de lado desejos, frustrações ou decepções em prol do que é melhor para os filhos em determinado momento. Em outras ocasiões, os pais têm que dar um empurrão para os filhos superarem o que enxergam como incapacidades. Pode ser difícil saber quando insistir e quando ceder.

Alguns meses atrás, em meu consultório, Rick discutia com seu brilhante filho de 14 anos, Kevin, sobre a grade horária do nono ano. O menino não queria fazer as aulas de inglês avançado. Embora o pai dissesse que ele era inteligente, a matéria era difícil, para ele, especialmente a parte escrita. Rick reconhecia que escrever era um problema para o filho, mas temia que não cursar inglês avançado fosse prejudicá-lo no futuro, quando ele se candidatasse a uma faculdade. Estava disposto até a pagar por aulas particulares, embora isso fosse apertar o orçamento. Mas Kevin estava irredutível. Eles viviam um impasse.

KEVIN FALOU FURIOSO: "Pai, estou matriculado em matemática avançada. Adoro matemática. Por que não é suficiente? Você sempre quer que eu seja perfeito. Só que não sou. Estou nervoso com o ensino médio. Entende isso? Lembra como foi quando comecei o fundamental II? Eu não conseguia dormir".

RICK FEZ UMA PAUSA E RESPONDEU EM VOZ BAIXA: "Não quero que se sinta sobrecarregado e nervoso. Só não quero que desista de si mesmo. Você é um menino inteligente. Quero que tenha as oportunidades que eu não tive. Se fizer inglês avançado, vai aprender a escrever bem, e essa é uma habilidade importante na vida, uma habilidade que eu queria que desenvolvesse mais".

KEVIN OLHOU PARA O PAI. "Não sou como você. Posso aprender a escrever bem no curso normal, o que já é para mim bastante difícil."

RICK SUSPIROU: "Talvez isso seja verdade. Vou conversar com seu orientador sobre isso. Mas ainda acho que cursar mais uma matéria avançada é importante para o seu currículo. O que acha de ciências? Você gosta de ciências".

KEVIN RESPONDEU: "Se as turmas avançadas são tão importantes para você, acho que posso fazer biologia. E aí você pode me ajudar, sem ter que pagar alguém para isso".

RICK CONSIDEROU A IDEIA: "Acho que é uma boa sugestão. Se der pra transferir você para biologia avançada, tudo bem. E vamos ver como se sai com o inglês. Se a parte de redação não for suficiente, talvez possamos aceitar ajuda".

KEVIN SORRIU: "Concordo".

Kevin e o pai modificaram as próprias ideias para criar um novo plano que atendesse às necessidades de ambos. Rick tomou a iniciativa: encarou o filho como ele era, uma criança que gosta de matemática e ciências, mas está com medo da transição para o ensino médio. Armando-se de empatia e autopercepção, Rick se concentrou no que era mais importante: matricular o filho em disciplinas desafiadoras e construir um currículo forte que fizesse jus à sua inteligência. Ele ouviu com cuidado o que Kevin estava dizendo, ofereceu uma solução diferente para o problema que enfrentavam, e eles decidiram conversar com o orientador para obter mais informações. Pararam de discutir. No fim, chegaram a uma grade alternativa que atendia Kevin e também refletia os objetivos de Rick como pai.

Compaixão também envolve perdão. O cérebro TDAH, voltado para o presente, não é propenso a guardar ressentimentos: o que aconteceu ontem ou na semana passada é esquecido, superado pelo que está acontecendo agora. Como pai ou mãe, sua mente adulta ainda se lembra de incidentes que seu filho deixou para trás sem nenhum problema. Uma semana mais tarde, você ainda pode estar zangado por ter tido que limpar o banheiro depois da decoração espontânea com xampu, mas hoje sua filha está preocupada em saber se você vai dar o tênis brilhante que ela tanto quer. Perdão, o companheiro da Compaixão, exige que consigamos seguir em frente. Você não reprime seus sentimentos até acontecer alguma coisa que os traga de volta; você segue em frente de verdade. Aposto que está se perguntando: "Como isso é possível, diante de todos os incidentes irritantes e não resolvidos que aparecem todos os dias?".

Os pais sabem que é difícil perdoar e superar quando os filhos não assumem suas responsabilidades e não pedem desculpas sinceras. Os filhos querem resolver logo, recitam um pedido rápido de desculpas e pronto. A melhor opção para você é conversar com seu filho ou sua filha em um momento tranquilo, dentro da janela de memória de 24 horas, e falar sobre o que aconteceu. Diga o que for necessário, garanta que esteja sendo ouvido e peça alguma responsabilidade. Quando a conversa acabar, está resolvido; você começa do zero e segue em frente.

A Compaixão cria alianças que são a essência da parentalidade bem-sucedida. Os doutores Edward Hallowell e Peter Jensen enfatizam sua importância em seu livro *Superparenting for* ADD:

> É o sentimento de conexão positiva, uma sensação de ser cuidado em quaisquer circunstâncias, um sentimento pré-verbal de pertencer a alguma coisa positiva que é maior que você mesmo.[10]

Essa ligação cria a base para se sentir próximo como família e cooperando para enfrentar qualquer adversidade que apareça no caminho.

3. COLABORAÇÃO

"Não funciona quando meus pais tiram alguma coisa, porque fico pedindo ou fazendo outras coisas que os irritam. Agora que estou no ensino médio, queria que eles confiassem mais em mim para podermos conversar sobre as coisas."

Jackson, 14 anos

Colaboração, em sua essência, envolve ouvir e ter respeito mútuo. Esse não é o feedback que crianças com TDAH costumam receber. Geralmente, ouvem que estão fazendo algo errado e deveriam fazer outra coisa em vez disso. Como todos nós, crianças com TDAH não gostam quando alguém diz o que elas devem fazer, mas é o que acontece na maior parte do tempo na escola, nas atividades físicas e em casa. Elas não querem as soluções de outras pessoas para suas dificuldades. Para elas, se pudessem, seria melhor nem pensar nos problemas; elas só querem superá-los e ser como o restante das crianças. Mas sabem que às vezes precisam de ajuda, e apesar das reclamações, provavelmente querem que você trabalhe com elas para decidir o que fazer e como promover mudanças duradouras.

Quando você trabalha em colaboração com alguém jovem que tem TDAH, está abordando os problemas com uma postura do tipo "nós", em vez de "você". Estão se esforçando coletivamente para lidar com preocupações comuns. Isso significa que você e sua criança ou seu adolescente com TDAH reconhecem um problema, mas você, o pai ou a mãe, não vai ditar as soluções. Aqui vai um exemplo de como é o "nós" na prática. Você e sua filha de 10 anos concordam que ela tem dificuldade para desligar o computador depois de trinta minutos, tempo permitido nas noites durante a semana. Ela deve ajudar você a arrumar a mesa logo após esse período. Quando avisa que o tempo dela acabou, o que acontece, frequentemente, é uma grande discussão. Ela insiste em pedir mais um minuto para terminar alguma coisa, enquanto você se apressa para acabar de preparar o jantar, e a mesa ainda não foi posta. Você acaba gritando com sua filha, ela esperneia e chora, e a comida vai fria para a mesa. Às vezes, o restante da noite também é ruim; a hora do banho e de ir para a cama são estressantes e desagradáveis. Vocês duas ficam infelizes com os acontecimentos. O que você pode fazer de Colaborativo?

A primeira coisa é falar com ela em um horário planejado, específico: uma conversa durante a qual vocês duas dialogam sobre o que está acontecendo em casa. Descreva suas frustrações e depois peça para sua filha fazer o mesmo. Você fala de como não gosta da gritaria e de como quer servir o jantar quente e ter uma refeição agradável em família. Ela diz como é difícil simplesmente desligar o computador quando ainda não conseguiu concluir aquela fase do jogo. As duas falam, as duas escutam. Identifique pontos em comum sobre o que não está funcionando. Depois, façam um brainstorm (ouvir tudo sem julgar) e escolham uma ou duas mudanças que vocês considerem ser possível tentar colocar em prática. Talvez decidam que um *timer*, com um alerta de dois minutos antes do prazo final, seria melhor do que você ter que gritar várias vezes para ela desligar o computador. Talvez ela queira que você vá até o quarto dela quando o *timer* disparar e a abrace quando parar. Talvez ela queira transformar a tarefa de pôr a mesa em um jogo ou uma corrida, para que seja mais divertida. Juntas, concordam em comprar um *timer* baratinho. Vocês decidem tentar fazer isso por uma semana, depois conversar e avaliar se funcionou.

Um modelo familiar colaborativo para resolver problemas com crianças com TDAH pede a participação dos filhos e incentiva a colaboração deles. Quando inclui seus filhos no processo de lidar com os comportamentos difíceis e ouve o que eles têm a dizer, tanto com palavras quanto com gestos, você se torna aliado deles, não adversário. Seus filhos se sentem notados, ouvidos e valorizados. São mais propensos a aceitar o que você está tentando fazer, porque fazem parte do processo. É claro, há momentos de crise envolvendo questões de saúde e segurança em que você precisa agir e tomar as decisões. Se tem um filho adolescente que tirou carteira de motorista recentemente, e ele volta para casa no sábado à noite depois do toque de recolher imposto em alguns estados norte-americanos, você tem que escolher se vai permitir que ele use o carro no próximo fim de semana. Se sua filha de 6 anos acorda no meio da noite e liga a televisão, você tem que interferir. Esses momentos exigem que você seja o pai e adulto que é. Não estou sugerindo dar a uma criança com TDAH a autoridade sobre as regras da casa ou permitir que elas determinem os parâmetros de comportamento aceitável.

Seus filhos precisam que você seja pai deles, não amigo. Eles querem limites e precisam de orientação. Aprendem sobre comportamento moral e ético com você e seus valores. O ponto aqui é envolver seu filho com TDAH no processo de criar soluções para desafios na vida deles e na da família. Você faz perguntas e ouve as respostas deles, mesmo quando não concordar. Quando seu filho de 7 anos lhe diz choroso no carro a caminho da escola, depois de mais uma saída caótica, que as manhãs são melhores com a mamãe porque ela o ajuda mais que você, essa queixa é uma informação valiosa. Ele não está só criticando você. Está dizendo que está sobrecarregado e não consegue fazer o que sabe que deve fazer quando você está no comando. Seu trabalho é descobrir exatamente o que sua esposa faz e funciona melhor, e então decidir se pode fazer alguma coisa parecida. Isso é mais importante que levar o comentário para o pessoal, como uma crítica a suas habilidades parentais. Depois vocês podem elaborar juntos um plano que o faça sentir-se amparado e que alimente a independência que você quer que ele tenha. O que está transmitindo à criança é que a opinião e o feedback dela importam. Juntos, vocês enfrentam os terrores das manhãs desastrosas e criam soluções eficazes.

4. CONSISTÊNCIA

"Temos uma lista das nossas tarefas na porta da geladeira, mas se a mamãe não lembra a gente de olhar o que tem lá, às vezes a gente esquece. Se ela não lembra, como vamos lembrar? Aí ela fica brava com a gente, o que não é justo. Todo mundo esquece coisas. Não é tão grave."

Chloe, 10 anos

Consistência significa sempre fazer o que você diz que vai fazer – da melhor maneira possível. Implica responder de maneira similar a comportamentos recorrentes e se manter firme diante da pressão para mudar. Não significa ser perfeito ou se envergonhar quando não consegue ser assim. Significa lembrar a si mesmo de combinados familiares ou regras básicas quando precisa deles, e não atribuir penalidade que não pode aplicar. A Consistência se baseia em seguir um plano mais vezes do que ignorá-lo, permitindo flexibilidade quando não tem outras opções.

Como se constrói a base da Consistência? Comece estabelecendo com seu filho ou sua filha diretrizes claras de comportamento que façam algum sentido para eles e para você. "Quando você voltar da escola, tem que tomar seu lanche, como combinamos, e fazer a lição de casa antes de ir jogar no computador. Senão, você não termina a tarefa." A Consistência depende de segurança. Crianças com TDAH gostam de saber o que vai acontecer, e previsibilidade ajuda a orientar suas escolhas. Elas aprendem com a experiência a entender que as ações têm consequências. (Essa relação de causa e efeito é exatamente onde suas funções executivas podem ser frágeis.) Se um acordo anterior estabelece que sua filha vai passar a noite sem celular se não limpar o quarto dela até as seis da tarde, mas você a deixa ficar com o telefone porque quer poder falar com ela, não há Consistência. O que ela aprende é que você não faz o que fala que vai fazer e que as ações dela não têm consequências.

Pais consistentes seguem o plano quando há algum revés. Reveses fazem parte de qualquer processo de aprendizado e não são bloqueios permanentes. São oportunidades para ensinar e aprender, para você e seu filho. Um revés ocorre quando um plano está funcionando e aí, opa, um buraco na estrada. Isso acontece quando sua filha de 16 anos esquece o lanche depois de ter levado todos os dias da semana anterior. É quando seu filho de 9 anos se recusa a recolher as peças de Lego espalhadas por toda a sala de estar depois de ter passado as últimas duas semanas arrumando tudo direito. Esses momentos não são fracassos. São

LIMITES CONSISTENTES SÃO FERRAMENTAS DIDÁTICAS AMOROSAS.

os dias quando você diz: "Ah, tudo bem, ninguém é perfeito. Você pode tentar de novo". Vale para eles e para você: quando acontece um lapso, vocês se unem novamente, em vez de jogar o plano fora e declarar derrota.

Exceções à Consistência são diferentes de ser inconsistente. Exceções servem para quando você quer mandar uma mensagem clara, ou quando uma regra familiar pode ser quebrada por causa de um imprevisto ou uma emergência. Não alteram nada permanentemente e não significam que você está adotando um estilo parental errático. Digamos que sua filha de 7 anos pode ver trinta minutos de televisão todos os dias enquanto você faz o jantar. Ontem, você derrubou um copo, teve que limpar tudo e acabou demorando mais para preparar a refeição, por isso permitiu que ela tivesse mais meia hora de TV enquanto você limpava o chão e terminava o jantar. Depois você explica a ela por que fez essa escolha. Essa é uma exceção proposital e não interfere nas regras gerais relacionadas à televisão. Quando você cede e dá a ela trinta minutos a mais porque está cansado de lidar com ela e ouvir reclamações sobre como as regras da casa são injustas, não está fazendo uma exceção proposital. Está ensinando a sua filha que, se atormentar o suficiente, ela pode conseguir o que quer, e que as regras da família podem ser desrespeitadas com facilidade.

Limites consistentes são ferramentas didáticas amorosas. As crianças aprendem a tolerar decepções, desenvolver resiliência e entender a previsibilidade. Pais consistentes são compassivos, porém firmes. Pode ser difícil ensinar a seus filhos que você também se esforça e tem dificuldades, mas está dando o seu melhor. Talvez se coloque no mesmo projeto e trabalhe com eles em um desafio compartilhado. Quando seus filhos estão infelizes com suas decisões, pais consistentes reconhecem o que eles sentem, mas não cedem, a menos que seja um caso de exceção. Você mantém seus limites e segue firme, porque sabe que, no longo prazo, essa é a única maneira de criar um adulto competente e independente.

5. CELEBRAÇÃO

"Gosto de dançar, de treinar com as líderes de torcida, de ler, fazer tricô e crochê. Tem muitas outras coisas que eu faço e são produtivas e boas. Amo minha família e meus amigos. Não deixo mais o TDAH me atrapalhar. Meus pais me dizem quando faço algo de bom, e vejo que eles ficam realmente felizes por mim. Eles também me ajudam quando me atrapalho. Agora eu digo: 'Tudo bem, só vou me esforçar mais na próxima vez', e sigo em frente."
Ana, 16 anos

Você já notou como seu filho com TDAH se lembra mais das coisas negativas que as pessoas dizem a ele? Embora todos os seres humanos sejam programados para se lembrar mais do negativo que do positivo (psicólogos chamam isso de viés da negatividade),[11] a mente dos pequenos com TDAH é particularmente vulnerável a se apegar ao que é "ruim" sobre eles, em especial quando ouvem isso de adultos. Provavelmente esse padrão se desenvolveu durante anos de críticas por não se lembrarem de coisas, não fazerem coisas do jeito certo, não se controlarem etc. Enquanto nossos ancestrais precisaram da habilidade para aprender e se lembrar das lições a partir de duras experiências de luta pela sobrevivência, hoje temos de aprender a reter lições e feedback a partir de experiências boas para desenvolver motivação e autoconfiança. Isso é especialmente válido para crianças e adolescentes.

A autoestima é uma questão crucial para pessoas com TDAH. A baixa autoestima contribui para a depressão e a ansiedade e leva a desistência, desinteresse e fracasso. Experiências positivas e relacionamentos gratificantes cultivam os pontos fortes. Para superarem as ruins, as lembranças boas têm de se instalar permanentemente nas estruturas neurais do cérebro. Em geral, esse processo começa com o apego a coisas positivas no que é chamado de "memória de trabalho" pelo tempo suficiente para que sejam absorvidas pela memória de curto prazo e, depois, consolidadas na memória de longo prazo. Como pessoas com TDAH em geral enfrentam um comprometimento da memória de trabalho, seu cérebro muitas vezes não consegue reter a informação, seja ela positiva ou negativa, pelo tempo necessário para que seja transferida para o depósito de longo prazo. Com muita repetição, tempo e desenvolvimento físico, porém, o material pode ser transferido de forma bem-sucedida pela linha de memória. É assim que acontece o aprendizado. Para jovens com TDAH que ouvem tantas correções e sugestões sobre o que poderiam estar fazendo de diferente, as mensagens negativas com frequência dominam a percepção de quem eles são. O ideal é que elas fossem superadas pelas mensagens positivas.

Em mais de 25 anos de trabalho com crianças e adolescentes com TDAH, vi uma triste constante aparecer: todos sentem uma vergonha enraizada sobre ter TDAH e/ou ser "diferente" dos pares. Às vezes essa vergonha é óbvia: sua filha não consegue fazer amizades, não escreve tão bem ou com a mesma facilidade dos outros e se desliga quando está sentada na sala de aula. Às vezes ela é mais mascarada: seu filho se gaba das conquistas no *videogame* e no basquete, mas esconde as provas ou procrastina interminavelmente antes de começar a fazer a lição de casa. De qualquer maneira, essa vergonha começa cedo e continua até a vida adulta. Muitos deles esperam ouvir comentários negativos sobre si mesmos. Quando em uma sessão de terapia familiar perguntei a Kyle, 12 anos, como ele gostaria de receber o feedback sobre seu comportamento, ele me interrompeu antes de eu pronunciar as palavras "bom" ou "construtivo" e disse: "Não gostaria. Não quero ouvir. Estou cansado de ouvir isso".

A Celebração – o feedback positivo sobre o que seu filho está fazendo bem em determinado momento – pode amenizar essa vergonha e desenvolver autoestima. Não estamos falando de elogios falsos ou comentários positivos que não sejam sinceros, coisas que você diz porque sabe que faz bem a ele ouvir. A Celebração não é torcida: não consiste em elogios superficiais ou ênfase exagerada nas coisas boas que seu filho faz. A Celebração consiste em observações, autenticidade e sensibilidade. Implica ressignificar o que é visto como negativo em algo positivo e prestar atenção aos pequenos sucessos que seu filho com TDAH pode ignorar como se não fossem importantes. Ellis, 17 anos, explica como o incentivo da família a ajudou:

> Eles são tão pacientes quanto se pode ser. É difícil, e tenho certeza de que meus pais ficam bravos comigo muitas vezes por coisas que não tive a intenção de fazer. Mas, na maior parte do tempo, eles entendem o porquê e só me ajudam da melhor maneira possível. Nunca ficam bravos de verdade comigo, o que me desestimularia e me deixaria sem vontade de fazer as coisas. É sempre algo do tipo: "Tudo bem, você fez isso; vamos melhorar". Assim eu não fico muito brava comigo mesma.

Celebração implica oferecer comentários positivos que são diretos e precisos sobre alguma coisa que eles fizeram. A dra. Barbara Fredrickson afirma que vivenciar emoções positivas em uma proporção de 3:1 ajuda a pessoa a levar uma vida produtiva e mais satisfatória.[12] Mudar a proporção entre as afirmações positivas e negativas que você faz é criar a base para aumentar a autovalorização.

Preste atenção ao que você diz e quando diz. Elogios funcionam melhor quando são usados tanto para esforços quanto para conquistas e se são feitos imediatamente. Detalhes específicos são cruciais para que essas afirmações façam sentido para crianças com TDAH, porque elas costumam pensar sobre as coisas de maneira concreta. É mais eficiente dizer: "Você fez um bom trabalho hoje ao se arrumar para ir dormir. E gostei que só precisei falar duas vezes", em vez de "Bom trabalho ao ir para a cama". A primeira versão diz a seu filho exatamente o que ele fez bem e por quê; a segunda diz apenas que você gostou do que ele fez. Não há aprendizado para ele. Às vezes, só para facilitar a retenção do comentário positivo na memória, você pode pedir a ele para repetir o que acabou de ouvir.

PAI: "Quero ter certeza de que você entendeu o que eu disse. Pode repetir, por favor?".

CRIANÇA: "Tenho que repetir?".

PAI: "Sim".

CRIANÇA: "O.k. [Longo suspiro.] Você disse que gostou de eu ter guardado meus sapatos no lugar certo quando cheguei em casa".

Esse tipo de diálogo ajuda a construir as vias neurais da memória de trabalho que você está tentando fortalecer e, ao mesmo tempo, promove a conexão entre pai e filho. É uma vitória dupla.

A Celebração também significa incentivar seu filho a seguir aquilo que desperta seu interesse e lhe dá alegria. Uma razão para os *videogames* serem tão interessantes para crianças com TDAH é que os objetivos de sucesso são claros e plausíveis. Seu filho avança feliz de um nível ao outro, sabendo o que é pedido e sendo capaz de cumprir cada desafio. Negociar entradas e saídas da escola, esportes, atividades depois da aula e empregos pode ser mais complicado e, às vezes, menos gratificante. Identificar coisas de que seus filhos gostam (mesmo que pequenas) é crucial para construir a autoestima deles. Se seu filho de 15 anos gosta de teatro, é fácil. Se seu filho de 10 gosta de jogar RPG on-line, fica um pouco mais difícil. Tente encontrar algo positivo nas ideias dele sobre o que é divertido, caso não goste delas. Por exemplo, seu filho quer convidar o amigo para jogar Wizard101 em casa? Talvez essa atividade não seja sua primeira opção, mas pelo menos ele está sendo sociável. Talvez você possa jogar Banco Imobiliário com ele, depois que acabar o tempo de tela. Um dia, seu filho pode criar o próprio jogo de computador. Toda criança é apaixonada por algo; algumas só precisam de mais ajuda para expressar essa paixão.

A JORNADA DA PARENTALIDADE TDAH

A abordagem dos Cinco C's da parentalidade descrita neste capítulo ajuda a fortalecer a compreensão, a responsabilidade pessoal e a conexão entre todos os membros da família. Esse método ajudou centenas de famílias a viver com mais tranquilidade e se entender melhor. É um modelo baseado nas histórias de crianças e adolescentes que me contaram o que os ajuda e o que os limita, em casa e fora dela. Elas mostram como, quando um membro da família está sofrendo, toda a família é afetada e sofre também.

Lendo este livro, você vai aprender a fazer com que a autorregulação, a empatia e os relacionamentos gratificantes sejam normas na sua família, não exceções. Comunique-se de maneira honesta e direta, ouça de verdade, e você criará modos de trabalhar em conjunto para descobrir soluções duradouras que agradem a todos. Sua capacidade de fazer o que diz e manter os acordos que faz, de reconhecer quando as coisas vão bem e apoiar atividades que interessem a crianças com TDAH melhorará drasticamente com a integração do modelo dos Cinco C's no dia a dia.

2 ENTENDER O CÉREBRO TDAH FAZ TODA A DIFERENÇA

"Sempre ouvi as pessoas dizerem: 'Ah, aquela pessoa tem DDA, é maluca ou sei lá'. Aí pensei: 'Ai, meu Deus, as pessoas vão pensar que sou uma adolescente descontrolada que não consegue focar em nada'."
Emily, 16 anos

"Meus pais me disseram que eu precisava de medicação porque era muito, muito doido e hiperativo. Eu era descontrolado e fazia coisas como berrar, gritar na sala de aula e me mexer muito... Quando eles me explicaram, eu nem imaginava de que estavam falando. Ainda não sei. Acho que significa que tem alguma coisa errada comigo. Fiquei com medo de ter que tomar injeção... e fiquei muito feliz quando não precisei disso."
Carter, 11 anos

"Bem, não sou hiperativo, mas estou sempre me mexendo um pouco. Sabe, brincando com alguma coisa, balançando a perna ou batucando; sou mais distraído, mas não muito hiperativo. Mesmo quando estou em pé ou sentado, fico balançando. Balanço o tempo todo."
Henry, 16 anos

"Tenho dificuldade para prestar atenção. Eu me distraio muito, ou começo a sonhar acordada. Meus pais têm que falar muito alto, ou não escuto. Como quando estou levando uma bronca, olho pela janela e vejo um passarinho e comento, e eles ficam muito bravos porque interrompi."
Cara, 10 anos

O QUE É TDAH?

É surpreendente como muitas crianças com TDAH não entendem realmente o que é o transtorno e como os afeta. Com tantos mitos e boatos disponíveis na internet ou em conversas casuais, as crianças podem presumir que TDAH tem a ver apenas com ser hiperativo, nunca prestar atenção ou não ter o autoControle. A maioria dos jovens com quem eu converso quer entender mais sobre TDAH: como ele ocorre em seu corpo, quanto tempo dura e o que podem fazer a respeito. A maioria dos pais deseja o mesmo. As crianças normalmente levam suas dúvidas para os pais, mesmo que pediatras e terapeutas já tenham conversado com elas, e contam com você para explicar e demonstrar empatia de um jeito que faça sentido e as oriente. Saber o que é TDAH e seus mecanismos torna muito mais fácil explicar o transtorno a seu filho ou sua filha. Você também vai estar mais preparado para tomar decisões consistentes sobre tratamento e intervenções.

Entender a biologia e os fatos sobre TDAH pode ser uma fonte de esperança, empoderamento e Colaboração entre você e seu filho, em vez de algo misterioso. Connie e Yuan, pais de Ben, 8 anos, me disseram: "Compreender melhor como o cérebro funciona ajudou muitas vezes. Podemos ver que o que ele faz não é proposital, como pensávamos". Neste capítulo, vou apresentar um panorama geral das coisas mais importantes que você precisa entender sobre TDAH para ser uma fonte eficiente para seu filho e assim conhecer melhor as necessidades dele.

TDAH É UM TRANSTORNO DO DESENVOLVIMENTO DE BASE BIOLÓGICA QUE EXISTE NO MUNDO TODO

Muita gente acredita que TDAH é um diagnóstico novo, mas hiperatividade e impulsividade têm sido observadas em crianças e adolescentes e discutidas na literatura médica há mais de 200 anos.[1] Antes considerada uma forma de dano cerebral precoce, a "síndrome da criança hiperativa" passou a ser uma categoria médica na década de 1960. Dez anos mais tarde, quando a dra. Virginia Douglas identificou que crianças com esses sintomas também careciam de atenção sustentada e controle de impulsos, a síndrome foi renomeada para Distúrbio de Déficit de Atenção (DDA) com ou sem hiperatividade. Em 1987, o nome foi mudado novamente para Transtorno de Déficit de Atenção com Hiperatividade (TDAH)[2] e é hoje definido como um "padrão persistente de desatenção e/ou hiperatividade que interfere em funções ou desenvolvimento".[3] Há três tipos de TDAH: desatento, hiperativo e combinado. Atualmente, o TDAH é entendido como uma condição comportamental de base biológica que impacta os sistemas de gerenciamento do cérebro conhecidos como funções executivas. Não é um fenômeno norte-americano; existe no mundo todo. Acredita-se que cerca de 5% da população mundial com menos de 18 anos de idade[4] tenha TDAH, sendo o desatento o tipo mais comum.[5]

Apesar das descobertas globais sobre TDAH, neste livro vou tratar, em especial, de padrões e estatísticas entre crianças e adolescentes nos Estados Unidos. O TDAH afeta jovens norte-americanos de uma grande variedade de grupos étnicos e socioeconômicos. Cerca de 11% das crianças e dos adolescentes dos Estados Unidos preenchem os requisitos para o diagnóstico de TDAH.[6] Os meninos são diagnosticados duas vezes mais que as meninas, sendo a maioria do tipo hiperativo/impulsivo, provavelmente porque tendem a ser mais impulsivos e seu comportamento chama mais a atenção dos adultos.[7] As meninas, porém, parecem receber o diagnóstico mais tarde. Meninos e meninas experimentam sintomas semelhantes e ambos respondem igualmente bem ao tratamento.[8] Com o crescimento, a maioria das crianças continua tendo TDAH, mas ele muda: os sintomas hiperativos e impulsivos costumam desaparecer, e a desatenção permanece.[9] Nos últimos 10 anos, o número de crianças norte-americanas diagnosticadas tem crescido de maneira constante, alarmando muitos pais, médicos e profissionais de saúde mental. Essa tendência pode ter relação com as novas maneiras de avaliar o transtorno, um aumento real na população ou o excesso de diagnósticos baseados em conclusões imprecisas.[10]

Não há uma causa única conhecida para o TDAH, mas um número de fatores pode levar a ele. O maior de todos é genético: na maioria das vezes, é herdado.[11] De fato, se você tiver um filho com TDAH, há uma chance de 33% de outra criança na família também ter o transtorno.[12] Às vezes, o TDAH pode ser decorrente de lesões cerebrais, trauma recorrente, abuso de álcool ou drogas ou tabagismo durante a gravidez, ou consequência de exposição a chumbo.[13] Apesar dos muitos mitos, o TDAH *não* é causado pela alimentação (e isso inclui aditivos ou açúcar), muita televisão ou parentalidade deficiente. O cérebro TDAH simplesmente tem estruturas diferentes que o tornam único. Vamos dar uma olhada nelas.

CÉREBROS TDAH SÃO PROGRAMADOS DE MANEIRA DIFERENTE

O TDAH aparece de formas muito variadas em crianças e adolescentes. Da mesma maneira que não há duas crianças com TDAH idênticas, não há dois cérebros TDAH iguais. Essas diferenças contribuem para tornar a experiência de cada pessoa única. A seguir, alguns dos jovens com quem conversei contam como é, para eles, ter TDAH.

> "É uma luta. É loucura acontecendo no meu cérebro."
> Ramon, 12 anos

> "Tenho dificuldade para formular pensamentos completos, a menos que os fale em voz alta muitas vezes."
> Brianna, 17 anos

> "Não consigo lembrar. Vem na minha cabeça, depois simplesmente some. Não consigo segurar."
> Skyler, 15 anos

> "Tenho que me treinar para me concentrar em uma coisa só e me esforçar muito, muito mesmo para não me distrair pelas outras coisas que estão acontecendo."
> Taylor, 12 anos

> "Bom, suas mãos estão procurando alguma coisa para fazer, e daí começam a fazer qualquer coisa que encontrarem, e aí você presta atenção ao que elas encontraram."
> Levi, 9 anos

> "Se não estou realmente envolvido em alguma coisa, começo a cochilar. Sério, consigo dormir em qualquer lugar, e já aconteceu. Às vezes durmo na escola."
> Darren, 15 anos

Agitar-se, mover partes do corpo, problemas de sono e problemas para manter o foco são manifestações do cérebro TDAH. Apesar de haver diferenças individuais, existem padrões básicos presentes na maioria das pessoas com TDAH, e que é importante que você conheça.

O cérebro humano começa a crescer no útero e atinge seu pleno desenvolvimento no início da vida adulta. Suas regiões (chamadas de lobos) se desenvolvem de trás para a frente e de dentro para fora.

REGIÕES DO CÉREBRO E SUAS FUNÇÕES

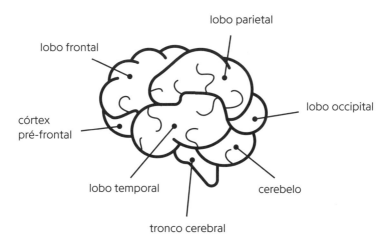

O cérebro é composto por bilhões de células – os neurônios – separadas umas das outras por espaços chamados sinapses. Esses neurônios se comunicam uns com os outros por mensagens químicas com cargas elétricas. Quando uma mensagem chega a um desses espaços, não consegue atravessá-lo até a célula mais próxima sem a ajuda de transportadores químicos chamados de neurotransmissores. Imagine que seu cérebro é como a cidade de Nova York cem anos atrás, repleta de atividade dia e noite. Digamos que uma loja de sapatos em um edifício queira mandar uma mensagem urgente para aquela fábrica de chapéus do outro lado da rua. O vendedor da loja de sapatos (isto é, o emissor) sai com a mensagem e encontra um mensageiro na porta, e o mensageiro então atravessa a rua e entrega a mensagem na mão do funcionário da fábrica de chapéus (isto é, o receptor). Neurotransmissores são os mensageiros do cérebro e fazem essa entrega de mensagens no outro lado da rua – as lacunas sinápticas – milhões de vezes por dia.

49

Graças às tecnologias recentes, como as tomografias computadorizadas e por emissão de pósitrons, ressonância magnética e eletroencefalogramas, agora é possível ver o interior do cérebro e observar sua estrutura e sua atividade. Pesquisadores encontraram diferenças importantes no cérebro de crianças e adolescentes com TDAH quando comparado ao de seus pares sem TDAH. Primeiro, algumas áreas são menores, mais finas e menos ativas, o que pode afetar a manutenção e o direcionamento da atenção, o comando de comportamentos e emoções, os sistemas de memória de trabalho e a comunicação entre as regiões do cérebro.[14] Segundo, o cérebro TDAH amadurece mais devagar. Pode haver um lapso de até três anos, em especial em uma área importante do lobo frontal (imediatamente atrás da testa), o chamado córtex pré-frontal. Essa é a última parte do cérebro a se desenvolver por completo, atingindo a maturidade em cérebros sem TDAH por volta dos 25 anos. O que é importante lembrar é que, com o tempo, o cérebro TDAH também alcança seu desenvolvimento estrutural.

Mas essa é só uma parte da história de como o cérebro TDAH funciona. Vamos voltar aos mensageiros do cérebro, os neurotransmissores. Da mesma forma que muito ou pouco sal pode afetar uma receita, o cérebro precisa do número certo de neurotransmissores para funcionar bem e com eficiência. Os neurotransmissores chamados dopamina e norepinefrina são os que mais interferem nas dificuldades do TDAH, porque influenciam diretamente atenção, pensamento, sono, humor e movimentos.[15] A dopamina afeta as áreas de prazer, recompensa, motivação e satisfação; a norepinefrina está relacionada ao estado de alerta, sono e energia. São os portadores que levam mensagens entre o emissor da loja de sapatos e o receptor da fábrica de chapéus – entre um neurônio e outro. No cérebro TDAH, porém, o receptor é impaciente e não consegue esperar a chegada da mensagem. Ele corre para a rua, agarra o portador com a mensagem e o leva para a fábrica. O mensageiro, por várias razões técnicas que não vou explicar aqui, precisava daquele tempo extra na rua para completar seu trabalho. Em alguns cérebros TDAH, não há mensageiros o suficiente nem para começar.[16] Algo semelhante acontece com a norepinefrina.[17] De qualquer maneira, o cérebro TDAH acaba tendo quantidades menores que as necessárias desses neurotransmissores. É por isso que você vê crianças com dificuldades para prestar atenção, administrar sentimentos intensos, com excesso de energia ou problemas de sono.

TODO MUNDO COM TDAH TEM DIFICULDADES RELACIONADAS ÀS FUNÇÕES EXECUTIVAS

Funções Executivas (FE) são um conjunto de funções cerebrais complexas necessárias para realizar e alcançar objetivos que existem no cérebro todo, mas predominam no córtex pré-frontal. Embora não se restrinjam a uma parte do órgão, normalmente se referem a como o córtex pré-frontal administra as outras regiões cerebrais. Embora não haja uma definição única do que são as FE, o que é claro é que você precisa delas para *executar* tarefas a fim de *cumprir* um objetivo. Vamos pensar no córtex pré-frontal como a diretora de um filme importante. Ela coordena todos os aspectos cinematográficos para criar a versão que pretende: o som, a luz, cenários, figurinos, atores etc. Se precisa de mais volume, ela pede; se precisa de chuva falsa, ela solicita. A diretora executa os comandos para ter um bom filme. De maneira semelhante, os humanos precisam de FE para criar, planejar e realizar tarefas, para resolver problemas e para lidar com sentimentos e comportamentos. Elas são as diretoras do filme de como você faz coisas. As FE o ajudam a decidir em que ordem limpar a cozinha ou o que quer escrever em uma carta; fazem as coisas acontecerem mandando as partes certas de seu cérebro trabalharem.

Vamos olhar mais de perto as FE e como se relacionam com o TDAH. Concentrei algumas abordagens em um modelo desenvolvimental para ajudar os pais a entender melhor essas funções e comunicá-las a seus filhos.[18]

→ Inibição (autorregulação ou contenção).

→ Emoção (lidar com frustração e sentimentos intensos).

→ Ação (começar, organizar coisas, calcular tempo, planejar e priorizar coisas).

→ Energia (permanecer alerta, perseverança, velocidade de processamento de informação).

→ Recordar (ser capaz de reter informação e usá-la para alguma coisa – como lembrar um número de telefone e discá-lo; relacionar uma informação atual com algo do passado e usá-la no presente ou futuro).

→ Foco (permanecer na tarefa, mudando para coisas novas com tranquilidade, estabelecer e alcançar objetivos).

→ Autoavaliação (autoconsciência e automonitoramento).

Essas funções podem ser divididas em duas categorias.[19] **Funções quentes** são aquelas que usamos conscientemente na vida diária – inibição, emoção e ação – e se relacionam ao comportamento.

FUNÇÕES EXECUTIVAS QUENTES

Função executiva	Como a criança demonstra
INIBIÇÃO	
Autorregulação	Para e pensa antes de fazer ou dizer alguma coisa; exerce controle sobre corpo e fala a fim de agir de maneira apropriada em situações familiares, sociais e escolares.
EMOÇÃO	
Lidar com sentimentos	Regula sentimentos, em especial raiva e ansiedade; tem paciência e tolera frustração; não se aborrece com pequenas coisas.
AÇÃO	
Organização	Mantém quarto, armário, caderno etc., limpos e arrumados; encontra coisas quando precisa delas e raramente perde objetos.
Administração do tempo	Faz as coisas na hora certa e cumpre prazos; é capaz de calcular corretamente quanto tempo alguma coisa vai demorar; não procrastina muito.
Planejamento e priorização	Pensa em um método para fazer as coisas; sabe por onde começar grandes projetos e não se sente sobrecarregada por eles; decide prontamente o que é mais importante quando há muitas coisas para fazer.
Início	Começa tarefas domésticas ou lição de casa e as conclui com eficiência, muitas vezes sem orientação e lembretes excessivos; motivada para começar uma tarefa.

Funções frias são mais abstratas e inconscientes – energia, recordação, foco e autoavaliação – e se relacionam mais ao pensamento.

FUNÇÕES EXECUTIVAS FRIAS

Função executiva	Como a criança demonstra
ENERGIA	
Alerta	Capaz de permanecer acordada e envolvida quando desempenha uma atividade tediosa.
Perseverança	Mostra esforços consistentes quando tenta fazer algo rotineiro, novo ou desafiador.
Processamento de informação	Entende e aplica informações novas com eficiência.
RECORDAÇÃO	
Memória de trabalho	Retém uma informação na cabeça enquanto faz coisas diferentes; lembra coisas do passado e as aplica ao presente ou futuro; lembra e segue etapas em uma série de direções.
FOCO	
Atenção sustentada	Administra atenção e resiste a distrações quando se encontra diante de uma tarefa.
Mudança/flexibilidade	Capaz de mudar o foco para outra coisa (isto é, para de jogar no computador e senta para jantar); segue o fluxo; ajusta-se a situações diferentes.
Persistência voltada para o objetivo	Estabelece um objetivo, permanece focada nele e volta à tarefa imediatamente após uma interrupção; realiza uma tarefa ao longo do tempo, independentemente de sua duração e velocidade pessoal de processamento.
AUTOAVALIAÇÃO	
Autoconsciência	Tem consciência de como o comportamento pessoal afeta outras pessoas; responde de maneira positiva a feedbacks; demonstra discernimento apropriado; quer aprender com os erros.

Essas funções normalmente trabalham em conjunto para atingir eficiência máxima e sucesso.

As FE se desenvolvem à medida que as pessoas as usam, mas não de um jeito linear. Isso acontece mais devagar nas crianças com TDAH do que em seus pares, por causa das diferenças no amadurecimento do cérebro. É por isso que costumam ter dificuldades de FE, como procrastinação, desorganização, esquecimento, impulsividade e desatenção.[20] Muitas vezes, o que algumas crianças fazem com tranquilidade pode ser mais difícil para seu filho com TDAH. A diretora nem sempre consegue fazer elenco e equipe de produção trabalharem juntos com a eficiência de que gostaria, porque é possível que eles não estejam todos no estúdio ao mesmo tempo. Quando finalmente chegam, ela pode gritar "ação", e *voilà*, seu filho aprende a misturar o leite ao cereal sem derramar nada. É claro, muitas crianças com TDAH têm FE desenvolvidas e dificuldades também. Seu filho adolescente pode deixar o quarto bagunçado, mas ser pontual. Sua filha que está no quinto ano pode esquecer o lanche, mas senta para fazer a lição de casa assim que chega da escola. Aprender a contar mais com esses pontos fortes enquanto cria estratégias para fortalecer as funções que se desenvolvem mais devagar é parte importante do que trata este livro.

Os Cinco C's da parentalidade TDAH miram os desafios das FE e oferecem maneiras claras e eficientes de melhorá-las. O autoControle ajuda com autorregulação, lidar com sentimentos, alerta e resistência a distrações. A Compaixão ajuda todo mundo a lidar com sentimentos intensos e também ensina autoconsciência. A Colaboração capacita você e seu filho a lidar com dificuldades das FE, como organização, planejamento ou administração do tempo, trabalhando em conjunto para criar métodos para amenizá-las. Enquanto faz o melhor que pode para seguir esses princípios e observa os esforços de seu filho, você usa a Consistência para desenvolver a persistência voltada ao objetivo. A Celebração aumenta a iniciativa e autoavaliação por meio de reconhecimento: "Gosto de como agora você se lembra de deixar a lancheira em cima da bancada quando chega da escola", ou "Parece que você tem colocado suas roupas no cesto de roupa suja mais que antes". Você ensina as habilidades e comemora quando elas se tornam um hábito da vida diária.

Sem usar a terminologia que acabamos de discutir, os jovens descreveram como têm consciência das dificuldades relacionadas às FE. Quando Liam, 9 anos, fala sobre como foi o ensaio da orquestra, você percebe as dificuldades com autorregulação (controle de impulso), administração de sentimentos (preocupação), organização (bagunça) e autoconsciência (como as interrupções afetam os outros):

> Tive problemas no ensaio da orquestra. Primeiro, não consegui encontrar a música certa. Depois, fiquei de pé para perguntar quando era a apresentação, e o sr. Mitchell disse para sentar. Mas eu precisava saber. Tenho jogo de basquete no fim de semana, e queria ter certeza de que as duas coisas não aconteceriam ao mesmo tempo. Ele me mandou sentar de novo, ou então me mandaria para a diretoria. Não sei por que ele simplesmente não respondeu à minha pergunta. Depois ele disse para minha mãe que eu tive problemas de novo.

Além de fazer os outros esperarem enquanto procurava a música certa, Liam fica nervoso com a possibilidade de seus dois compromissos acontecerem ao mesmo tempo, e não consegue esperar o fim do ensaio para resolver o problema. Ele está preocupado com o que vai acontecer? Com certeza. Tem medo de não lembrar mais tarde? Talvez. Sente-se mal por fazer todo mundo esperar? Provavelmente. Mais tarde ele me disse: "Hoje foi um dia ruim... Todo dia em que não tenho problemas é um dia bom".

Destiny, 15 anos, tem pais divorciados com guarda compartilhada. Ela e o irmão, Jack, passam uma semana em cada casa:

> Odeio mudar de lugar. É muito caótico. Queria poder morar em um lugar só. Nunca tiro minhas roupas da mala. Eu literalmente vivo com uma mala. Minha mochila é muito pesada. Tenho que levar mais coisas para a escola para ter certeza de que estão comigo. Pelo menos em metade das vezes, um deles [os pais] tem que levar alguma coisa, mesmo assim. Meu irmão surta se esquece o Xbox, o que acontece, tipo, o tempo todo.

Destiny (e o irmão dela também) tem que lidar diariamente com transferir coisas de uma casa para a outra. Saber onde estão seus pertences, pensar antes em tudo de que precisa, lembrar onde está determinada coisa e levá-la, e lidar com a frustração de não ter a vida em apenas um lugar é difícil para qualquer criança com pais divorciados. Para crianças como Destiny e Jack, pode parecer impossível.

No começo, todos os pais agem como as FE externas dos filhos. Você os veste, os alimenta e dá banho neles. Rapidamente, eles aprendem como seguir você com os olhos e choram pelo que querem. Quando crescem, aprendem a andar e vão para a pré-escola, adquirem controle sobre o corpo e começam a entender a ordem das coisas; vestir a calça em uma perna de cada vez, depois calçar os sapatos; colocar a pasta de dentes na escova antes de levá-la à boca e esperar os biscoitos que saíram do forno esfriarem antes de comê-los. Eles desenvolvem e usam a linguagem, passam das fraldas ao vaso sanitário, aprendem a seguir orientações básicas, se revezam com os colegas e até esperam pacientemente pelo picolé que você está tirando do freezer. No ensino fundamental, as FE se fortalecem quando as crianças começam a criar e seguir rotinas, demonstrar maior autoControle emocional e físico, dedicar-se às tarefas até que sejam concluídas e planejar coisas como festas de aniversário. É claro, você ainda dá orientações, mas já não faz tudo por eles.

Os anos da pré-adolescência e da adolescência são o período quando o desenvolvimento e a aplicação das FE aceleram. No ensino fundamental II, seu pré-adolescente tem mais independência. As crianças administram uma grade horária complexa, com aulas e professores diferentes, mudanças na dinâmica das relações com os colegas e maior responsabilidade com a lição de casa e interesses extracurriculares, como esportes, música ou teatro. Tudo isso pode ser difícil para suas FE em desenvolvimento. No ensino médio, lição de casa, atividades, esportes, empregos em meio período e, possivelmente, preocupações com o vestibular podem ser muito estressantes para as FE em desenvolvimento. Para os pais, é bastante difícil encontrar o equilíbrio entre orientar e dar liberdade. Às vezes, seu filho ou sua filha vai pedir sua ajuda e apreciar seu apoio. Outras vezes, recusam a mão extra e preferem resolver sozinhos. Podem conseguir, ou não. O andaime (apoio) que você proporciona ao longo do caminho não é só essencial ao educar qualquer criança, mas é especialmente importante para criar filhos com TDAH. Você vai ter que apoiar sua diretora inexperiente por mais tempo do que imagina, enquanto eles caminham para atingir a maturidade por volta dos 30 anos. Trabalhar em conjunto com professores e especialistas em FE específicas conduz esse processo de maneira mais bem-sucedida, porque seu filho recebe mensagens semelhantes em todas as áreas da vida.

Pode ser muito frustrante quando seu sobrinho, aos 10 anos, arruma a cama todas as manhãs e desce para tomar café sem ninguém precisar mandar, enquanto sua filha de 12 anos deixa a cama desarrumada, tem problemas para se vestir na hora certa e precisa ser chamada cinco vezes (a última aos berros) para descer e comer seu pãozinho. Respire fundo e lembre que cérebros diferentes amadurecem e aprendem as FE em ritmos diferentes. Ajudar sua filha a dominar a rotina matinal significa, em última análise, que você passa de dizer o que tem que fazer a ela dizer a si mesma o que tem que fazer. Isso leva tempo, porque internalizar o diálogo em jovens com TDAH é mais demorado. Você pode avisar a sua filha para pegar a mochila e as roupas para o treino esportivo e ouvir quando ela diz a si mesma o que vai fazer. Isso é bom: ela está construindo suas FE para o diálogo internalizado que vai orientar suas ações. Quando sua filha chega no carro com todas as coisas, está mostrando a você como aquele diálogo internalizado a levou até ali.

> **CÉREBROS DIFERENTES AMADURECEM E APRENDEM AS FE EM RITMOS DIFERENTES.**

TDAH FREQUENTEMENTE TRAZ COMPANHIA: APRENDENDO DIFERENÇAS E QUESTÕES DE SAÚDE MENTAL

Muitas crianças com TDAH também têm outros problemas. Às vezes, têm dificuldades com leitura, redação ou matemática, em geral chamadas de dificuldades de aprendizagem (DA). Talvez enfrentem ansiedade, depressão ou comportamentos disruptivos, os chamados transtornos de saúde mental. Talvez tenham um pouco de cada. Embora termos como "dificuldades" ou "transtornos" sejam úteis do ponto de vista clínico ou educacional, pois ajudam a identificar um problema específico e obter intervenção e tratamento, podem soar negativos e desanimadores para crianças e pais. Vince, 15 anos, me disse:

> Tenho a sensação de que, quando alguém ouve a palavra "transtorno", sente que não é igual às pessoas. Ou você é doente, ou não é. Seu cérebro só é diferente... "Incapacidade". Também não gosto dessa palavra. Quando ouço a palavra "incapacidade", penso que a pessoa tem uma inabilidade para fazer coisas, o que não é verdade. Não importa o que você tem, não importa quem é, você pode fazer coisas.

Esses termos clínicos não favorecem o mindset positivo que ajuda crianças (e adultos) com crescimento e mudança. Por esse motivo, prefiro usar os termos gerais "diferenças de aprendizado" e "questões de saúde mental" sempre que possível, quando converso com as pessoas no meu consultório. Nesta seção, você vai obter informações gerais sobre essas questões para ver se seu filho ou sua filha apresenta alguma delas.

O TDAH torna mais difícil para as crianças acessarem e usarem o que sabem. Elas têm a informação, mas não conseguem recuperá-la ou aplicá-la com eficiência e de maneira efetiva. Quanto mais severas as dificuldades das FE, maior a probabilidade de haver dificuldades de aprendizado.[21] Nos primeiros anos do ensino fundamental, a criança domina primeiro a leitura, depois lê para aprender. Ela aprende a contar, depois usa os números para a matemática e solução de problemas. Domina a técnica da redação, depois escreve para se expressar. Quando a criança fica mais velha, essas áreas acadêmicas fundamentais, que são, a princípio, objetivos de aprendizagem em si mesmas, tornam-se ferramentas para aprender outras matérias, como ciências, história, geografia e línguas estrangeiras. São diretamente influenciadas pelas funções executivas discutidas anteriormente. Memória de trabalho (a habilidade de reter uma informação no cérebro e usá-la para alguma coisa, como ouvir e fazer anotações ao mesmo tempo); velocidade de processo cognitivo (o ritmo com que seu cérebro absorve e entende as informações); e habilidades motoras finas (escrever e manipular pequenos objetos) são usadas quando se aprende disciplinas acadêmicas. Gerenciamento de tempo, planejamento, priorização, persistência de um objetivo e controle de impulso ajudam um estudante a viver sua rotina e a concluir projetos, trabalhos e provas. Independentemente de sua criança ou seu adolescente ter uma dificuldade de aprendizagem, essas FE – fundamentais para o processo de aprendizado – já são afetadas pelo TDAH e requerem treinamento para serem fortalecidas.

As DA são uma ocorrência muito comum em crianças com TDAH, sendo presentes entre 45% e 71% dos casos.[22] Dificuldades com habilidades acadêmicas e processamento aparecem com maior incidência nas áreas de leitura, matemática e expressão escrita, bem como de coordenação motora desenvolvimental. Sua filha pode ler devagar ou passar muito rapidamente pelas frases sem apreender seu significado. Seu filho pode ter dificuldades para aprender fatos matemáticos ou para escrever um trabalho com suas reflexões sobre um livro. Quando um estudante recebe um diagnóstico de DA, significa que seu desempenho está abaixo de sua capacidade intelectual em certas áreas e não alcança o êxito esperado para os pares da mesma idade. Como o TDAH, dificuldades de aprendizagem são, frequentemente, de base neurológica, tendem a se repetir na família e não podem ser associadas a doenças físicas como problemas de audição, visão ou físicos,[23] embora certamente também afetem a capacidade de aprender.

Vamos examinar cada um mais detalhadamente. Dificuldades de leitura, inclusive dislexia, ocorrem em 33% a 45% das crianças com TDAH e dizem respeito à dificuldade da criança para ler com precisão e fluência, apesar de ter inteligência e motivação para isso.[24] Desafios específicos de leitura variam de pessoa para pessoa, mas devem melhorar com instrução direta.[25] Dificuldades de matemática (discalculia) incluem problemas relacionados a memorizar fatos matemáticos e lembrar deles de forma automática, conceitos matemáticos numéricos ou espaciais e símbolos matemáticos. Essas dificuldades foram encontradas em 20% a 30% das crianças e adolescentes com TDAH, e também podem responder bem a estratégias específicas de adaptação.[26] Problemas de coordenação motora desenvolvimental são mais que apenas falta de jeito; referem-se a dificuldades motoras de coordenação fina e grossa vistas em caligrafia e coordenação mão-olho, e podem melhorar com terapia ocupacional.

De longe, redação é a diferença de aprendizagem mais frequente para essas crianças, duas ou mais vezes mais comum que leitura ou matemática.[27] Isso acontece porque as dificuldades das FE na maioria dos cérebros TDAH tornam muito mais difíceis as habilidades essenciais de escrita, como organização, memória de trabalho, atenção aos detalhes, perseverança e planejamento. Problemas de caligrafia podem complicar ainda mais as tarefas. De histórias criativas a fichamento de livros e trabalhos de pesquisa, nossas crianças escrevem o dia todo, e se têm uma dificuldade de expressão escrita, elas se beneficiam significativamente de instrução direta, assistência e adaptações. Kimiko, 16 anos, descreve sua luta com a organização: "Não tem organização quando começo a escrever. Tenho que ir trecho por trecho". Logan, 11 anos, enfrenta problemas para produzir textos: "Fico ali sentado por quinze minutos e não tem absolutamente nada no papel, porque estou pensando, estou pensando. E quando a professora diz: 'Só escreve alguma coisa', não consigo anotar mais que três palavras. É ruim". No capítulo 6, você vai saber mais sobre o que os estudantes têm a dizer sobre leitura, matemática e redação e entender como os Cinco C's podem ajudá-los.

Muitas crianças e adolescentes com TDAH também enfrentam questões de saúde mental, como depressão, ansiedade ou comportamento disruptivo. Quando situações que envolvam tristeza, irritabilidade, preocupação e agressão acontecem com mais frequência e intensidade do que se pode esperar para um jovem da mesma faixa etária, é fundamental conversar com o pediatra e/ou com um terapeuta sobre suas preocupações. Quase metade de todas as crianças com TDAH (tipo hiperativo ou combinados) têm problemas de comportamento disruptivo – padrões atípicos de elevada irritabilidade, negatividade, agressão, explosões temperamentais e discussão que causam sérias dificuldades em casa e na escola.[28] Carter, 11 anos, explica: "Perco a cabeça. Fico muito bravo. Quebro, chuto e jogo coisas. Corro e grito". Marina, 17 anos, relata: "Sinto que há bolhas das coisas grandes dentro de mim. Às vezes, elas se expandem, às vezes, explodem".

Explosões descontroladas de raiva como essas são perturbadoras e, invariavelmente, afastam as pessoas. Podem contribuir para a rejeição dos colegas, coisa que as crianças com TDAH sempre vivenciam.[29] Atendimento profissional pode ajudar todo mundo a entender e lidar com esses comportamentos intensos.

Transtornos de humor como ansiedade e depressão, embora menos comuns segundo as estatísticas, também aparecem no meu consultório frequentemente.[30] A ansiedade pode aumentar a agitação, a distração e a impulsividade, e fazer as coisas parecerem piores do que são. Isso afeta a vida em casa, na escola e com os amigos. Por sentirem preocupação excessiva, medos irracionais e inquietação, crianças ansiosas com TDAH podem parecer excessivamente vigilantes. A ansiedade também piora os problemas de sono comuns nessas crianças, como explicam Mara, 10 anos, e a mãe dela, Diane:

> DIANE: "A noite é um grande desafio para nós. Mara quer que alguém deite com ela. Tem medo do escuro e de ficar sozinha. De tudo. Demora muito. Não tenho muita paciência, mas acho que fico tempo demais com ela".
>
> MARA: "Meus amigos só vão para a cama. Queria ser como eles. Preciso de companhia para ir dormir. Não consigo ir sozinha. Minha mente fica girando, girando e girando".

O medo que Mara tem de não dormir se torna, infelizmente, uma profecia autorrealizável que a mantém acordada mais noites do que ela e os pais gostariam. Apesar de todos os esforços, Mara não consegue se acalmar. Precisa de ajuda com o autoControle e a Compaixão: aprender a ficar calma para poder ter o descanso de que ela (e a família) precisa.

A depressão alimenta mensagens negativas que as crianças com TDAH enviam a si mesmas ou ouvem de terceiros. Falta de esperança, vergonha, decepção e baixa autoestima são os sinais clássicos dados por crianças que se sentem deprimidas. Elas também podem dormir demais, agir com irritação ou agitação, chorar, passar mais tempo sozinhas ou pensar mais devagar que de costume. Sinais de preocupação excessiva, problemas de sono e estados de espírito negativos melhoram com ajuda profissional. Não quero assustar você, mas a pesquisa mostra que dificuldades de humor não tratadas (e questões comportamentais de expressão dessas dificuldades) elevam o risco de abuso de substâncias entre adolescentes com TDAH.[31] Dificuldades para lidar com os sentimentos de maneira apropriada, algo que é difícil para muitas crianças com TDAH por ser uma função executiva, podem tornar todas essas questões de saúde mental ainda mais complicadas e sérias.[32] Se for esse o caso de sua criança ou seu adolescente, existe ajuda disponível. Fale com seu médico ou terapeuta. Vamos analisar como os Cinco C's podem ajudar a lidar com sentimentos intensos e comportamentos destrutivos no capítulo 10.

UM DIAGNÓSTICO COMPLETO E PRECISO É ESSENCIAL

Receber um diagnóstico profissional de TDAH e compreender o que isso significa para seu filho é absolutamente crucial antes de tomar decisões sobre o que fazer. O ideal é que a pessoa que trabalha com você entenda o TDAH e as dificuldades de aprendizagem, já que eles aparecem juntos com muita frequência. A literatura científica atual recomenda que crianças diagnosticadas com TDAH também sejam avaliadas em suas habilidades de escrita, matemática e leitura, bem como para outras condições coexistentes.[33] Antes de tudo, é importante eliminar outros quadros que possam parecer TDAH: atrasos de desenvolvimento, transtorno do espectro autista, dificuldades de aprendizagem, diagnósticos de saúde mental como ansiedade, depressão, trauma, transtorno bipolar ou obsessivo-compulsivo e problemas físicos, como lesão cerebral, convulsões, doenças da tiroide ou transtornos do sono. Verificar a existência desses problemas é fácil para o pediatra, e vale a pena conversar sobre eles. Os outros devem ser examinados em uma avaliação psicológica para TDAH.

Geralmente, há três caminhos comuns que levam a um diagnóstico de TDAH: pelo pediatra, por um psicoterapeuta ou pela escola da criança. Seja qual for o caminho escolhido, tenha certeza de que a pessoa conhece bem TDAH e não faz um diagnóstico sem antes traçar um histórico completo da criança e da família (baseado em entrevistas com você e seu filho) e sem lhe dar algumas escalas de classificação para preencher. Muitos pais querem informações claras que mostrem que o filho tem TDAH antes de começar um tratamento (especialmente se incluir medicação), e os testes podem fornecer essa confirmação.

Os testes também podem ajudar você a entender como o cérebro de seu filho funciona em maior profundidade, qual é seu desempenho acadêmico e o que está acontecendo na esfera emocional. Eles podem detectar dificuldades de aprendizagem e também confirmar questões de saúde mental. Apenas psicólogos formados (ou neuropsicólogos) são capacitados para fazer esse tipo de avaliação. Os testes podem ser caros, mas parte dos custos costuma ser coberta pelos planos de saúde. É importante que quem fizer os testes inclua avaliações completas das FE. O Behavior Rating Inventory for Executive Function (BRIEF) [Breve Inventário das Funções Executivas], a Barkley Deficits in Executive Functioning Scales – Children and Adolescents (BDEFS) [Escala de Avaliação de Disfunções Executivas Barkley] e o Inventário Abrangente de Função Executiva (Cefi) são algumas das melhores ferramentas para avaliar diversas funções executivas na vida diária, que os testes psicológicos comuns talvez não avaliem. Os modelos de entrevista encontrados em *Executive skills in children and adolescents: a practical guide for asessment and intervention*, de Peg Dawson e Richard Guare, também são extremamente úteis. Peça ao avaliador para falar com as pessoas da escola de seu filho para que as opiniões deles também sejam levadas em conta para as conclusões. As informações que você obtém com esses relatórios, inclusive sugestões ou coisas para fazer na escola e em casa, podem ser *extremamente* úteis para todos: pais, crianças, professores, médicos. Às vezes os relatórios podem soar muito negativos, porque dão mais ênfase aos pontos fracos em vez dos fortes. Isso pode ser desanimador, mas não precisa ser. Olhe para o relatório como uma ferramenta que contém dados novos e detalhados sobre seu filho ou aluno e como a mente dele funciona, para que você possa ajudá-lo com mais eficiência.

Este gráfico mostra os três caminhos para um diagnóstico de TDAH:

MÉDICOS (pediatras e psiquiatras)	PROFISSIONAIS DE SAÚDE MENTAL (assistentes sociais, terapeutas, psicólogos)	EQUIPE DA ESCOLA (professores, diretores, psicólogos, orientadores pedagógicos)
↓	↓	↓
Entrevista para discutir o histórico da criança e da família, questões atuais e pontos fortes	Entrevista para discutir o histórico da criança e da família, questões atuais e pontos fortes	Reunião com os pais
↓	↓	↓
Você recebe formulários para serem preenchidos por você e pelos professores	Você recebe formulários para serem preenchidos por você e os professores, se isso já não tiver sido feito	Ajustes em sala de aula
↓	↓	↓
Seu filho é encaminhado para testes, se for indicado	Conversa com escola, pediatra ou psiquiatra, se for necessário	Reunião de acompanhamento e iniciação do processo PEI
↓	↓	↓
Entrevista para avaliar todos os resultados; o diagnóstico de TDAH é dado, se todos os critérios forem atendidos	Encaminhamento para testes, se for indicado	Processo de avaliação
↓	↓	↓
Discussão de medicação e encaminhamento para terapia, se for necessário (alguns psiquiatras também fazem terapia)	Diagnóstico de TDAH, se todos os critérios forem atendidos	Reunião de equipe para discutir resultados da avaliação e determinar se existe algum tipo de inabilidade
	↓	↓ ↓
	Encaminhamento para pediatra ou psiquiatra para consulta sobre medicamentos, se for desejado	Inabilidade é identificada e serviços são recomendados / Inabilidade não é encontrada; reunião para adaptação é recomendada
	↓	↓
	Terapia	Reunião é realizada para criar um plano de adaptação

Muitas vezes, o primeiro caminho para um diagnóstico preciso começa no consultório do pediatra. Se tem notado que seu filho tem dificuldades na escola e/ou em casa e acha que o problema pode estar relacionado a atenção, você já pode ter começado a pesquisar sobre TDAH (livros, internet, conversas com amigos) para ver se as descrições correspondem à realidade. Nesse caso, você provavelmente vai conversar com o pediatra, que muitas vezes conhece seu filho desde a infância e tem dado bons conselhos há anos. Victoria, mãe de Nona, 9 anos, lembra:

> Lemos *Tendência à distração* [Rocco, 1999] e fomos falar com a pediatra, dra. Yvonne. Considerando nossa descrição, ela achou que era possível que fosse TDAH, e nos encaminhou para alguém que podia fazer os testes. A dra. Yvonne tinha alguma noção sobre TDAH, sabia para quem nos encaminhar, e não fez tudo parecer fora do comum. Não nos sentimos burras por fazer perguntas.

O ideal é que o pediatra de seu filho seja tão útil quanto a de Nona. Como a dra. Yvonne, seu médico conversará com você para ter uma noção do que está acontecendo (inclusive obter o histórico de desenvolvimento e da família) e vai lhe dar algumas escalas de classificação para você e a escola preencherem. As escalas Vanderbilt, Conners e Behavior Assessment System for Children são usadas para diagnosticar TDAH. O pediatra também pode querer conversar com alguém na escola de seu filho, ou recomendar um psicólogo ou uma avaliação educacional – em outras palavras, os "testes" que já descrevi. Com base nesses resultados e nas demais informações levantadas, ele vai decidir sobre o diagnóstico de TDAH. Sintomas e dificuldades devem ocorrer em dois cenários da vida da criança, pelo menos, para que se obtenha o diagnóstico. É provável que o pediatra discuta com você opções de tratamento, como terapia, medicação, treinamento ou mentoria. Ele também pode recomendar um psiquiatra para examinar mais detalhadamente as questões diagnósticas e responder a perguntas adicionais sobre medicação.

O segundo caminho para um diagnóstico preciso passa por um profissional de saúde mental que pode ou não já estar acompanhando você ou seu filho. Talvez você leve a criança a esse terapeuta porque ele suspeitou que seu filho tem TDAH. Talvez você o tenha levado ao consultório para tratar de outra preocupação, e o terapeuta desconfia de TDAH. Como o pediatra, o profissional de saúde mental normalmente colhe um histórico completo familiar e desenvolvimental, e pode pedir que você preencha formulários antes de fechar um diagnóstico. Muitas vezes, ele conversa com o pediatra, com os professores de seu filho ou outros profissionais da escola. Se o terapeuta ou psiquiatra tem preocupações adicionais ou acha que ainda é preciso coletar mais dados, ele também pode recomendar testes, especialmente para descartar quaisquer problemas de aprendizagem. Caso contrário, ele mesmo pode fazer o diagnóstico de TDAH.

O terceiro caminho para o diagnóstico é a escola de seu filho. Muitos pais ficam sabendo das dificuldades do filho em relação a concentração e foco por meio de um bilhete ou telefonema da professora, normalmente nos primeiros anos do ensino fundamental, mas também no fim dele ou no ensino médio. Em reuniões casuais e/ou formais com os professores, o diretor ou o coordenador, você pode descobrir que seu filho ou sua filha tem problemas na escola em áreas que envolvem controle de impulso, foco, memória, interações com colegas, organização ou descontrole emocional. Essas conversas podem ser difíceis. O que se espera é que elas levem a ajustes na sala de aula e na lição de casa para ver se isso pode ajudar seu filho. Escolas públicas dos Estados Unidos podem identificar problemas de atenção, concentração e memória, mas não podem, por lei, diagnosticar TDAH, uma vez que é considerado um assunto de saúde. No entanto, há uma lei que as obriga a avaliar alunos para identificar possíveis dificuldades de aprendizagem e para determinar se impedem o aluno de fazer o progresso adequado.[34] Essas avaliações escolares incluem uma avaliação de fala e linguagem, uma avaliação de habilidades acadêmicas e progresso e uma avaliação psicológica. Assim como os testes particulares, uma avaliação feita pela escola pode fornecer informações importantes sobre seu filho, com o benefício adicional do contato direto com seu ambiente educacional.

Depois desse processo de avaliação, acontece uma reunião de equipe para determinar as eventuais necessidades especiais da criança e se elas são elegíveis ao serviço obrigatório. Se forem, são descritas em um Programa de Ensino Individualizado (PEI); caso contrário, a equipe pode recomendar um plano de adaptação 504 (cujo nome faz referência à Seção 504 do Ato de Reabilitação de 1973), que será criado posteriormente, ou nenhum serviço.[35] Se a equipe propõe um plano de comportamento para seu filho ou sua filha, não deixe de participar. Você pode fornecer reforços na área e dicas valiosas. Como afirmei antes, embora as escolas públicas norte-americanas não possam fazer o diagnóstico de TDAH (mas podem levantar a possibilidade), muitas crianças com o transtorno também têm dificuldades de leitura, redação ou matemática, que se qualificam como dificuldades ou transtornos de aprendizagem. Essas necessidades especiais podem ser diagnosticadas pela escola, e se impedem o progresso acadêmico, a equipe fornecerá serviços de apoio. A grande questão é que, embora afete diretamente o aprendizado, o TDAH é classificado como um transtorno mental e, por isso, deve ser diagnosticado por médicos ou profissionais de saúde mental, que então enviam ou apresentam suas descobertas para a escola.

MEDICAÇÃO PODE AJUDAR, MAS REMÉDIOS NÃO ENSINAM HABILIDADES

Decidir o que fazer sobre o TDAH de seu filho é um processo complicado. Com crianças menores, os próprios pais tomam decisões sobre medicação, terapia, aulas particulares e intervenções na escola. As crianças costumam aceitar as escolhas dos pais e se dispõem a tentar alguma coisa para ver o que acontece. É claro, elas também têm opiniões que devem ser levadas em conta, mas é você quem está no comando. Por volta do ensino fundamental II e no ensino médio, porém, a situação fica mais difícil. Se os adolescentes não seguem o programa de tratamento, todo apoio e esforço para ajudá-los serão em vão. Informação promove cooperação e colaboração dos jovens. Dividir o que você aprender e ter conversas calmas e honestas sobre a vida com TDAH pode levar a um desfecho bem-sucedido para todo mundo.

Em 1999, foi conduzido o maior estudo de opções de tratamento para crianças com TDAH, o Multimodal Treatment Study (MTA), a fim de analisar quais serviços produziam mais resultados. Foram examinadas quatro opções: medicamento; terapia familiar; uma combinação dos dois; e encaminhamento para atendimento público. O tratamento combinado de medicação e terapia mostrou vantagens claras em relação à medicação isolada, mas tanto a combinação como a medicação sozinha se mostraram mais efetivas que apenas a terapia.[36] Desde então, estudos de acompanhamento confirmaram essas descobertas.[37] Infelizmente, muitas crianças com TDAH são medicadas, mas não fazem terapia.[38] O uso excessivo e errado de metilfenidato (conhecido como Ritalina e Concerta) e sais de anfetamina (Adderall, Dexedrina e Venvanse) acontecem com grande frequência sem as informações sólidas de um bom diagnóstico. Mas, quando administrados de maneira apropriada, funcionam de forma rápida e em prazos cuidadosamente calibrados. Eles também melhoram o modo como várias redes cerebrais se comunicam umas com as outras e, apesar do que dizem os mitos, têm sido alvo de muitas pesquisas ao longo dos últimos 80 anos. Estudos recentes avaliaram os efeitos negativos no longo prazo de medicamentos para TDAH sobre altura e peso e não encontraram nada significativo.[39] Esses medicamentos são eliminados de um dia para o outro: não estão presentes no corpo se o paciente não os ingere. Podem ser interrompidos rapidamente em caso de efeitos colaterais. Medicações não estimulantes demoram mais para fazer efeito, permanecem no organismo por mais tempo e também são bastante estudadas.

Optar por um tratamento com medicação é uma decisão pessoal, e decidi há muito tempo não dizer aos pacientes o que fazer. Encaminho as pessoas ao pediatra ou psiquiatra para ter aconselhamento médico. O que posso dizer é que vários pais preferem começar com mudanças comportamentais e, caso não funcionem bem o bastante, cogitam a medicação. Muitos pais de crianças pequenas relutam quanto ao uso de remédios, e esperam, em vez disso, que a terapia melhore as coisas. Se fica claro que o filho realmente precisa de medicação, especialmente para a escola, então em geral eles consideram administrá-la. Pais de adolescentes que enfrentam dificuldades há algum tempo se mostram mais propensos a adotar ambas as abordagens, especialmente se o jovem também está frustrado e todo mundo quer melhorar seu desempenho escolar.

A terapia funciona melhor quando existem objetivos específicos, como problemas de socialização, comportamentos disruptivos e emoções perturbadoras, e com métodos que utilizam incentivos.[40] Como os pequenos não crescem em uma placa de Petri, recomendo aconselhamento familiar junto ao trabalho individual, para ajudar os pais, sobretudo de crianças menores, na promoção dessas mudanças.[41] Embora a terapia individual possa ser muito valiosa para crianças e adolescentes com TDAH, sem a participação dos pais, as crianças não têm o andaime de que precisam para aquelas importantes FE. Henry, 16 anos, diz:

Sinceramente, acho que o tempo que passei fazendo essas coisas de terapia e treinamento, tanto sozinho como quando meus pais começaram, foi mais importante que a medicação. A medicação também ajudou de um jeito incalculável. Mas acho que o tempo com o terapeuta e meus pais foi a coisa mais importante.

Além de falar em terapia, descobriu-se que a **meditação** também melhora o foco, a atenção e a autorregulação.[42] Muitos terapeutas estão incorporando a prática regularmente no dia a dia, e escolas também já a oferecem em seus currículos. Pesquisas sobre os benefícios das atividades físicas enfatizam a importância do **movimento** em crianças e adolescentes com TDAH, enquanto a terapia de neurofeedback parece ter efeitos limitados.[43]

Se você decidir tentar a medicação, com ou sem terapia, lembre-se de que isso não é uma cura; está mais para como usar óculos. Você até enxerga sem, mas enxerga muito melhor com eles. Rose, 17 anos, explica: "Não sinto que mudei. Sinto que estou melhor. É como ter óculos para o cérebro... Peguei minhas coisas e fui em frente, com listas e tudo, e pela primeira vez na vida não fiz tudo no último minuto". A medicação para TDAH melhora dificuldades de aprendizagem e ajuda com questões de saúde mental, porque atua em áreas do cérebro relacionadas a foco, velocidade de processamento, memória de trabalho e eficiência geral.[44] Mas tenha em mente que os remédios sozinhos não ensinam as FE que as crianças com TDAH mais precisam desenvolver. Quando funcionam, os medicamentos aumentam a disponibilidade da criança para aprender essas funções, mas, sem instrução direta, tais funções simplesmente não melhoram sozinhas. Minha regra para os pais que consideram fazer uso de medicação é avaliar quanto a criança ou o adolescente está lutando e sendo impedido de desenvolver todo o seu potencial por causa do TDAH naquele momento. Pensar se seu filho vai continuar tomando a medicação daqui a 5 ou 10 anos não adianta nada. Atenha-se ao presente e ao futuro próximo, assim como ao que pode fazer a diferença logo. É o suficiente.

> OS REMÉDIOS SOZINHOS NÃO ENSINAM AS FE QUE AS CRIANÇAS COM TDAH MAIS PRECISAM APRENDER.

Conversar com crianças sobre a questão dos medicamentos para TDAH revelou opiniões diferentes das que se poderiam esperar. Para alguns ajuda, para outros, não. Efeitos colaterais como falta de apetite, dor de cabeça e dificuldade para dormir incomodaram algumas crianças, enquanto outras aceitaram pagar o preço por mais concentração na escola. Alguns não sabiam para que servia o remédio ou quais os impactos no corpo. Algumas não gostavam de engolir comprimidos e de como se sentiam por causa deles. Outras são gratas por como o medicamento ajudou.

"Tenho TDAH. Disseram que eu precisava tomar um comprimido, e eu não queria. Depois comecei a gostar, e deixei um pouco de ser hiperativo, mas não totalmente. O remédio me fez não ter mais problemas, diminuir a velocidade, me acalmar e relaxar mais vezes. Gosto disso."
Christian, 9 anos

"Lembro que foi uma grande mudança quando comecei a tomar, porque me dava enjoo. O período de atenção e todo o resto melhoraram, mas eu mal consegui comer naquele dia. Sentia fome, mas nada parecia bom... Foi difícil de lidar, mas ainda deu para fazer muita coisa. Decidi que queria parar, porque não era uma coisa natural."
Carlos, 15 anos

"Funciona muito bem para mim. O ruído saiu da minha cabeça. Tipo, consigo concluir um pensamento sem me interromper. Eu nunca fui a melhor em nada e aí agora estou tirando notas máximas no primeiro ano do ensino médio. Isso é legal."
Ana, 14 anos

"Acho que me faz prestar mais atenção e parar de me mexer, e ouvir, e fazer as provas na escola. Ele me deixa mais calma, e aí eu lembro melhor das coisas. Não gosto de tomar o remédio porque não gosto de engolir nada sem mastigar. Mastigo até água, o que é estranho."
Tiana, 9 anos

"Tem dias em que não tomo. Só quero ser eu mesma. As pessoas perguntam: 'Tomou seu remédio hoje? Porque está meio hiperativa e agitada'. E eu respondo: 'Não, não tomei'. Se esqueço é meio constrangedor, porque em alguns dias só quero ser livre e pensar em tudo."
Emily, 16 anos

Considerando esses altos e baixos de tomar a medicação, conversar abertamente com seus filhos, o pediatra e/ou um terapeuta sobre essa decisão mantém todo mundo em sintonia e ajuda as crianças a sentirem que entendem melhor o que está acontecendo.

SEGUIR EM FRENTE

O que toda essa informação significa para você e seu filho ou sua filha? O objetivo deste capítulo foi munir você com ciência, fatos e esperança. Desmentir mitos sobre TDAH com informações verdadeiras leva a compreender o que ele é e o que causa. Você se torna um recurso para seu filho e sua família. É mais capaz de ter empatia com o que acontece no cérebro e no corpo de seu filho e explicar a ele para que não se sinta "maluco", como Carter contou no começo deste capítulo. Isso desenvolve o autoControle e a Compaixão. Quando seu filho vê você defendê-lo com mais confiança e conhecimento, pode começar a fazer o mesmo: falar de maneira direta com seus professores, outros adultos responsáveis e até com os amigos sobre sua maneira única de pensar, aprender e sentir. Juntos vocês discutem as possíveis soluções (a palavra final é sua) e Colaboram para ajudá-lo a ter sucesso. Isso alimenta a Consistência. Quando as escolhas que fez e a ajuda que buscou promovem melhorias, você percebe que seu filho está mais feliz: hora da Celebração. Os Cinco C's ajudam você em todas as etapas do processo.

3 ACEITAR O CÉREBRO TDAH QUE VOCÊ TEM

Maya, 13 anos: "Ter TDAH é como ter uma pedra no meu sapato, mas dou risada assim mesmo".

Quando eu estava no segundo ano, minha mãe me falou que tenho TDAH. Isso me fez sentir especial, tipo "UAAAU, eu tenho TDAH, sou mais legal que todo mundo". Inventei um apelido para isso, "cérebro bala", por causa do esqui.

Era minha primeira vez em Lone Mountain, e mamãe decidiu me colocar em uma pista íngreme chamada Freedom Trail [Trilha da Liberdade]. Eu não sabia esquiar e desci direto, porque não sabia que tinha que virar. De algum jeito, consegui chegar lá embaixo sem cair ou bater e, quando parei, percebi que aquela era uma das coisas mais divertidas que eu já tinha feito. Minha mãe chegou esquiando, completamente pálida, e disse: "Meu Deus, o que eu acabei de fazer?". E eu gritei: "Foi maravilhoso!". Desde então, ela me chama de sua "pequena bala". E foi daí que eu tirei o "cérebro bala", porque sou rápida e estou sempre um passo à frente dos meus pensamentos.

Agora que tenho 13 anos, penso no TDAH como uma pedra no meu sapato. Não é mais especial. Isso às vezes me faz parecer burra ou socialmente desajustada, o que não gosto de pensar que sou. Enche o saco ter superfoco. Sou capaz de me concentrar em uma coisa e dar todo o meu sangue. Mas, se me tiram disso, é muito difícil voltar. Ou me desvio tanto que esqueço alguma coisa realmente importante. Às vezes, é como sair de casa sem calça, mas com todas as outras peças de roupa.

Acho que o que me ajudou a aceitar meu "cérebro bala" foram os remédios, a terapia e meus pais. Eles são muito bons em me lembrar das coisas, e os medicamentos contribuem com o foco. A terapia me ajudou a entender e aceitar tudo isso. Sei que tenho TDAH, e não há nada que eu possa fazer a respeito. O melhor que faço agora é rir de mim mesma. Porque cometo tantos erros que tenho que ter um bom senso de humor. Eu me treinei para dar risada dos meus erros. Percebi que isso deu tão certo que, quando estou pensando em alguma coisa que fiz e de que me arrependi muito, me pego sorrindo. Fico tipo: "Espera, estou sorrindo? Sim, estou sorrindo! Não me importo mais com isso. O que passou passou". Estou rindo de mim mesma, e isso me faz sentir melhor.

A história de Maya reflete uma jornada de aceitação que quero que mais crianças compartilhem. No início, ela chegou a pensar que o TDAH a tornava especial, mas, com o tempo, começou a ver que isso era irritante. Agora, vários anos depois, Maya tem ferramentas para lidar com lapsos de memória e sabe rir de si mesma, inclusive das pequenas fraquezas. Como uma criança ou um adolescente pode embarcar em uma jornada semelhante para aceitar o TDAH? Este capítulo vai se concentrar no que você pode fazer para ajudá-los durante o conturbado percurso até esse destino.

SOU O QUE SOU, E *TUDO BEM*!

Crianças e pais lidam com o TDAH com muito mais facilidade quando alcançam aceitação. As ferramentas para isso são os Cinco C's da parentalidade TDAH. Você fez os testes e as avaliações. As cartas estão na mesa. Seu filho tem TDAH, e você precisa reconhecer e se adaptar. Esse processo pode ser dividido em três fases.

1. A **fase um** dá ênfase às reações da família no diagnóstico de TDAH. O autoControle ajuda a lidar com a gama de sentimentos e pensamentos que todos na família terão a respeito desse novo diagnóstico. A Compaixão é crucial para entender como é o transtorno para seu filho ou sua filha, como se manifesta na vida diária e como afeta a família inteira.
2. A **fase dois** usa a Colaboração para pensar em maneiras de viver melhor com o TDAH. Juntos, vocês vão encontrar e desenvolver novas alternativas para comportamentos difíceis.
3. A **fase três** dá prioridade à Consistência e à Celebração. Ao lado de professores e dos demais adultos responsáveis, você pratica a Consistência apoiando seu filho no esforço para fazer melhorias. Se ele encontra um obstáculo, você ajusta as coisas para que ele siga em frente. Ao longo do caminho, você pratica a Celebração, expressando prazer e orgulho por todas as mudanças que ele faz.

Vamos examinar as fases detalhadamente.

Fase um de aceitação: autoControle

Admitir que você tem um filho com TDAH começa com a reflexão sobre o diagnóstico e sua reação a ele. *Você, pai ou mãe,* precisa entender o que significa, para você, ter um filho com TDAH. Se não souber bem o que está sentindo, será impossível oferecer apoio genuíno ou efetivo à criança. Esses sentimentos vão, inevitavelmente, interferir nas interações com seu filho ou sua filha, muitas vezes de maneira prejudicial.

Pergunte a si mesmo se conhece algumas das dificuldades que ele enfrenta e, se for o caso, como lidou com elas quando era mais jovem. Como as trata agora? Se as dificuldades dele forem estranhas para você, pense em como se sente por ter um filho diferente de você, que tem dificuldades com atenção, foco e intensidade emocional. É perfeitamente normal que seus sentimentos abarquem da insegurança ao alívio, incluindo ansiedade, raiva, preocupação ou tristeza. Esse processo é parte do autoControle: você desembaraça os fios de sua resposta ao diagnóstico de maneira completa e ponderada.

Respostas parentais para um diagnóstico de TDAH

Pais cujos filhos são diagnosticados com TDAH encontram-se em um espectro: aliviados em um extremo e perturbados no outro. A maioria dos pais estão no meio do caminho. Embora muitas vezes sintam tristeza diante do diagnóstico, os pais aliviados sentem-se, antes de mais nada, mais tranquilos por terem alguma coisa a que se agarrar. O diagnóstico é como uma boia depois de anos de confusão, preocupação e frustração em um mar frequentemente revolto. Eles se sentem confortados por saber que os comportamentos desconcertantes do filho têm um nome; que existem opções médicas, terapêuticas e acadêmicas para o tratamento; e que há muitos outros pais e mães em situações semelhantes. Esses pais entram em ação, buscam recursos e promovem mudanças pessoais e profissionais que demonstram apoio ao filho com TDAH. Às vezes, eles mesmos sofrem do transtorno, por isso não se surpreendem com a notícia de que o mesmo acontece com o filho ou a filha. Outros pais aliviados olham para as próprias dificuldades de concentração, memória ou explosões emocionais e percebem que também podem ter TDAH, e procuram ajuda profissional ou medicação para eles mesmos.

Já os pais perturbados resistem ao diagnóstico e protestam contra sua chegada à rotina familiar. Talvez não acreditem ou não entendam. Podem pensar que existe um excesso de diagnósticos de TDAH ou que a escola é tendenciosa.

Ou podem dizer alguma coisa como: "Então é por isso que tem sido tão difícil criar meu filho". De qualquer maneira, muitas vezes ficam revoltados com todas as dificuldades e as surpresas que tiveram com a criança ou o adolescente ao longo dos anos. Não foram abençoados com o sucesso e as realizações que veem na família de amigos ou parentes, e não receberam a gratidão dos filhos. Os pais perturbados podem ver o diagnóstico de TDAH como a confirmação de que o filho, já tão difícil, vai ser prejudicado para sempre e, apesar de sentirem tristeza, assim como os pais aliviados, normalmente temem sobretudo pelo bem-estar e o sucesso futuro do filho. Apesar de dizerem que farão todo o possível para ajudar o filho, eles podem resistir aos conselhos de profissionais, ignorar a forma como contribuem, no âmbito genético ou comportamental, para a dinâmica da família com TDAH, e se ater principalmente a mudar a criança.

É claro que existem muitos pais que não estão em nenhum dos extremos. Provavelmente, eles se sentem confortados por terem um nome para algumas dificuldades que eles e os filhos enfrentam. Sentem-se motivados a ajudar o filho ou a filha, mas duvidam da eficiência de intervenções como terapia, medicação ou adaptações na escola para atender às necessidades especiais da criança ou do adolescente. E também podem se sentir constrangidos. Provavelmente, sentem alguma tristeza pelo filho e pela família diante do diagnóstico. Esses pais costumam se beneficiar mais das informações sobre TDAH – livros, podcasts, artigos e sites – porque se sentem mais calmos com a certeza de que o transtorno é muito comum, "normal" e administrável. Eles querem que o filho seja bem-sucedido e se dispõem a participar desse processo examinando como todo mundo pode mudar para melhor para que isso aconteça.

Respostas das crianças a um diagnóstico de TDAH

Para as crianças e os adolescentes que conheci no consultório, em escolas e ocasiões sociais, receber um diagnóstico de TDAH é sempre uma coisa confusa. Para alguns, é um grande alívio finalmente ter um nome para o que sabem ter de diferente. Para outros, indica que há algo de *errado* com eles. Alguns sentem uma mistura de alívio e vergonha. Com todos os mitos e a desinformação sobre TDAH no mundo, pode ser confuso tanto para as crianças como para os pais. Apesar de qualquer conforto que proporcione, o diagnóstico normalmente envolve uma consulta ao médico ou a vários especialistas. Essas visitas muitas vezes não transmitem para uma criança ou adolescente a ideia de que o TDAH é "normal". Afinal, muita gente vai ao médico quando está doente ou sente que há algo errado, quando tem uma febre, erupção cutânea ou tosse que não passa. Ninguém vai ao médico quando está bem e tudo funciona direito.

Muitas vezes, quando as crianças recebem um diagnóstico de TDAH, ouvem esse nome complicado e pensam que significa que há algo de errado com elas (ou seja, são imperfeitas). Elas podem saber que têm problemas para se concentrar e ficar aliviadas por existir um nome para suas dificuldades. Mais tarde, como Maya, podem até sentir orgulho das maneiras peculiares como seu cérebro funciona e se divertir com suas dificuldades de aprendizagem. Mas, no começo, que criança, adolescente ou adulto quer ter um *diagnóstico*? Não muitos. Embora possa ser proveitoso para ter ajuda na escola, medicação para tratar os sintomas ou terapia para desenvolver estratégias de enfrentamento, ser rotulado por ter um "transtorno" não é algo que muitas crianças querem.

Para algumas que conversam comigo, o TDAH é um rótulo negativo. Para outras, é libertador. Para todas elas, significa ajustar a forma como veem a si mesmas.

"Foi no ano passado, no primeiro ano. Eu não gostava de sentar na carteira. Ficava correndo. Não gosto de ler; é difícil. Acho que a professora falou com a minha mãe, e tive que fazer um negócio de teste. Não gosto de nada disso. Queria que desaparecesse."
Chang, 8 anos

"Descobri que tinha TDAH no jardim de infância. As professoras diziam que eu era hiperativo em tudo. Tinha dificuldade para prestar atenção. Elas queriam que eu fosse a um médico. Eu não sabia o que era, e achei que tinha alguma coisa errada comigo."
Kyle, 12 anos

"Eu ia mal, não para reprovação, mas minhas notas eram médias e um pouco baixas. Eu tinha 14 anos, e aquilo era como escrever um 'derrotada' na minha testa, e eu fiquei tipo: 'Qual é?'. Não estava preparada para aceitar aquele rótulo de ter TDAH, por causa do que a gente lê quando pesquisa o que é. Não faço birra, nada disso. Fui diagnosticada e percebi que não era burra. Essa foi a única parte legal."
Jasmine, 17 anos

"Minha mãe me disse, e sei que é verdade, porque sou hiperativo. Sou cheio de energia. Quando tomo o remédio, fico mais calmo. Gosto disso, porque fico feliz."
Hector, 6 anos

Embora as reações iniciais variem da raiva à incompreensão e ao alívio, essas crianças mostram explicitamente que leva tempo, *muito tempo*, para entender o que significa ter TDAH. Primeiro, elas têm que aceitar o nome e relacioná-lo a si mesmas e sua vida. A maioria precisou de ajuda nesse processo – de irmãos, amigos ou pais; de outras pessoas que participam da vida delas e têm TDAH; de professores bondosos; de coaches que os motivam; médicos e terapeutas que conheçam bem o assunto. Alguns deles, como Maya, criam nomes para o TDAH que se adequam à sua experiência de ter o transtorno e os fazem se sentir melhor ao usá-lo:

"Gosto de 'cérebro rápido', não TDAH. Às vezes, meu professor chama isso de empurrão."
Liam, 9 anos

"Eu chamo de 'cérebro encrenqueiro', porque às vezes ele me provoca e me distrai."
Darryl, 10 anos

"Eu brinco com isso. Chamo de 'DAOE': Déficit de Atenção... ah, Olha, um Esquilo, porque me distraio com esquilos o dia inteiro. Vejo uma árvore, vejo um esquilo subindo. 'Esquilo'."
Anthony, 16 anos

"Vivo o agora. É tipo um 'cérebro só para este minuto'."
Jade, 12 anos

"É um cérebro que fica funcionando sempre. É um cérebro de ideias."
Bree, 11 anos

"Eu chamo de 'menino hiperativo', porque sou sempre hiperativo... Estou sempre correndo pela casa e pelos lugares. Eu gosto."
Omar, 7 anos

No meu consultório, chamo o TDAH de "atenção errante" ou "cérebro rápido", como Liam. Também gosto de como o dr. Edward Hallowell, um renomado especialista internacional em TDAH, diz a seus pacientes que eles têm "cérebro de carro de corrida com freios de bicicleta."[1] A importância de qualquer um desses nomes é a perspectiva positiva por trás deles. Em vez de usar um termo médico que pode soar estranho, assustador ou patológico para algumas crianças, você reduz o estresse do rótulo do TDAH dando ênfase ao que ele tem de pessoal para elas. Seu filho ou sua filha pode não precisar disso e se sentir totalmente à vontade com o termo médico, e tudo bem. O objetivo aqui é captar os sinais de seu filho logo no primeiro estágio de aceitação: reconhecer que o transtorno é real para eles e descobrir o que entendem sobre isso.

Compaixão: entender o que o TDAH significa para seu filho

A fase um do processo de aceitação também se baseia em Compaixão. Compaixão depende de empatia para promover compreensão. Como você pode avaliar o que a experiência de ter TDAH significa para seu filho ou sua filha, a fim de poder apoiá-lo e ajudá-lo de forma realmente eficaz? Comece observando e perguntando: "Como essa notícia te afeta?". Ouça as palavras dele, o que diz a você e aos amigos, observe o comportamento dele. Imagine como é passar um dia no lugar de seu filho ou sua filha, e perceba os detalhes de como o TDAH se manifesta nele. Reflita sobre seus pontos fortes e identifique as dificuldades. Sugiro que providencie um caderno em que possa escrever suas respostas para exercícios como este a seguir e outros que aparecem no livro, bem como outras anotações que queira fazer.

EXERCÍCIO 2
Os pontos fortes e as dificuldades de seu filho

Do que você gosta muito em seu filho?

O que ele faz bem? (Inclua talentos especiais, interesses e hobbies.)

O que fazem juntos para se divertir?

Que dificuldades ou limitações seu filho enfrenta?

O que ele faz quando está frustrado?

Como você mostra a ele que está aborrecido, mas o ama?

Como dá feedback a ele?

Quando lembra o que mais gosta em seu filho ou sua filha, é mais fácil ver comportamentos difíceis como sinais da frustração que eles sentem, não como fraquezas pessoais. Quando você analisa a forma como demonstra que está aborrecido com ele, é mais fácil lembrar que vocês dois estão dançando juntos. Estão entrelaçados. Ele precisa de você do lado dele, mesmo quando está fazendo tudo o que pode para se afastar. Seus momentos valiosos quando ele faz você rir, quando o abraça, quando diz obrigado. Apegar-se a esses momentos de conexão serve para lembrar seu amor por ele e nutrir a Compaixão de que precisa para superar os obstáculos mais difíceis. Independentemente do que virá pela frente, o jeito como tenta compreender a experiência de ter TDAH mostra que você está interessado e se importa *com ele*, com ou sem diagnóstico.

Identificar as "partes boas" de ter TDAH é tão importante, se não até mais, quanto dar nome às partes difíceis. Elas consolidam todos os pontos fortes em que seu filho ou sua filha se baseia para ter autoestima, competência e autoconfiança. Como me disse Sofia, de 16 anos: "Quero passar mais tempo com as partes minhas de que gosto; já tenho que passar tempo demais com as partes de que não gosto". Ao reconhecer o que torna seu filho especial, você incentiva essas qualidades, interesses e talentos. É como pôr adubo no solo onde está sua roseira: você dá a ela uma força extra para nutrir suas flores. Sim, você precisa saber as questões mais críticas (na sua opinião e na deles) para interferir com sucesso e construir novas habilidades. Mas, para seguir em uma direção favorável, você também tem que saber o que está funcionando e do que seu filho ou sua filha gosta em si mesmo. Esse é o alicerce sobre o qual virão as mudanças futuras.

Veja a seguir o que algumas crianças com TDAH me disseram gostar nelas mesmas.

"Sou boa com a imaginação. Às vezes, penso em alguma coisa, depois em outra coisa e outra coisa, e quando me dou conta estou muito longe da primeira coisa em que estava pensando. A parte divertida é que consigo pensar em coisas malucas e jeitos criativos para resolver problemas. Acho coisas bobas muito divertidas."
Chloe, 10 anos

"Percebo coisas diferentes, como padrões. Por exemplo, tem uma folha no chão. Algumas pessoas vão apenas olhar para ela, mas eu encaro, procuro padrões. E ritmos também. Às vezes batuco e faço testes. Encontro jeitos diferentes de lembrar coisas e prestar atenção. É muito fácil me entreter, porque as coisas são interessantes."

James, 12 anos

"Me concentro muito no momento. Sou muito boa em esquecer, o que, sinceramente, é uma das minhas qualidades favoritas. Porque não me apego às coisas por muito tempo, então, se alguma coisa ruim acontece, não permanece por muito tempo. Bom, depende do que é, mas pequenas coisas não me incomodam muito."

Ella, 16 anos

"Gosto da energia. Consigo fazer mais de uma coisa de cada vez. Posso mudar de assunto bem depressa. Isso é algo que aprecio de verdade. Se gosto muito de alguma coisa, fico hiperfocada. Como um livro, ou escrever poesia, ou assistir a um filme. Acho que isso me torna mais criativo."

Henry, 16 anos

Energia, imaginação, viver o agora, pensar diferente, criatividade, ser divertido, todas essas características são ótimas. Fazem as crianças com TDAH se sentirem bem em relação a si mesmas, e identificá-las também pode servir como contrapeso à tendência para a negatividade em nosso cérebro.

O transtorno é uma constante diária na vida dessas crianças. Maya diz: "O TDAH sempre foi essa coisa grande que fica pairando no meu horizonte, como uma parte do meu céu. Eu nem sempre soube que ela existia, e tento não pensar nela, mas continua lá". Para Maya, assim como para muitas crianças, o TDAH não é só uma condição com um nome que faz parte do jargão médico. É quem elas são e como se conhecem. Ouvir com paciência permite que você veja o ponto de vista delas sobre ter TDAH e ajuda a criar uma perspectiva compartilhada. Embora seja mais difícil para crianças mais novas expressarem do que gostam e não gostam, porque sua capacidade de reflexão ainda não está bem desenvolvida, elas ainda têm ideias sobre o que vai bem e o que não vai, como os adolescentes. Muitas crianças com TDAH gostam de determinados aspectos dessa condição. Você também pode gostar dessas mesmas partes, bem como de outras qualidades maravilhosas.

Infelizmente, os desafios de ter TDAH ou ter um filho com TDAH podem desequilibrar as coisas e dificultar a aceitação. Para algumas crianças, a lista do que incomoda em ter TDAH, especialmente durante os anos escolares, pode ser grande. É provável que elas tenham passado muito tempo ouvindo professores, pais e outros adultos falarem sobre seus déficits. Você também pode ter total conhecimento das limitações de seu filho e, apesar das frustrações, sentir-se triste por vê-lo enfrentar tantos problemas. Às vezes você conseguiu reduzir o sofrimento dele ao ensinar as habilidades que ele precisa aprender, oferecendo conselhos que são bem aceitos. Em outros momentos, ele rejeita sua ajuda. Não compartilha a mesma preocupação, não gosta de suas ideias e sente-se criticado, em vez de apoiado.

Para fazer um mapa de seu percurso rumo a novos comportamentos, comece ouvindo o que crianças com TDAH consideram frustrante.

"Às vezes não consigo escutar exatamente tudo que as pessoas dizem. E aí tenho problemas, porque perdi alguma coisa. Desligo do que as pessoas estão dizendo, se elas falam por mais de um minuto. Fico tipo 'Sim. Sim.' E elas: 'Quê? Não perguntei nada que pudesse vir com essa resposta de sim ou não. Eu nem fiz pergunta nenhuma.'"
Nona, 10 anos

"Organização. Essa é a parte mais difícil para mim. Acho que isso não vai parar nunca. Acho que vou ter que continuar tentando melhorar nisso. Lidar com muitas coisas diferentes ao mesmo tempo é ser multitarefas, e eu não consigo, mesmo quando acho que consigo."
Oscar, 15 anos

"A coisa que eu mais odeio em ter TDAH é me atrasar para tudo. Não consigo calcular quanto tempo as coisas vão demorar. A segunda coisa que eu mais odeio é perder tudo. Nos últimos 4 anos, perdi mais de trinta garrafas de água, quatro ou cinco lancheiras, roupas na escola, meu iPod ou iPhone pelo menos umas oito vezes, o que é muito complicado para mim, porque vivo com o celular na mão e estou sempre ouvindo música."
Dustin, 16 anos

"Não gosto de nada. É muito inconveniente. Às vezes, não me sinto tão inteligente quanto meus amigos. Temos as mesmas aulas, mas eles têm notas melhores. Também odeio a parte da ansiedade. Às vezes sinto que tem um bloco de concreto no meu cérebro me impedindo de fazer alguma coisa. Essa é a pior parte. A sensação do bloco de concreto, depois a ansiedade e a insegurança que ela causa."

Brianna, 17 anos

"Não ser capaz de me concentrar quando quero. Sério, eu me distraio muito fácil. Pessoas falando, por exemplo. E eu sonho acordado, esqueço tudo o que estou fazendo. Ou vejo que está começando a nevar e fico olhando para os flocos de neve. Qualquer coisa que chame minha atenção."

Tyrone, 14 anos

Problemas para permanecer focado, distração, não ouvir o que as pessoas estão dizendo, perder coisas, estar sempre atrasado, esquecimento, desorganização, estresse, ansiedade, todas essas dificuldades são o outro lado de energia, criatividade e espontaneidade, coisas de que as crianças com TDAH tanto gostam nelas mesmas. Embora muitas possam minimizar, na escola ou com amigos, os efeitos de ter TDAH, em particular admitem que as dificuldades são um fardo. As funções executivas cognitivas e emocionais necessárias para tratar muitos de seus problemas ainda não se desenvolveram. Como pai ou mãe, você viu e ouviu essas revelações íntimas, às vezes em conversas francas, às vezes em surtos de choro e vergonha, e às vezes em ataques de raiva. Independentemente de como se expressa, seu filho com TDAH está mostrando como se sente em relação a ter um "transtorno" e os obstáculos que enfrenta por isso.

Reconhecer o que o torna único e falar sobre suas dificuldades com você ou outras pessoas indica que seu filho ou sua filha está aceitando o TDAH. Está desenvolvendo a capacidade de reconhecer e admitir tanto as coisas positivas como as mais complicadas sobre si. Essa autorreflexão é precursora de quaisquer mudanças no comportamento. Quando puder ouvi-la, controle suas reações e seja solidário; você também está aceitando o TDAH dele. Demonstrou que se importa com sua experiência e quer entendê-la.

Fase dois de aceitação: Colaboração

Para criar intervenções que sejam úteis, inteligentes e eficientes, é preciso pensar juntos na estratégia. A essa altura, seu filho ou sua filha sabe que tem TDAH; tem alguma compreensão sobre o que é isso e sente que você também entende parte do problema. O estágio da Colaboração no processo de aceitação conta com sua parceria com ele para identificar o que vai bem e o que precisa melhorar. Nas conversas sobre todos os aspectos da vida dele (casa, escola, esportes, atividades, trabalho, amigos), você o incentiva a se juntar a você em brainstorms sobre o que ele gostaria que fosse diferente e por quê. Você o ajuda a reformular fracassos como desafios e aponta os grupos que fazem parte da vida dele e querem e podem ajudá-lo a ter sucesso. Depois, você cria com seu filho planos que promovem as mudanças desejadas e mostra que está do lado dele até o fim.

Pensar juntos em soluções para tarefas pavorosas

Agora vamos ver Taylor, 12 anos, e a mãe dela, Natalie, trabalhando juntas para deixar de brigar sobre as tarefas diárias de Taylor em casa.

> NATALIE: "Nosso conflito é principalmente em razão do espaço comum e o respeito pelos outros. Taylor chega da escola, deixa as coisas dela no meio da cozinha, no chão, pega o iPod, lê as mensagens, se joga no sofá com o lanche e assiste à televisão. Eu digo: 'Tire suas coisas daqui, vou tropeçar nelas'. Ela responde: 'Só um minutinho', mas nem se mexe. Eu saio, e quando volto para casa uma hora mais tarde, Taylor e as coisas continuam nos mesmos lugares".

> TAYLOR: "Eu esqueço. Guardei tudo quando você voltou para casa e disse para eu guardar. Você grita demais quando deixo roupas no banheiro ou me esqueço de cumprir nossos combinados em casa. Está sempre dizendo que tem que me lembrar um milhão de vezes. Se eu disser 'só um minutinho', talvez você pare de gritar comigo".

> NATALIE: "Normalmente, eu não começo gritando. Tento não gritar, mas uso um tom mais intenso de voz. Gritar significa que estou brava, que a paciência acabou. Às vezes uso advertências. Advertências são aquelas coisas de mãe, tipo 'pendura o casaco, por favor'".

> TAYLOR: "Para mim, é tudo a mesma coisa. Por que você não pode só falar comigo como uma pessoa normal?".

NATALIE: "Acho que posso. É que estou sempre muito estressada e correndo".

Todos concordam que esse padrão frustrante não está funcionando: Taylor não cumpre os combinados e não gosta de ouvir tantos gritos da mãe. Natalie é uma máquina de lembretes que também não gosta da gritaria. Para encontrar uma solução colaborativa, perguntei como seria a situação ideal:

NATALIE: "Quero dizer o que espero, talvez *um* lembrete, e ver Taylor fazer o que eu disse. Não quero ouvir 'só um minutinho' e nada acontecer. 'Só um minutinho' é irritante. Sou mãe solo. Todos nós temos que colaborar".
TAYLOR: "Eu tenho que lembrar de muita coisa. Já levanto para ir para a escola e vou para a cama sozinha. Faço meu café da manhã, o almoço e arrumo a cama. Dobro e guardo minha roupa lavada. As mães dos meus amigos fazem tudo. Eles têm algumas tarefas e recompensas. Eu quero dinheiro. *Olha aí uma ideia brilhante*: arrume uma lousa e escreva uma lista do que preciso fazer. E depois me pague. E pare de gritar".

As duas posições são válidas. Se uma pequena mesada é algo que a mãe pode aceitar, e as tarefas de Taylor são claras e combinadas entre as duas, minha experiência diz que crianças como Taylor cumprem o acordo. Ela vai aderir ao esquema porque ajudou a criá-lo e vai ganhar o dinheiro que quer. O próximo passo é escrever em uma lousa uma lista que a oriente sobre as tarefas sem os lembretes de Natalie. A probabilidade de sucesso aumenta se a lista incluir coisas que ela já faz, bem como novas responsabilidades. Assim, Taylor não vai se sentir sobrecarregada por um monte de itens que ainda não domina. Natalie também ganha com isso: consegue fazer Taylor concluir tarefas que são importantes para ela. Esse tipo de igualdade torna a Colaboração promissora para todo mundo.

Taylor quer marcar as tarefas feitas no quadro. Ela faz um xis (ou ponto) em cada tarefa concluída. Como o objetivo é maior participação, e não perfeição, mãe e filha concordam que, de quarenta pontos possíveis, Natalie aceita trinta como condição para a recompensa de cinco dólares por semana. Isso leva em conta aqueles dias em que as coisas não acontecem como o planejado. Taylor pede que a mãe lhe dê um lembrete para usar a lousa, se for necessário, e Natalie concorda com isso. A tabela das duas fica assim:

TAREFAS	S	T	Q	Q	S	S	D
Arrumar a cama							
Guardar roupas em uso ou lavadas							
Deixar mochila no balcão depois da aula							
Esvaziar lancheira e pendurar casaco							
Colocar a louça na pia ou lava-louças depois de comer							
Comer comida em vez de lanches							
TOTAL:							

Agora vem uma das questões mais difíceis que sempre ouço: Natalie deve pegar de volta o dinheiro da mesada, se Taylor não tiver um bom comportamento, precisar de lembretes ou não caprichar nas tarefas? Afinal, ela não fez por merecer, certo? Minha resposta é não. Se ela faz as tarefas e ganha os pontos, deve ficar com o dinheiro. Pode precisar de alguma orientação sobre como pode executá-las de outra forma, mas tirar de seu filho TDAH coisas que você disse que daria a ele não vai colaborar com seu objetivo de melhorar a situação familiar. Esse é um método baseado em incentivos, e o incentivo, algo que Taylor propôs, é o que vai motivá-la. Puni-la só aumentará a tensão e afastará mãe e filha.

Em vez disso, quando o sistema não funcionar, sugiro uma conversa em que Natalie exponha claramente sua decepção e frustração com o que estiver acontecendo, lembrando Taylor de seu compromisso com esse plano (sem fazer discurso) e perguntando o que falta para que o resultado seja diferente da próxima vez. A última parte é crucial. *Pergunte* a seu filho de que ele precisa para mudar as coisas; não *diga* a ele. Essa atitude de cooperação vai levar tempo e provavelmente exigir paciência extra, nem sempre é fácil. Se, depois de algumas semanas, Taylor ainda não estiver cooperando, é hora de rever o plano. Talvez mudar o incentivo. Não faz sentido usar determinada recompensa se ela não está funcionando, e lembre-se: crianças com TDAH podem se entediar rapidamente também.

O maior obstáculo que os pais enfrentam na fase de Colaboração é que eles querem que os filhos com TDAH mudem muitas coisas em pouco tempo. A maioria das crianças, em especial as que têm TDAH, realmente não conseguem alterar mais de uma coisa por vez. A maioria dos adultos, e me incluo nisso, tampouco é capaz disso. Mas jovens com TDAH com frequência se sentem sobrecarregados com a quantidade de coisas que ouvem que têm que "corrigir" em si mesmos. Envergonhados, constrangidos, frustrados ou bravos, eles se fecham e recusam ajuda. Quando isso acontece, as negociações fracassam e a Colaboração não acontece.

Esses são os motivos que as crianças com TDAH alegam para rejeitar ajuda:

"Não quero pedir ajuda. Quero provar que posso fazer sozinho, porque tenho exemplos, como minha mãe, meu pai e meu irmão. Só quero ser como todo mundo."
Carlos, 15 anos

"Sou orgulhoso. Não peço ajuda dos professores, penso sempre: 'Não preciso da ajuda deles, posso fazer isso sozinho'. Sim, sou um pouco arrogante. Eu devo resolver isso sozinho."
Feng, 12 anos

"Foi difícil pedir ajuda. Fiquei constrangida por ter uma dificuldade."
Ella, 16 anos

"Odeio pedir ajuda. Meus amigos ficam bravos porque tenho que pedir para eles repetirem as coisas. Às vezes eles só gritam: 'Presta atenção'. Eu tento, mas tem muita coisa acontecendo. Eu escuto, mas não consigo entender o que eles estão dizendo. Então, eles gritam comigo, dizem que sou burra e perguntam se tomei o remédio. É horrível. Estou fazendo o melhor que posso. É por isso que não peço ajuda."
Kia, 12 anos

Quando há sobrecarga de informação e a criança não quer ajuda extra, a fase de Colaboração pode fracassar, sobretudo no começo. Muitas dessas crianças querem ser independentes e consideram que pedir ajuda é um sinal de fraqueza. Dar a elas uma longa lista de coisas para mudar sugere que tem muita coisa "errada". A fase de Colaboração funciona melhor quando pais e filhos se concentram em *uma coisa* que já está indo bem, enquanto trabalham, ao mesmo tempo, em *outra* que precisa melhorar. Quando Taylor e a mãe dela fizeram a tabela na lousa, incluíram tarefas em que a garota já se sentia capaz e outras que ainda considerava difíceis. Natalie facilitou esse processo ouvindo e adaptando o que era importante para a filha, enquanto também levava em conta o que era importante para si. Você toma como base as "coisas boas" que seu filho já faz com facilidade para criar as mudanças desejadas de comportamento.

Fase três de aceitação: Consistência e Celebração

Esta última fase de aceitação do cérebro TDAH envolve pegar seu plano colaborativo, colocá-lo em ação e garantir sua continuidade. Implementar abordagens alternativas para velhos problemas requer Consistência e Celebração, que, por sua vez, dependem de *esforço*. O esforço acontece quando você e seu filho com TDAH praticam e integram essas novas soluções. Isso requer uma grande dose de persistência e resiliência, porque certamente vai haver imprevistos. Quando você encontra esses obstáculos, faz ajustes. Sammy, uma menina de 8 anos com TDAH, resumiu essa ideia quando me disse que "a prática leva ao progresso", ecoando a filosofia da pré-escola Montessori que ela frequentou alguns anos antes. Insistir com seu filho não só ensina a eles sobre ter garra, mas também mostra o quanto você se importa.

Ser consistente é mais fácil quando as coisas vão bem e de acordo com o plano, mas nem sempre é o caso. Sua filha de 13 anos tem um quarto bagunçado, e vocês combinaram que ela tem que limpá-lo uma vez por semana, no sábado, antes de sair à noite. Se as coisas não estão limpas até as 17h, ela fica em casa. Você aceita dar um lembrete na sexta-feira e outro no sábado de manhã, assim que ela acorda. A jovem acha isso justo, porque você não vai ficar repetindo a mesma coisa, e ela só precisa fazer a faxina uma vez por semana. Vocês duas saem ganhando, e a estratégia *funciona*. Depois de ela não cumprir o acordo em um sábado e de você fazer valer o combinado, sua filha tem seguido o plano. Você mostrou o que significa manter o rumo. No dia seguinte, ela admite que gosta quando consegue enxergar o chão do quarto e achar suas roupas. Está se esforçando: aprendendo e praticando persistência, cooperação, organização e limpeza. Você facilitou esse processo de aprendizagem por tentativa e erro em vez de dar mais ênfase à perfeição. Resultado: menos conflito e comportamentos melhores.

A persistência diante de desafios, embora crucial para todas as crianças, é particularmente importante para as que têm TDAH. A maioria delas acha difícil ver como as coisas podem ser diferentes, levando em conta o constante feedback negativo que recebem. Como todas as crianças, elas têm dificuldade para imaginar o futuro com precisão. Quando as coisas são difíceis, sentem-se aborrecidas, zangadas ou derrotadas rapidamente. Mas quando veem você se esforçando para continuar buscando os objetivos compartilhados entre vocês apesar das dificuldades, quando você encontra um obstáculo e se recupera, em vez de desistir, quando continua se esforçando, apesar do cansaço e do desânimo, então elas aprendem que também são capazes de fazer tudo isso. É óbvio que não dá para ser assim o tempo todo. Para você, o objetivo é fazer com mais frequência do que não fazer, fechando acordos que pode administrar. Seu exemplo é essencial, tanto para a Consistência efetiva quanto para o esforço persistente.

Como a derrota oferece oportunidades de aprendizado

Nathan, pai de Davis, 9 anos, chegou ao meu consultório muito desanimado. Davis havia recebido o diagnóstico de TDAH seis meses antes, tinha déficit de memória de trabalho, estresse emocional e impulsividade. Nathan e a esposa estavam muito frustrados e não conseguiam manter a maioria dos planos em prática. Davis admitiu que tinha "fortes sentimentos" e "grandes descontroles" pelo menos uma vez por dia, às vezes mais. Embora esses *meltdowns*, ou descontroles emocionais, em geral em casa, também acontecem no carro, nas reuniões de família, durante tarefas e, algumas vezes, na escola. A professora informou que Davis costuma interromper quando outros alunos estão falando e anda espontaneamente pela sala várias vezes por dia. Davis me disse:

> É difícil ficar sentado. Às vezes meu cérebro fica rápido, e às vezes eu perco as orientações. As pessoas me dizem para "ficar quieto" e "prestar atenção". O problema, para mim é que, bem, eu fico bravo, muito bravo. Como quando meu irmão faz alguma coisa e me culpam por isso. E aí acabo me metendo em mais problemas.

Davis, os pais e a professora dele concordaram que esse "ficar bravo" era a primeira coisa em que queriam trabalhar. Eles criaram um plano que seria parecido em casa e na escola para ajudá-lo ao máximo com o autoControle.

Davis adorava ler. Todos decidiram que, quando ele ficasse alterado, os pais e a professora o incentivariam a ir para um espaço tranquilo, ou para o quarto, e ler por dez a quinze minutos. Se não conseguisse, Davis aceitou que teria que esvaziar a lata de lixo nos dois lugares, algo que não gostava de fazer. Ele achou esse acordo justo.

Depois de três semanas, o plano não estava mais funcionando. Na maioria dos dias, Davis discutia sobre ir para um lugar tranquilo, e nem os pais, nem a professora, faziam valer o combinado da lata de lixo. Quando o menino se negava a cumprir o acordo em casa, os pais gritavam com ele e Davis acabava chorando. Quando se recusava a ir para o canto tranquilo, a professora o mandava para a diretoria. Os pais dele estavam perdendo a paciência. Começaram a reduzir ou eliminar o tempo de uma hora que ele podia passar no computador, algo que adorava, como uma consequência para os episódios de descontrole. Isso o deixava ainda mais bravo. Nathan, o pai, estava farto:

> Nossa família é intensa, mas no meio disso sempre houve muita alegria. Nesse momento, não estou gostando de ser pai. Estou me sentindo muito enfraquecido; tenho que fazer um esforço enorme para seguir nosso plano. Às vezes, parece só punição para mim. Sei que é o que devo fazer, mas, em alguns dias, só quero desistir.

Nathan expressa o que tenho ouvido de muitos pais de crianças e jovens com TDAH que visitam meu consultório: "Não consigo mais. Não consigo insistir diante de tantas derrotas".

Acredito que essas derrotas não são fracassos, mas peças cruciais de informação. Quando um plano criado em conjunto intensifica problemas de comportamento, é evidente que precisa ser modificado. Esses ajustes significam que você tem que examinar passo a passo o ciclo do que está acontecendo com seu plano, notando as partes funcionais e as disfuncionais. Quando converso com Davis e os pais dele sobre o plano "fracassado", descobrimos que a falha ocorre em três lugares: 1) Davis não gosta de como os pais gritam para ele ir para o quarto ou como a professora sobe o tom para mandá-lo para o canto; 2) lá ele se sentia sozinho e envergonhado; e 3) os adultos não cumpriam a parte deles se Davis não cumprisse o combinado. O plano não tinha Consistência, e o incentivo – evitar esvaziar a lata de lixo – era ineficiente.

Depois que Davis me contou choroso como o plano tinha "falhado" e como "nada ajuda", ele pôs a cabeça no colo da mãe. Vi que ele se acalmava lentamente enquanto ela afagava seus cabelos. Ele ficou mais tranquilo, e nós nos reorganizamos. Criamos um novo plano: quando Davis ficasse aborrecido, um dos pais ou a professora o afastaria do local (reduziria o estímulo), estabeleceria uma conexão com ele (ouviria o que ele tem a dizer) e perguntaria se ele queria passar um tempo sozinho (ir ler em um espaço tranquilo) ou com companhia (ler um livro com alguém, fazer uma tarefa, ganhar um abraço, jogar algum jogo). O adulto então implementaria a sugestão imediatamente. Essas atividades ajudavam a acalmar Davis, de acordo com o relato do próprio menino, e o confortavam. Se mesmo assim ele não conseguisse se acalmar, perguntava se podia ir à secretaria ou para o próprio quarto por quinze minutos. O tempo diário de jogo eletrônico foi reduzido para 45 minutos, e quando Davis cumpria o plano, ganhava quinze minutos extras de jogo no dia seguinte, totalizando novamente uma hora. Esse incentivo funcionou para Davis porque envolvia algo importante para ele: *videogames* e assistir à televisão estavam entre as coisas de que ele mais gostava de fazer. Todo mundo decidiu tentar esse plano, inclusive a professora.

Para Davis, essas intervenções enfatizavam *conexão, não punição; correção, não constrangimento*. Dessa vez, os adultos cumpriram sua parte regularmente. Em três semanas, já havia progresso: Davis ainda se descontrolava, mas administrava melhor esses momentos e se acalmava com mais facilidade. Ele me contou orgulhoso em quantos dias da semana anterior havia conseguido ganhar quinze minutos extras de tempo de tela. Mesmo reconhecendo que a família ainda tinha "muito trabalho pela frente", o pai de Davis, Nathan, se sentia mais esperançoso. Esse ir e vir, esse formar e moldar de planos Colaborativos até que funcionem bem é o que facilita a Consistência no processo de mudança.

Por que seu incentivo é tão importante

Novas soluções para qualquer tipo de problema têm que incluir a Celebração. Quando você não percebe que as coisas estão melhorando, é difícil manter o empenho para que essas mudanças sejam permanentes. A maioria das crianças e dos adultos, tendo ou não TDAH, gostam de feedback positivo. Quando alguém se dedica muito para mudar alguma coisa em si mesmo - emagrecer, ser pontual, manter-se organizado -, incentivo e bons resultados alicerçam o esforço.

Crianças com TDAH, que já recebem tantas mensagens negativas, se beneficiam especialmente do entusiasmo quando tentam fazer as coisas de maneira diferente. Quando pais e professores reconhecem o quanto essas crianças se esforçam para viver cada dia, cumprindo tarefas ou exibindo comportamentos que não são naturais para elas e seguindo planos com os quais concordaram, você comunica que sucesso é continuar no jogo tanto quanto fazer as coisas direito. O que importa é o aprendizado e o crescimento, não um resultado perfeito. A Celebração faz isso acontecer.

Não estou falando de elogio falso ou entusiasmo fingido. Quando seu filho de 13 anos milagrosamente pendura a toalha molhada depois do banho, ele não precisa de um troféu. Um "pendurou sua toalha, muito bem" casual é o suficiente. Quando sua filha de 17 anos chega em casa no horário estipulado, ela não precisa de um bolo. Um "obrigado pela cooperação" já basta. Suas opiniões e seu apoio são realmente importantes para eles. Quando você nota o esforço que fazem, eles prosperam; você é o aliado e a testemunha. Isso é Celebração. Independentemente da postura de seu filho ou sua filha com TDAH – desafiadora, desagradável, cooperativa, de reconhecimento, gratidão ou rejeição –, crianças e adolescentes enfatizam repetidamente como os pais têm sido importantes para eles aceitarem o TDAH e aprenderem a viver bem com ele.

> "Acho que minha família tem sido meu apoio; eles tornam minha vida melhor. Eles me dão comida, amor e paciência, muita paciência."
> Chang, 8 anos

> "Meu pai me lembra das coisas. Tipo, tínhamos que escrever alguma coisa depois de uma excursão da escola, e eu estava muito animada. Depois saímos da escola. Comi um lanche e esqueci completamente tudo isso, até meu pai perguntar: 'Fez a lição de casa?'. E eu... 'Ah, sim'. Não gosto quando ele faz isso, mas me ajuda a fazer as tarefas."
> Layla, 9 anos

> "Minha mãe fez muita coisa. Ela me ajudava a chegar aonde eu tinha que ir. E me ajudava a lembrar que lição de casa eu tinha que fazer. E perguntava se eu tinha dúvidas, se podia ajudar, ou chamava um professor particular. Recusei a ajuda dela por muito tempo, porque não queria ser vista como

alguém que precisava de uma mão extra. Mas, com o tempo, isso se tornou muito útil."

Kimiko, 16 anos

"Tenho certeza de que ainda estou na escola só por causa da minha mãe, porque ela percebeu meu TDAH primeiro. Fez de tudo para garantir que eu cuidasse dos meus pertences e me mantivesse organizado, inclusive me lembrando mil vezes de fazer alguma coisa. Isso é muito útil, porque meu cérebro não lembra de nada. Sim, claro que às vezes fica difícil. Meus pais ficam bravos comigo por coisas que fiz sem intenção. Mas eles são muito pacientes. É sempre 'O.k., você fez isso aqui, vamos melhorar'."

Tyler, 17 anos

Prestar atenção; demonstrar apoio; dar lembretes sobre tarefas, trabalhos ou obrigações; ouvir suas histórias. Tudo isso reflete a parentalidade cuidadosa e hábil que ajuda crianças com TDAH a terem sucesso. Essas são as características da verdadeira Celebração. Quando você presta atenção aos esforços de seu filho com TDAH para fazer as coisas de um jeito diferente, faz com que ele se sinta visto, ouvido e valorizado. Em vez de apontar principalmente o que eles deveriam fazer diferente, você faz o contrário: diz o que fizeram de bom. Não é simples assim, certo? Em especial porque, em nossa sociedade perfeccionista e que valoriza a conquista, é fácil prestar mais atenção a falhas e inadequações. Mesmo assim, os pais, não só os de filhos com TDAH, precisam agir assim para criar filhos que se sintam bem consigo mesmos e competentes no mundo. Usando os Cinco C's, seu filho ou sua filha pode ficar como Maya: consciente de seus pontos fortes, contornando as dificuldades de forma satisfatória e apreciando as peculiaridades que a tornam única. Não é isso que você quer para seu filho?

PARTE DOIS
A VIDA NA ESCOLA

4 SUPERAR OS OBSTÁCULOS NA ESCOLA

José tem 11 anos, está no quinto ano, e Oscar tem 15 e está no nono, e vamos ver o que eles falam sobre a escola. Esses irmãos compartilham o diagnóstico de TDAH, mas têm tipos diferentes: José é do tipo combinado hiperativo/desatento, e Oscar é principalmente desatento.

OSCAR: "A escola sempre foi difícil para mim – aprender e interagir com pessoas. Mas não a leitura. Adoro ler fantasia. Antes do diagnóstico e do remédio, não conseguia me concentrar direito. Mesmo agora, no ensino médio, não consigo juntar duas ideias diferentes, como algumas pessoas fazem. Fico meio perdido, sem saber o que fazer".

JOSÉ: "Sou bom em matemática, muito melhor que você, mas escrevo mal. Leio devagar, por isso tenho que ter muita paciência. Tenho um professor particular especial que me ajuda com a leitura. A melhor parte da escola são a matemática, a educação física e meus amigos. A pior é todo o resto. Ir para a escola não é muito divertido. Quero que as férias cheguem logo".

OSCAR: "Fui o primeiro da família a ser diagnosticado, não sabia exatamente o que era isso e achei que tinha alguma coisa errada comigo. Eu era meio sozinho. Depois, percebi que não estava sozinho e que esse é só um jeito diferente de viver".

JOSÉ: "*Sério*? Eu não sabia disso. Eu me sentia sozinho porque o meu é diferente do seu. Descobri que tenho TDAH aos 7 anos. Minha mente desligava, e eu ficava pensando no último filme que tinha visto, ou alguma coisa assim. Minha professora sabia que eu não estava ouvindo, porque meu olhar ficava distante. Eu gostava de correr pela sala de aula quando me dava na cabeça. Se a coisa é muito séria, você repete de ano, como aconteceu comigo. Eles disseram apenas que foi um engano, mas eu sei que foi por causa do meu TDAH".

OSCAR: "Você sentiu tanta falta dos seus amigos que passou uma semana chorando. Papai dizia que você funcionava a pilhas. Para mim, nesse momento da escola, o TDAH é uma coisa que confunde. Consigo escrever poesia, canções e histórias, mas não consigo fazer coisas analíticas. Gosto de aprender, da escola e de todos os meus amigos, mas não sou muito bom nisso. O professor particular de redação e o remédio ajudam, mas é constrangedor. Às vezes, se o professor não pede, esqueço de entregar a lição de casa. A escola é mais difícil para mim do que para os outros. Essa é a verdade".

Para esses irmãos, como para muitas crianças com TDAH, a escola é uma jornada complicada. Os dois meninos mencionam alguns de seus interesses intelectuais e talentos, bem como as áreas problemáticas. Oscar, que adora ler e gosta do processo de aprendizagem de maneira geral, tem dificuldades com redação, concentração e para lembrar de entregar as tarefas. José, por outro lado, não gosta da escola como um todo, e também tem dificuldades com redação e foco. Os dois meninos aceitam ajuda de outras pessoas e têm consciência das diferenças de personalidade: o irmão mais velho é tímido, e o caçula é extrovertido. Evidentemente, a compreensão que têm de si mesmos como alunos e o apoio que recebem dos pais e professores os ajuda a cumprir as obrigações acadêmicas com mais confiança e sucesso.

Essa conversa entre Oscar e José reflete sua fortaleza: quanta força e coragem é preciso ter para levantar, ir à escola, estudar matérias complicadas, comportar-se de maneira adequada, voltar para casa e ter de se dedicar a mais àquilo de que não gostam – trabalhos e lições. Como eles encontram energia e resiliência para fazer tudo isso dia após dia? Muitos adultos têm que ser assim com o trabalho, mas eles conseguem pensar no futuro e no que aconteceria caso não cumprissem suas obrigações. Também valorizam o dinheiro que ganham. O cérebro maduro consegue perceber os benefícios de fazer algo desagradável, porém necessário, enquanto crianças com TDAH muitas vezes não têm essa capacidade. Se não é divertido fazer alguma coisa agora e as consequências estão em algum momento impalpável do futuro, com frequência essa coisa não é feita. Como esses irmãos e outras crianças conseguem dar conta?

A experiência clínica e o trabalho de consultoria com crianças e escolas me mostraram que a resposta está em criar uma rede de apoio forte que envolva crianças, adolescentes e adultos responsáveis. Uma rede que forneça recursos, ofereça abordagens positivas e respeite o que crianças com TDAH pensam e dizem sobre si mesmas como alunos. Uma rede que reconheça a escola como a área mais difícil para crianças com TDAH, porque exige que elas recorram a áreas do cérebro que são muito afetadas pelos déficits de suas funções executivas. Elas precisam de uma equipe que seja viabilizada e coordenada por adultos responsáveis que pratiquem os Cinco C's da parentalidade TDAH.

CRIAR E ADMINISTRAR A REDE

Sem dúvida, você viveu os altos e baixos, as críticas e os incentivos, os sucessos e os fracassos durante seus tempos de escola. Você carrega essas lembranças conscientes e inconscientes quando entra no labirinto de educar seu filho, em especial quando conhece os professores, diretores e outros funcionários da escola.[1] Carregando essa mochila invisível de lembranças, os pais fazem o melhor possível ao abordar as atitudes dos jovens em relação à escola e às lições de casa, separando-as de sua história. Mas pode ser difícil equilibrar o envolvimento construtivo, que melhora a experiência de aprendizagem de seu filho, do envolvimento corretivo, que pretende reparar, por intermédio da situação atual da criança, os erros com que você mesmo lidou.

EXERCÍCIO 3
Suas reflexões sobre a escola

Pare um minuto e reflita sobre sua educação, sobre o relacionamento com pessoas que ajudaram ou prejudicaram você. Anote as lembranças em seu caderno.

Como era a escola para você?

Do que gostava nela?

O que era difícil?

Quem ajudava você?

O que essas pessoas faziam?

Uma abordagem equilibrada faz o papel do treinador de um time de beisebol. Como moro em uma região onde há muitos fãs do Red Sox, muitas crianças e pais com quem trabalho conseguem se identificar com essa analogia. No beisebol profissional, cada time tem um treinador e mais alguns técnicos específicos (primeira base, rebatedor, arremesso etc.). O treinador (um homem que integra a liga profissional, mas não necessariamente na nossa área) tem a responsabilidade de administrar o time no dia a dia. Durante as partidas, você o vê sentado no banco, decidindo quem joga, quando fazer substituições e se deve ou não discutir uma decisão da arbitragem. Os técnicos tratam de questões relativas a suas especialidades. O treinador e os técnicos trabalham juntos pelos melhores resultados do time. Para nós aqui, você tem sido o treinador do time chamado [seu filho] desde que ele nasceu, e cuida do que é melhor para o bem-estar e a sobrevivência dele. O pediatra, os parentes, os professores da pré-escola etc. têm sido os técnicos do seu time. Provavelmente, têm dado conselhos sobre viroses, desfralde e livros para ler. A interferência de seu filho nessas coisas durante esse período foi limitada. Mas agora ele está mais velho, em idade escolar ou mais que isso, e recebeu um diagnóstico que indica que ele tem algumas dificuldades biológicas e comportamentais que impactam como e o que vai aprender na escola. Você ainda é o treinador, mas a dinâmica do time mudou. Mesmo que ainda esteja só no jardim de infância, seu filho acumulou experiências e opiniões sobre si próprio, sobre como joga esse beisebol que chamamos de vida, e o que ele acha que pode ajudar o time a "vencer".

Uma de suas principais funções como treinador, tanto em campo como fora dele, é fazer perguntas específicas sobre a escola e obter informações de seu filho ou sua filha. Munido desse conhecimento e de quaisquer resultados de avaliações psicológicas e educacionais, você se dispõe a ajudá-lo a obter as habilidades acadêmicas e até sociais que ele requer. É bem provável que você precise de ajuda. Providenciar a participação de "técnicos" como especialistas em leitura, matemática ou redação; professores particulares para ajudar com a lição de casa; terapeutas; profissionais especializados em TDAH; instrutores extracurriculares; e mentores para atividades esportivas, artes ou música facilita o aprendizado de que seu filho necessita. A escola (mais especificamente o orientador) pode indicar onde encontrar esses recursos e, dependendo das regras de cada lugar, fornecer alguns deles. Na minha cidade, os alunos com bom desempenho e que precisam fazer serviço voluntário são especialmente úteis para essas crianças mais novas com TDAH, oferecendo acompanhamento gratuito. Descobrir o que atende melhor às necessidades de seu filho, cabe no seu orçamento e está de acordo com os direitos estipulados por lei é sua missão e, de verdade, às vezes você precisa ser implacável ao cumpri-la.

A coisa mais importante que pode fazer como bom treinador é reconhecer que a escola é, muitas vezes, a área da vida mais difícil para crianças com TDAH. Requer que elas usem suas funções executivas mais frágeis, como planejamento, organização, persistência e controle de impulso, uma fragilidade característica de quem tem TDAH. Obter conquistas acadêmicas sólidas podem ser um objetivo mais difícil de alcançar do que muitas crianças gostariam, e é bastante comum que apresentem um desempenho abaixo da média.[2] Às vezes essas crianças progridem com menos orientação, enquanto você assiste ao jogo do banco. Outras vezes, participa mais ativamente. Quando há questões que envolvam segurança, saúde e justiça, é claro que você interfere. Pesquisas mostraram que quando pais e professores trabalham juntos para melhorar habilidades acadêmicas, o índice de sucesso acadêmico da criança aumentou.[3] Se sua filha de 8 anos está brava e deprimida com as sucessivas derrotas acadêmicas e o apoio insuficiente em sala de aula, você deve tomar uma atitude com urgência. Quando o diretor telefona para você porque seu filho está entupindo o vaso sanitário com papel higiênico em uma cabine, trancado no banheiro, você também deve agir imediatamente.

Em geral, porém, seus objetivos parentais quanto à educação de seu filho estão relacionados a ele desenvolver autonomia e competência.[4] Quando seu filho de 12 anos não entende a lição de casa de matemática e você também não, debater sobre o jeito certo de resolver os problemas provavelmente será inútil. Deixe-o discutir esse assunto com o professor e não se envolva. Se ele se atrapalhar um pouco, tudo bem. Erros são lições. A professora e autora

ERROS SÃO LIÇÕES.

Brené Brown acredita que a coragem é o outro lado da moeda da derrota. Seu trabalho é cultivar coragem em seu filho ou sua filha com TDAH, e isso se faz se controlando para ficar na sua de vez em quando, quando ele ou ela enfrenta *pequenas* derrotas e a decepção posterior. É assim que as crianças aprendem a se recuperar depois de um tombo, uma habilidade essencial na vida, e que suas palavras ou intervenções não podem ensinar. É provável que você se lembre de tempos igualmente difíceis quando aprendeu essas lições. Os jovens desenvolvem resiliência e confiança a partir desse esforço.

COMO É A METÁFORA DO TIME QUANDO POSTA EM AÇÃO: JOSÉ, OSCAR E OS PAIS DELES

José e sua família ilustram o valor de usar a metáfora do time. O pai dele, Diego, nascido e criado no México, recebeu o diagnóstico de TDAH pouco tempo depois de Oscar. Ele percebeu que tinha algumas das mesmas dificuldades e foi ao médico para fazer uma avaliação. Diego entendia os obstáculos acadêmicos dos dois filhos. Quando estudava, ele adorava aprender, mas não conseguia fazer as tarefas dentro do prazo nem lembrar de entregá-las. A mãe de José, Juanita, nasceu em Nova York e foi uma excelente aluna, para quem a escola era interessante e divertida. Embora não tivesse problemas de atenção, ela apoiou muito os filhos e o marido. Professores de ensino médio, ambos consideravam o bom rendimento escolar imprescindível para o sucesso futuro. Estavam preocupados com a frequência com que José se esquecia de fazer a lição de casa, ou fazia, mas deixava de entregar. Nos últimos dois anos, eles trabalharam com os professores para orientá-lo a anotar as tarefas diárias, mas ele não conseguia manter essa rotina de maneira consistente. Muitas vezes, quando anotava alguma coisa, José, como diversas crianças com TDAH, perdia alguns detalhes na transição de olhar para a lousa e escrever as palavras no caderno.

Temendo que as notas de José demonstrassem que ele não estava acompanhando a turma, os pais, em seu papel de treinador, procuraram uma faculdade local e contrataram, por um valor muito baixo, uma estudante da pós-graduação da área de pedagogia para ser professora particular e suplementar o reforço de redação que José recebia na escola. Eles conversaram com ela sobre as preocupações que tinham, e a jovem propôs uma sugestão inovadora. De início, eles não compraram muito a ideia, porque era baseada em tecnologia e preferiam que as coisas fossem manuscritas, como eles faziam. Mas estavam preocupados o suficiente para dar uma chance à alternativa que a professora particular propunha. José me explicou o método:

> Ela me disse para usar o iPad e tirar fotos da lição de casa. No começo, todo mundo ficou com receio de que não fosse bom que eu deixasse de anotar as coisas. Mas depois comecei a melhorar na escola, e eles me deixaram continuar. Quando eu for para o fundamental II, não vou precisar disso, porque todas as informações já ficam on-line. Acho que vai ser muito mais fácil, mas também é meio ruim, porque se deixar de fazer uma tarefa, não vou ter uma desculpa, tipo "a foto ficou ruim".

A professora particular de José acabou se tornando, dentro da nossa metáfora, uma excelente técnica de primeira base. Ela o fez usar a tecnologia (coisa que José adora) para resolver uma dificuldade. Então, os pais "ficaram no banco" e assistiram ao que acontecia. A estratégia que ela propôs deu certo, e as coisas começaram a melhorar para José na escola. Apesar de preferirem que ele copiasse as lições de casa a mão, como eles tinham feito, e tivessem receio de que não aprendesse a fazer essas anotações, os pais dele escolheram ouvir a professora, porque o método deles não tinha dado bons resultados. Da mesma forma que um bom treinador confia em seu técnico de primeira base, eles deram uma chance ao plano da professora particular, e funcionou.

Às vezes dá certo, às vezes, não. Se não tivesse funcionado, eles teriam que ter pedido um tempo, se reunido e criado uma nova estratégia, ou até contratado uma nova professora. Monitorando o jogo sem interferir nos detalhes da situação, deixando de adotar a própria experiência de estudantes como padrão para José e confiando nas ideias da professora particular, eles conseguiram participar sem dominar. Juntos, impulsionaram o avanço de José. A menos que seu filho esteja em uma situação de perigo, você também pode fazer isso. Observe, escute, avalie o que está acontecendo, e crie uma rede de especialistas competentes e atenciosos (sua versão de técnicos específicos) para ajudar e incentivar a criança.

Vimos agora como refletir sobre sua experiência educacional e trabalhar em equipe podem influenciar de maneira positiva a educação de seu filho, como aconteceu com José. Vamos ouvir o que crianças com TDAH têm a dizer sobre a escola e como os Cinco C's podem ajudar você a superar obstáculos comuns, como lição de casa e dificuldades de aprendizagem que as famílias enfrentam frequentemente.

5 NÃO ENTRE EM PÂNICO
Usando e ensinando o autoControle

Respirar fundo quando estiver lidando com *qualquer coisa* relacionada a seu filho sempre é o melhor começo, mas, quando a questão tem a ver com a escola, esse é um passo crucial. Tento usar uma das técnicas de respiração (descritas na página 28) quando minha filha conversa comigo sobre uma injustiça com algum professor ou técnico. Quando você se acalma um pouco, é possível parar e pensar na situação. Lembre que o objetivo não é só adquirir habilidades e conhecimento sobre vários assuntos acadêmicos, mas também construir uma base vitalícia de aprendizado que promova curiosidade, confiança e autonomia. Reflita se existem semelhanças entre sua história escolar e a situação atual de seu filho. Depois, pense nas diferenças. Perceba como você se saiu bem. Tenha certeza de que vai acontecer o mesmo com seu filho, porque ele tem *você*, um adulto atencioso e comprometido que está ao lado dele.

É difícil ter perspectiva quando se está no olho do furacão. Seu filho pode amar ou detestar a escola, mas tem que frequentá-la todos os dias e dedicar tempo e energia aos estudos. Para crianças que não gostam da escola, essa atitude pode se manter inalterada ao longo dos anos. E daí? Você quer que seus filhos aprendam, cresçam e gostem de estudar, mas muita gente tem sucesso na vida graças a habilidades não acadêmicas. Essas pessoas se encontram e escolhem sua carreira depois dos 20 anos, ou até mais tarde. Esse caminho pode não ser o mais comum, no entanto é uma possibilidade e tem sido frutífero para muitas pessoas. Talvez até para você. Muitas vezes, crianças com TDAH precisam de mais tempo para terminar a escola e/ou se beneficiam de um tempo depois de formadas para trabalhar, prestar serviço voluntário ou viajar.

Yuting era uma jovem muito esperta e artística com um grau severo de TDAH. Ela terminou o ensino médio com muito esforço e não se interessou em seguir para a faculdade. Depois de formada, trabalhou durante 3 anos como balconista e garçonete, fazendo arte e trabalho voluntário em exposições de artistas locais. Aos 21 anos, ela trabalha como assistente em uma galeria e complementa sua renda trabalhando como garçonete. Está feliz, tem um plano de saúde, um apartamento e amigos. Ela até consegue poupar algum dinheiro todos os meses.

Adrian, 26 anos, está orgulhoso por finalmente se formar na faculdade, depois de 6 anos e três universidades diferentes. Após abandonar o terceiro curso por ter sido reprovado em várias matérias e fumar muita maconha, ele estava deprimido quando me procurou. Os pais estavam extremamente preocupados com ele. Adrian começou a trabalhar, reduziu o consumo da erva e passou a dar atenção ao cérebro TDAH. Ele percebeu que só conseguia estudar por meio período. Caso contrário, sentia-se desorganizado, sobrecarregado e ansioso. Os pais se reuniram comigo e, usando a metáfora do time, descobriram que tipo de treinadores queriam ser. Eles escolheram ficar ao lado dele, oferecendo apoio emocional e confiança em suas capacidades, mesmo quando o filho não as tinha. Usando o autoControle, pararam de julgá-lo por ser diferente e se concentraram no que ele fazia bem. Aceitaram que ele teria empregos inferiores por um tempo e que sua formação seria mais demorada do que esperavam. O apoio dos pais e as revelações pessoais de Adrian foram as chaves para o diploma e o sucesso futuro. Agora ele está à frente de um programa extracurricular para a juventude do centro da cidade e está se candidatando a programas de pós-graduação em meio período na área de educação para poder ajudar outras pessoas. Os pais estão explodindo de orgulho (e alívio).

DOMANDO O MONSTRO DA LIÇÃO DE CASA: APLICAR AUTOCONTROLE ÀS QUESTÕES ESCOLARES EM CASA

Supervisionar a lição de casa é uma tarefa que oferece grandes dificuldades para muitas famílias (com ou sem filhos com TDAH). Se eu ganhasse um dólar para cada vez que ouço queixas sobre isso, poderia me aposentar hoje. A lição de casa deve ser feita e entregue pelas crianças, mas lidar com esse problema começa por você. Recusa, agressão, conflito, lágrimas, resistência: enfrentar o "monstro da lição de casa", como disse Davis, 9 anos, pode ser desesperador para todo mundo. Muitos pais me contaram seu sofrimento a respeito. Rachel, mãe de Chloe, 10 anos, acha que a lição de casa é desnecessária. Ela me disse: "No quinto ano, eu queria boicotar a lição de casa aos fins de semana. Tipo, tem mesmo que fazer lição de casa no Halloween? Encontrei a Chloe chorando em cima da tarefa de redação quando cheguei em casa". Paul, pai de Kyle, 12 anos, não sabe como motivar seu adolescente a estudar, em vez de jogar no computador. "Mudei o computador dele para a mesa da cozinha para poder supervisionar a lição de casa, mas ele mentiu para poder jogar Dota. Quero confiar nele, mas recebo e-mails diários dos professores sobre tarefas que não foram feitas. O que posso fazer?" Cansado e preocupado, como muitos pais dedicados, Paul não tinha mais ideias. John perde a cabeça quando o filho Shawn, 10 anos, fica furioso com a lição de casa e grita e joga coisas. "Shawn não consegue estudar matemática comigo durante dez minutos sem gritar 'Cala a boca! Você é um babaca!'. Uma vez, ele jogou uma cadeira em mim. Foi horrível! Tentamos trabalhar tudo isso, mas é difícil. Normalmente, eu grito demais." Esses pais se sentem perdidos, frustrados e impotentes. Querem ajudar os filhos, mas muitas vezes não sabem como.

> **LIDAR COM O PROBLEMA DA LIÇÃO DE CASA COMEÇA POR VOCÊ.**

Antes de nos dedicarmos a esse ciclo de frustração e derrota, vamos falar sobre tecnologia. Celulares, Facebook e outras redes sociais não são bons aliados durante o período de estudos. É claro, as crianças podem precisar falar com os colegas sobre as tarefas, o que promove importantes habilidades de cooperação, e isso não é problema. É o mito do multitarefas que prejudica o estudo eficiente. Cada som ou vibração de celular ou notificação de computador atrapalha a delicada concentração de seu filho, afasta-o do que está fazendo e diminui sua produtividade. Ser multitarefa significa alternar de uma coisa que está ocupando seu sistema de memória para outra. Pode levar de dez a quinze minutos para que a criança recupere completamente o foco depois dessas interrupções regulares.[1] Por isso, ajude seu filho a evitar o atrativo da multitarefa tirando-a da equação. *Limite o acesso a celular e redes sociais durante o período de estudos e deixe o computador dele em um lugar onde você possa ver.* Provavelmente seu adolescente vai reclamar disso, mas explique como o cérebro dele funciona e por que está agindo assim. Lembre-se: o treinador não permite celular em campo. Por que seria diferente com você?

Em geral, os pais têm mais contato com os professores dos filhos quando eles estão no fundamental I. No fundamental II e no ensino médio, com mais professores e matérias diferentes, essa conexão é mais distante. Para adolescentes com TDAH, a questão da lição de casa fica mais complicada, não só por causa da carga maior de tarefas, mas também porque os pais podem não saber ou entender o que foi pedido. Além disso, é mais difícil monitorar os jovens, e a rejeição é parte normal de qualquer dinâmica entre adolescentes e adultos. Andrea, mãe de Ella, 16 anos, explica:

> Assim que chega da escola, Ella come alguma coisa e pega o celular. A última coisa que ela quer fazer é sentar e estudar. Deixo que ela descanse um pouco, mas depois insisto. Ela pega os livros lentamente. Vai beber alguma coisa. Então começa a lição, e o celular vibra. Ela responde à mensagem. Lembro que é hora da lição, e ela grita: "Não se mete na minha vida!". E estuda até ser interrompida por outra mensagem. Depois acessa o Facebook para perguntar alguma coisa da lição ou vai pegar alguma coisa para comer. E assim vai por duas, talvez três horas. Não consigo tolerar. Acabamos brigando, porque tudo fica por fazer.

Quando adolescentes como Ella rejeitam de forma tão explícita a ajuda de que tanto precisam e veem os pais como interferências irritantes, é difícil para o adulto saber o que fazer ou como estipular o limite. Se seu filho está no quarto ano e tem uma crise porque precisa escrever o resumo de um livro ou seu adolescente está evitando estudar Revolução Americana para a prova de história, sua primeira tarefa é fazer aquela respiração relaxante do ioga e se perguntar o que é mais importante naquele momento. A resposta deve incluir se conectar de maneira positiva com seu filho e controlar a irritação. As soluções e os planos para lidar com *qualquer outra coisa* virão depois disso.

Quando o sinal toca e o dia de aula termina para crianças com TDAH, muitas delas precisam dar um tempo nos estudos, talvez brincar ao ar livre, praticar esportes, participar de atividades extracurriculares, ouvir música ou encontrar amigos. O cérebro dessas crianças precisa fazer alguma coisa diferente. Sua função é apoiar esse intervalo como for possível. A chave para derrotar o monstro da lição de casa é fazer seu filho entender que essa pausa tem hora para terminar, e que ele terá de fazer a lição de casa depois. Como o treinador sabe quando seus jogadores precisam parar e beber água, dá a eles cinco minutos e os chama de volta ao campo quando esse intervalo acaba, você também pode dar à sua criança ou ao seu adolescente algumas pausas limitadas, não relacionadas à escola. Esses períodos vão ajudar mais tarde, quando eles tiverem que sentar para estudar. Você pode ajudar a facilitar essa transição informando a seu filho ou sua filha as regras do intervalo. Se seu filho toma um medicamento estimulante de ação prolongada, em geral, o efeito termina por volta das 17h, horário em que a maioria das crianças começa a fazer a lição de casa. Esse detalhe complica ainda mais como os pais podem conceder aos filhos com TDAH o tempo de que precisam para relaxar.

Richard, pai de Alexis, 8 anos, estava confuso sobre como solucionar esse enigma.

> O dilema da lição de casa ficou pior, agora que Alexis está no terceiro ano. Sua habilidade de manter o foco é muito boa quando ela desce do ônibus, mas esse é o horário em que ela menos gosta de estudar. Depois do jantar, o efeito do remédio já passou, e ela se descontrola. Saio de perto para não perder a calma, mas estou desanimado e deprimido com essa coisa toda.

Richard me disse que estava especialmente triste porque a escola havia sido desagradável para ele, e odiava ver Alexis vivendo uma história semelhante. Ele sentia que nada estava funcionando. Perguntei se ele estava aberto a tentar um caminho alternativo. No começo ele hesitou, mas depois deixou a falta de esperança de lado e disse: "Tudo bem, vamos lá".

Primeiro, falamos com o pediatra da menina sobre ela tomar os comprimidos mais tarde. Alexis começaria às 7h30, depois do café, não mais às 6h45, antes de comer, e depois, às 12h30, após o almoço, em vez de 11h30. Assim, ainda haveria um "restinho de efeito", como Richard dizia, para ela ter um intervalo depois da escola e fazer a lição de casa, já que a Ritalina de curta duração tinha cerca de quatro horas de efeito. Ela raramente tinha problemas para dormir, então valia a pena tentar. (Essa pode não ser a solução para seu filho, ou talvez não se adeque aos seus valores em relação à medicação, e tudo bem também. Usar o plano descrito no próximo capítulo pode ser bastante útil sem essa alternativa.)

Com Alexis, também criamos uma estratégia para a lição de casa. Em geral, ela costumava fazer o mais fácil primeiro, depois se arrastava pelas coisas mais difíceis, quando está mais cansada e com pouco efeito do remédio no cérebro. E se isso fosse invertido? Alexis gostou da ideia: "Se tenho leitura e gramática, faço gramática primeiro para ter mais tempo para ler. Faço primeiro a coisa de que não gosto e já me livro dela". Alexis também disse que não queria gritar com o pai. Ela concordou conosco que, se tivesse um intervalo depois da escola com um *timer* para indicar a hora de fazer a lição de casa, não ficaria com tanta raiva dele. "Tem que ser daqueles que fazem contagem regressiva, para eu poder ver quanto tempo livre ainda tenho." Richard disse que compraria um assim que saíssem do consultório.

Se ela erguesse a voz para ele durante a lição de casa, em vez de gritar de volta, Richard tentaria praticar o autoControle e faria imediatamente exercícios de respiração. Depois perguntaria se podia ajudar, se a filha precisava parar um pouco, ou se queria um abraço. Alexis gostou disso, porque detestava estudar sozinha e podia fazer outra coisa, além de ficar com raiva, quando empacasse em alguma tarefa. Ao reagir bem à própria frustração, Richard era capaz de criar uma alternativa para a infeliz rotina de lição de casa que eles tinham, apesar de sua hesitação inicial.

Quando os pais seguem o exemplo de Richard, acalmando-se antes para poderem lidar de maneira mais eficiente com seu filho ou sua filha, é como seguir as instruções sobre máscaras de oxigênio em um avião. Primeiro você põe a sua, depois a da criança. O autoControle dá a você perspectiva e clareza mental para domar o monstro da lição de casa.

6 COLOCAR-SE NO LUGAR DELES EM RELAÇÃO À ESCOLA

Três passos para desenvolver a Compaixão

PASSO 1: OUVIR AS VOZES EM RELAÇÃO À ESCOLA: BOAS, RUINS E INDIFERENTES

Apesar da diferença de idades, tipos de diagnósticos de TDAH e habilidades acadêmicas, há fios comuns que entrelaçam as histórias que as crianças com o transtorno me contam sobre a escola. Fios de honestidade, adaptabilidade, força e dificuldade; de frustração, vergonha, persistência e triunfo.

> "Gosto da escola. Leitura, recreio e hora do almoço são minhas partes favoritas. Preciso de intervalos para o meu cérebro na escola, assim como o recreio. Queria ter mais. Temos que passar mais tempo sentados no segundo ano e vamos para o tapete só duas vezes durante o dia inteiro. Tenho que me controlar, e de repente a energia simplesmente vai embora. Não sobra nada. Por isso preciso de um tempo quando chego em casa."
> Terrell, 8 anos

> "Sempre fui animada com a escola. Adoro, faço muitas coisas. Às vezes, marco três coisas no intervalo do almoço! Sempre tirei dez em tudo, até ter álgebra este ano. Por isso meu pai não quer que eu tenha TDAH. Para ele, sou brilhante, organizada e perfeita. Isso não combina com a imagem que ele tem de mim, nem com a minha. Mas esqueço coisas, e minha mãe tem que levá-las para mim na escola umas três vezes por semana."
> Kayla, 17 anos

> "Quando eu era mais novo, era muito difícil manter o foco em qualquer coisa que a professora estivesse falando e terminar projetos. Quando me diziam:

'Escreva um ensaio de cinco parágrafos', eu tinha muita dificuldade. Não conseguia pensar. As crianças estavam falando, e eu ficava olhando pela janela. Mesmo com Adderall, ainda é difícil. Espero manter o foco, mas sinto o tempo todo como se conseguisse apenas deixar a cabeça fora d'água. Não consigo fazer toda a lição numa sentada só. Tenho que levantar umas quatro vezes."

Alex, 13 anos

"No primeiro ou segundo ano, comecei a me comparar com os outros e sempre ficava para trás. Não conseguia fazer coisas que outras crianças faziam. Lembro das dificuldades para ler a grade de aulas e as horas no relógio. Isso ainda me deixa nervosa. Graças a Deus que existe o relógio digital. Não me sentia inspirada até o verão passado, quando descobri a escalada e o mochilão. Isso mudou totalmente minha perspectiva na escola. Agora sou maluca para trabalhar com atividades ao ar livre."

Ella, 16 anos

Essas confissões sinceras contribuem para nutrir a Compaixão por sua criança ou seu adolescente, dando a você, o treinador do time, insights sobre suas vivências do dia a dia. Comece as conversas familiares reunindo informações que podem ir além de simples gostos e aversões. Por exemplo, seu filho pode ser bom em gramática, mas não se interessar muito pela matéria em si. Talvez a despreze por ser fácil para ele. É bom você saber disso. Para criar uma rede duradoura de apoio que seu filho ou sua filha leve a sério, você tem que começar entendendo como é a vida diária dele na escola. Faça primeiro esse exercício sozinho, depois repita com sua criança ou seu adolescente.

> ### EXERCÍCIO 4
> #### Reflexões sobre a escola
>
> O que seu filho gosta e não gosta de estudar? Por quê?
>
> Quais são os interesses e as habilidades não acadêmicas de seu filho? O que ele gosta de fazer de verdade?
>
> Alguma dessas coisas acontece na escola ou se traduz na vida acadêmica? Se sim, como? (Por exemplo, se gosta de construir coisas, poderia pegar e guardar livros na estante da sala de aula? Fazer um diorama para um projeto de história?)
>
> Você, um professor ou seu filho notou se ele entende certos tipos de informação de maneira diferente? É rápido com conceitos matemáticos, mas lento com contas? É rápido com enigmas, mas demora para ler?

PASSO 2: ESME E OS PAIS DELA: CONVERSA HONESTA LEVA À MUDANÇA

Este é um jeito como esse diálogo pode se desenvolver em sua família. Aconteceu no meu consultório com a abordagem dos Cinco C's, mas você pode fazer em casa, e vai aprender o passo a passo no fim desta seção.

Esme, uma menina de 15 anos, aluna do nono ano, adepta do delineador pesado e de uma atitude impositiva, chegou ao meu consultório encaminhada pelo colégio. Ela estava envolvida em diversos "dramas" com os colegas, matava aula frequentemente e podia ser contestadora e desrespeitosa com os professores. Fumava maconha na maioria dos dias depois da escola ("só uma ponta") e aos fins de semana. Ela me disse:

> Fui suspensa duas vezes por "jogar lenha na fogueira", sei lá o que é isso, e tomei muitas advertências. Não ligo. A última foi porque fui atrás da Tiffany e puxei o cabelo dela na hora do almoço, quando ela me chamou de vadia por conversar com o ex-namorado dela. Tipo, eles nem estão mais juntos! A escola é uma droga. Reprovei em biologia no último semestre e tirei notas baixas em todas as outras matérias.

Esme e os pais brigavam o tempo todo, por isso era praticamente impossível conversar sobre a escola. O pai dela, Reuben, disse: "Ela tem meu temperamento ruim. Quando fica com raiva, reage de forma realmente terrível". A mãe, Danielle, estava muito preocupada com Esme e não entendia por que ela tinha tantos problemas na escola: "Eu tento conversar, e às vezes ela chora e diz que odeia muito a escola, mas não tenho muita informação". Reuben disse que eles queriam que ela "fizesse escolhas melhores, fosse menos revoltada e não se metesse em tantos problemas na escola". Esme disse que não gostava de ser suspensa e queria que os pais a deixassem em paz.

No meu consultório, Esme e os pais discutiram pela primeira vez suas dificuldades escolares e as deles. Reuben e Danielle concluíram o ensino médio, mas não gostaram muito. Os dois nasceram nos Estados Unidos, mas os pais de Reuben eram de Porto Rico. Falavam inglês em casa, com um pouco de espanhol misturado. O pai é encanador e a mãe trabalha como auxiliar de enfermagem. Reuben contou que tem dislexia e falou que prefere ver esportes na televisão a ler. Danielle admitiu: "Sou péssima com números e quase não consegui passar em trigonometria". Esme achou que o que eles exigiam dela era injusto, considerando que também não gostavam de estudar. Ela se ressentia contra a expectativa deles de que tirasse boas notas sem nenhum apoio acadêmico. Com alguma orientação sutil de minha parte, eles pensaram no que Esme disse. Falaram sobre como queriam mais para ela do que eles próprios haviam conquistado do ponto de vista acadêmico, e do desânimo que sentiam por não poderem ajudá-la com isso. Depois, perguntaram quais eram os interesses da filha, o que ela considerava seus pontos fortes e fracos e que tipo de ajuda queria deles. E ouviram suas respostas.

Esme começou a ter dificuldades com os estudos no quarto ano. Até chegou a fazer testes, mas não recebeu nenhum apoio ou orientação. No início do ensino médio, quando o patamar das notas caíram mais e ela apresentava inúmeros problemas de comportamento, ninguém recomendou que ela fizesse novos testes, embora Esme dissesse às pessoas que "ler era difícil para mim". A mãe se perguntava se Esme tinha alguma deficiência de aprendizagem, mas não conseguiu um diagnóstico para a filha: "Disseram para eu ligar para uma pessoa, que me mandou para outra, e depois ninguém sabia mais nada. E aí eu desisti". Danielle e Reuben falaram de suas frustrações com o sistema de ensino e sobre como se arrependiam por não terem sido mais persistentes. Falaram sobre como Esme brigava com eles e usava drogas; eles sentiam que a filha os afastava. Esme admitiu que passava mais tempo com amigos, com quem não se sentia uma decepção.

Esme, os pais dela e eu concordamos que o primeiro passo seria investigar se a garota tinha algum déficit de aprendizagem. Para isso, porém, Esme teria que parar de fumar maconha depois da escola, a fim de que o teste mostrasse seu real funcionamento cognitivo. Falamos com honestidade sobre ela interromper o uso de drogas para que a avaliação nos desse uma diretriz eficaz sobre o que estava acontecendo com seu cérebro. Ela concordou de má vontade, e, mais tarde, em particular, nós duas exploramos como ela poderia fazer isso. Danielle e Reuben achavam que os testes ao longo do ensino médio eram a melhor abordagem e queriam orientação para começar esse processo. Esme e eu conversamos sobre o que ela poderia fazer imediatamente, antes de receber os resultados dos testes. Definimos que ela deveria começar a tentar nas matérias de que gostava (matemática e biologia). Esme concordou que "tentar" significava ir à aula todos os dias e ficar depois das aulas uma vez por semana para o reforço. Também incluía conversar com os professores, contar a eles que estava tentando melhorar suas notas e pedir ajuda.

Três meses depois, Esme tinha reduzido consideravelmente o uso de maconha, fumando somente aos fins de semana, e a testagem foi concluída. Os resultados indicavam TDAH e dislexia. Seu nível de leitura correspondia ao de um aluno do quinto ano. Ela foi imediatamente para um programa individualizado, inscrita em uma turma de reforço acadêmico e começou a receber auxílio para leitura. E ainda estava muito infeliz com a escola:

> Tive que fazer todos aqueles testes idiotas que você recomendou, e agora descubro que tenho TDAH e dislexia, o que significa que não consigo ler, então, sério, dra. Sharon, por que vou perder meu tempo? Nunca vou conseguir acompanhar. Quando fizer 16 anos, vou sair da escola e fazer o supletivo para ter o diploma. Ninguém liga, mesmo, exceto você e minha mãe, talvez.

Quando perguntei se era isso mesmo que ela queria fazer, de verdade, Esme ficou quieta, e seus olhos se encheram de lágrimas. "Não. Só os fracassados desistem da escola. Eu queria me formar com todo mundo. Só não sei como." Falamos sobre como a turma de reforço acadêmico, "tentar" nas aulas e pedir ajuda ao orientador sobre problemas com os professores eram excelentes maneiras de começar. No geral, ela seguiu o plano. Deixou Danielle conversar por e-mail com a professora de estratégias de aprendizagem uma vez por semana, para se manter informada sobre o progresso de Esme sem depender dela. Isso aliviou um pouco a pressão que ela sentia em casa e diminuiu as discussões familiares.

Três meses depois daquela sessão, ela me mostrou orgulhosa seu relatório de progresso: A na turma de estratégias de aprendizagem e C em matemática, biologia e inglês. Reuben e Danielle ficaram bastante satisfeitos e compartilharam a felicidade e o alívio com Esme. As brigas diminuíram muito, e Reuben estava feliz por ela agora "estar na companhia de jovens que querem ir bem na escola". Ela parou de fumar maconha e me disse: "Não me ajuda a chegar a lugar nenhum". A escola ainda era difícil, e ela recebeu mais algumas advertências (uma por atraso e uma por gritar no corredor com a nova namorada do ex-namorado), mas não foi suspensa. Os pais a viam tomando um rumo mais positivo. Esme me contou feliz: "Não tenho mais que desistir do colégio. Sei que vou subir naquele palco com todo mundo daqui a 3 anos". Embora odiasse admitir, a garota desejava mais para si mesma, exatamente como os pais. Ela não sabia o que queria, mas não ia desistir. Esme se formou no ensino médio com sua turma e agora trabalha como gerente de uma loja de roupas.

DICAS PARA TER CONVERSAS HONESTAS SOBRE A ESCOLA

1. Crie um plano para sentar e falar sobre escola em horários e lugares bons para todo mundo.

2. Comece com sua curiosidade. Peça a seu filho ou sua filha que diga como estão as coisas. Em que ele é bom? Em que tem dificuldades? Seja neutro e mostre interesse genuíno para neutralizar possíveis atitudes defensivas.

3. Repita exatamente o que ouviu ele dizer: "Você disse que _____. É isso?". Faça uma afirmação empática que demonstre interesse. "Parece que _____." Pergunte se tem alguém que o entenda na escola e, se sim, quem. Talvez possa contar uma experiência difícil que você teve em seus tempos de estudante (do exercício 3) e como a superou.

4. Pergunte a seu filho sobre os objetivos dele na escola. Devem ser específicos, do tipo "quero fazer aulas de arte" ou "quero ter notas boas o bastante para poder jogar futebol". Discuta como você ou outra pessoa pode ajudá-lo para transformar esses objetivos em realidade.

5. Crie um plano de ação em que cada pessoa tenha uma tarefa específica. Estabeleça um horário de reunião na semana seguinte para acompanhar o progresso.

6. Mostre que você gosta que seu filho ou sua filha seja honesto e converse com você. Talvez perceba gratidão por parte dele, talvez não. Isso não significa que eles não se sintam gratos.

PASSO 3: ENCARAR DESAFIOS ACADÊMICOS DIÁRIOS

Construir a Compaixão em relação à escola também implica perguntar e ouvir o que crianças com TDAH têm a dizer sobre leitura, matemática e redação, áreas em que os problemas deles são mais comuns. Crianças e adolescentes não raramente revelam como enxergam suas competências e dificuldades acadêmicas com uma percepção surpreendente. A seguir, eis o que eles dividiram comigo sobre várias matérias, além de comentários extras sobre redação, já que essa é uma atividade que costuma ser muito desafiadora para esses jovens.

Dificuldades de leitura

"Tenho interesse em vários livros, mas não tenho paciência para ler. Pulo, tipo, umas setecentas páginas e vou direto para o final... Adoro quando meu pai lê para mim, mas não esses livros bobos de rima para crianças. Meus favoritos são *Harry Potter* e *Percy Jackson*."
Jayden, 8 anos

"Coisas com palavras são muito mais fáceis para mim. Me distraio muito fácil, exceto quando estou lendo, o que adoro. Como mais depressa quando leio. Meu pai acha que não. Ontem, ele tirou o livro de mim, e demorei uma hora para comer um pouquinho. Como mais depressa porque estou pensando na história. Mas sem ler, fico tipo 'Ah, quero quebrar esse grão ao meio e ver o que acontece'."
Tiana, 9 anos

"Fui criado falando em espanhol até uns 4 anos, depois tive que mudar para o inglês. Estava ficando confuso e tive que ficar só com o inglês, porque as duas línguas me atrapalhariam na escola. É com inglês que tenho mais dificuldade, e é aí que está meu segundo transtorno, o transtorno de leitura e escrita. Já tinha problemas para sentar e me concentrar. Adorava quando minha mãe lia para mim, mas, até o ano passado, nunca gostei de sentar para ler um livro."
Xavier, 15 anos

"Você sabe que não gosto de ler em voz alta, certo? Leio devagar, é difícil para mim, e não quero fazer isso na frente de ninguém. Na semana passada, o sr. Brady me pôs para fora da sala porque me recusei a ler para a turma. Eu me sinto mal por atrasar a aula quando não consigo ler algumas palavras. Ficar muda no meio da leitura me faz parecer burra."

Destiny, 15 anos

Seja sobre se concentrar demais em uma história, seja sobre evitar os livros ao máximo, ouvir o que essas crianças contam a respeito da leitura ajuda os pais a entenderem as experiências delas. Da mesma forma que o treinador avalia os motivos de seu arremessador para querer continuar na partida, você pode investigar a questão da leitura considerando temas correlatos: conteúdo que engaja o leitor, inglês como segundo idioma, dislexia ou lentidão de processamento verbal. Há estudos sobre todos esses pontos, e as intervenções efetivas podem ser disponibilizadas pela escola ou por tutoria particular. O primeiro e mais importante passo é garantir que seu filho seja devidamente avaliado para quaisquer inabilidades de leitura e determinar com a escola se ele recebe as orientações e adaptações necessárias. Se ele tiver algum problema de leitura, fala ou linguagem, vai precisar de intervenções especiais para melhorar suas habilidades, e de apoio para aceitar suas diferenças de aprendizagem. Essas intervenções vão ocorrer no ambiente escolar, mas também pode ser preciso convocar ajuda extra. Mesmo sem um diagnóstico, porém, ler pode ser desagradável para crianças com TDAH, sobretudo se o material não for essencialmente interessante.[1]

Encontrar maneiras criativas para praticar e apreciar a leitura pode ser complicado. Você já deve ter perdido a conta de quantas maneiras diferentes tentou para fazer isso acontecer. O objetivo aqui é ler qualquer coisa (exceto pornografia ou material violento) que seja envolvente e interessante *o bastante* para que eles continuem praticando. Eles podem gostar ou não. O treinador é quem garante que os jogadores do time estejam em boa condição física, de forma que possam entrar em campo com força e potência. Eles podem gostar ou não dos exercícios de condicionamento físico, mas cumprem a rotina em prol do objetivo maior, que é estar em forma para jogar bem. Seu objetivo é garantir que seu filho saiba ler com proficiência. Assim, espera-se que ler será menos torturante e mais agradável no futuro, mas nunca se sabe. Nem todo mundo gosta de ler, e seu filho ainda pode ser bem-sucedido no mundo sem que isso seja uma paixão ou até mesmo um hobby. Você tem que focar primeiro no agora. Livros sobre Minecraft; livros de piadas, música, moda ou outros interesses; o jornal diário. O tempo dedicado a qualquer uma dessas alternativas deve ser considerado, em sua casa, como leitura.

Ler na escola pode ser especialmente difícil, e pode valer a pena usar abordagens alternativas. Talvez seu filho tenha uma habilidade maior de ouvinte e goste de audiolivros. Você pode complementar a leitura visual com a audição de um texto. Talvez sua filha precise de tarefas de leitura mais curtas, que se adequem melhor ao seu tempo de atenção e à sua velocidade de processamento, com uma variedade maior de assuntos para torná-las mais atraentes. Como treinador, tome a iniciativa e discuta essas opções com seu filho e os professores, defendendo um jeito de tornar a leitura acessível e tolerável. Um menino que conheço adora não ficção, mas não gosta de ficção. A professora do sexto ano pediu que os alunos lessem um romance e fizessem um fichamento. Ele e os pais estavam brigando muito por causa dessa tarefa, porque ele "não conseguia encontrar nada bom" para ler. Falamos sobre encontrar um romance que pudesse ser lido como não ficção: algo histórico ou uma biografia ficcional. A professora o ajudou a escolher o livro, e todo mundo ficou satisfeito. Não desista de resolver o problema.

Matemática

"Definitivamente, matemática é a matéria de que eu menos gosto, porque não sou boa para dividir ou subtrair números. Ou frações. Frações tomam muito tempo, e eu fico entediada."
Jade, 12 anos

"Matemática é difícil para mim, e pedir ajuda a um amigo seria constrangedor. É horrível quando tenho lição de casa de matemática. Meus pais não conseguem ajudar. Nenhum de nós entende isso. Se não termino a lição de matemática, não posso ir para o recreio, porque tenho que refazer tudo com a ajuda da professora."
Sanjay, 10 anos

"Vou bem em matemática. Normalmente, matemática é bem fácil para mim. É assim que meu cérebro funciona. Tenho notas boas em matemática e interpretação de texto, mas não faz diferença, porque não consigo escrever, e isso sempre me faz sentir burro."

Anthony, 16 anos

Como no caso das questões de leitura, precisamos avaliar as dificuldades de matemática antes de as abordarmos. Em vez de olhar para a resistência em fazer a lição de matemática, planilhas de problemas incompletas, baixa memorização de fatos matemáticos ou notas baixas em provas de geometria, você e a escola precisam se concentrar no que vai melhorar a compreensão e o desempenho de seu filho. Dificuldades de processamento auditivo e visual ou com relações espaciais podem tornar a matemática muito difícil para algumas crianças com TDAH. Repito: uma boa avaliação das habilidades matemáticas e dos níveis de desempenho de seu filho é crucial. Além disso, se você não entende a lição de casa de sua criança ou seu adolescente, não tente ajudar. Isso só vai causar frustração para todo mundo. Em vez disso, procure um professor particular. Muitos alunos têm aulas de reforço depois do horário de aulas para fazer a lição de casa com professores; os alunos mais velhos, inclusive os de maior destaque, muitas vezes fazem essa orientação gratuitamente, ou por um preço baixo; outros espaços pedagógicos oferecem um professor-assistente e colegas que podem ajudar. É como quando um treinador chama o técnico de rebatidas para ajudar um jogador que não está conseguindo pôr todo seu potencial no movimento. Você não precisa desempenhar todas as funções na equipe técnica, mas vai ter que encontrar quem cuide de cada uma delas.

Redação

"Escrever me dá a sensação de que estou preso na página e não existem palavras. Tenho uma ideia boa e escrevo um pouco sobre ela, mas aí meu cérebro vai para outro lugar."

Jack, 8 anos

"Às vezes gaguejo, porque não sei o que dizer. Escrever é mais fácil. Adoro escrever histórias. Quando você escreve, sua mão decide se são duas palavras ou duas frases. Ela vai em frente e decide o que tem vontade de escrever.

Meus dedos doem quando escrevo. Posso digitar, mas odeio, porque não é escrever a mão."
Kia, 12 anos

"Gosto de escrever. Ontem criei uma história na escola muito depressa, chamava 'Quando a professora não veio à escola'. Usei o alfabeto. Al apagou a aritmética, Bob bufou, Calvin chorou, Dan dançou, Emmet foi para a emergência. Foi muito divertido. Tipo Pam peidou e Oscar derrubou o óleo de oliva. Foi ótimo."
Liam, 9 anos

"Frequento o centro de redação da minha escola para ter ajuda. Eles revisam os trabalhos e dão dicas. O que eu gosto é que eles não fazem a lição por mim. Eles ajudam e meio que vão te guiando, e eu faço. Ensinam como fazer, para que mais tarde, quando você estiver mais, como é a palavra, inepto? Não, é adepto."
Oscar, 15 anos

"Para mim, é muito mais fácil falar do que escrever. As palavras fluem muito mais. Escrever parece ser mais permanente. Posso voltar e analisar e ver exatamente o que fiz de errado. Acho que tem a ver com medo. Estou sempre pensando: 'Ah, essa pessoa entende isso?'."
Anthony, 16 anos

"Desenhar me faz escrever mais. Pego o caderno de desenho e começo a desenhar por uns, sei lá, 25 minutos. Fico ali sentado e pensando. Desenho, e é tipo 'Ah, o que posso dizer, o que posso escrever para encaixar isto aqui?', e daí eu paro e vou escrever alguma coisa. É um processo de ida e volta."
Ivan, 17 anos

Algumas crianças com TDAH gostam de escrever, porque essa é uma via de expressão para suas ideias de forma rápida e criativa, mas outras detestam. Mesmo pôr algumas palavras no papel vira uma tortura. Às vezes, o ato físico de escrever é difícil e a caligrafia é quase indecifrável. Organizar os pensamentos e traduzi-los em textos coerentes requer que várias funções executivas atuem simultaneamente, como um relógio. Habilidades como decidir o que quer dizer e o que é importante escrever (priorização), lembrar o que leu ou aprendeu sobre um assunto (recuperação de informação), fazer um esboço de como dizer as coisas (planejamento, sequência, organização), administrar dados e ideias (mais priorização, organização e planejamento), usar o tempo de forma produtiva e ater-se às coisas até sua conclusão (gerenciamento de tempo e persistência no objetivo). Essas habilidades, em geral reduzidas em pessoas com TDAH, ajudam na hora de elaborar um bom texto.

Escrever pode ser fonte de tensão em muitas famílias. Da mesma forma que fazer perguntas neutras e investigativas a seu filho ou sua filha sobre leitura e matemática leva a progresso nessas áreas, discutir o processo individual e peculiar de escrita da criança também pode ajudar. Em um momento tranquilo, pegue caneta e papel e tente ter uma conversa mais ou menos assim:

1. Juntos, identifiquem alguma coisa fácil ou *não muito difícil* sobre escrever. Talvez seja ter uma ideia, pesquisar um assunto ou até a digitação. Encontre alguma coisa e anote.

2. Em seguida, ajude seu filho ou sua filha a usar uma escala de classificação de 1 a 10 para avaliar a escrita, sendo que 1 = PARTES MAIS FÁCEIS e 10 = PARTES MAIS DIFÍCEIS. Use essa lista de habilidades básicas necessárias para ajudar a:

   a. Ter ideias sobre um tema que seja relevante e viável.

   b. Usar informações conhecidas sobre o assunto para filtrar ideias.

   c. Organizar um mapa conceitual que faça sentido para sua criança ou seu adolescente.

   d. Esboçar seu projeto, que combina pesquisa e seus pensamentos.

   e. Calcular o tempo necessário para a redação.

   f. Organizar ideias antes de escrevê-las.

   g. Criar um cronograma de trabalho factível para a conclusão.

3. Aqui vão alguns exemplos de conversa:

   ADULTO: Que número você daria para ter uma ideia?

   ADOLESCENTE: Tenho muitas ideias. Só não sei com quais seguir em frente. Todas são importantes.

   ADULTO: Então deve ser um número baixo. Qual, por exemplo?

   ADOLESCENTE: Isso é bobagem.

   ADULTO: Vamos tentar.

ADOLESCENTE: Tudo bem. Ideias, dois. Escolher a melhor delas, dez.

ADULTO: Entendi. E para pesquisar um tema?

ADOLESCENTE: Isso não é tão ruim. Gosto de aprender coisas novas. Talvez um cinco.

4. Fazer um brainstorm sobre alternativas para as áreas que seu filho ou sua filha identifica como AS PARTES MAIS DIFÍCEIS. Essas ideias podem incluir aulas de reforço com professores na escola, frequentar um curso extracurricular de redação, trabalhar com um amigo ou procurar um professor particular de redação.

5. Dividir as tarefas de redação em partes menores, viáveis. Obter orientações claras dos professores para aumentar o conforto e as habilidades de seu filho ao escrever.

6. Não revise, especialmente se escrever for motivo de briga entre vocês. Deixe essa parte a cargo dos professores ou de outros especialistas, para que você possa se manter no papel de treinador.

Crianças com TDAH sabem bem do que gostam, o que fazem bem e o que é difícil na escola. Seus pontos de vista revelam que elas sabem o suficiente sobre si mesmas para se juntarem a você a fim de que intervenções efetivas e duradouras sejam realizadas.

7 CRIAR SOLUÇÕES ESCOLARES DURADOURAS
O segredo é a Colaboração!

COLABORAÇÃO FAMÍLIA-ESCOLA

Você tem uma filha de 8 anos, Amélia, que tem um diagnóstico de TDAH e um transtorno de desenvolvimento de linguagem. Já foi identificado que ela precisa de reforço de leitura e recebe ajuda especializada fora da sala de aula duas vezes por semana, como parte de seu programa individualizado. Você recebeu e-mails do professor de Amélia do segundo ano, sr. R., informando que ela tem se comportado de forma inadequada em sala de aula e pedindo uma reunião. Em vez de só ir conversar com ele sobre os problemas de Amélia, você organiza duas reuniões: uma com adultos (certamente o professor e o psicopedagogo, mas talvez também com o diretor ou o orientador da escola), e uma que inclua sua filha e o sr. R.

A primeira reunião permite que você, o professor dela e outros adultos discutam o que está acontecendo em sala de aula e em casa. Esse não é o momento para uma reunião formal; é hora de fazer perguntas e dar informações. O sr. R. diz que gosta muito de Amélia: ela é espirituosa, artística e divertida. E tem boas amizades. Ele também conta que, apesar de seus esforços para prender sua atenção, Amélia sempre acaba se distraindo, se agitando na carteira, deitando a cabeça ou conversando com outras crianças na hora da leitura. A menina tem problemas de foco quando estão em círculo discutindo o planejamento do dia, embora se sente bem ao lado do professor. Às vezes, Amélia chora quando tarefas acadêmicas são difíceis demais para ela. Você, o sr. R. e o psicopedagogo concordam que a hora da leitura em sala de aula, tanto silenciosa como em voz alta, é o momento mais difícil para Amélia. Vocês exploram intervenções que podem ajudá-la, inclusive a redução temporária no volume de tarefas para reforçar sua energia para a leitura e desenvolver confiança.

A segunda reunião é uma oportunidade para explorar as ideias de Amélia sobre a escola. É mais ou menos assim:

MÃE: "Hoje vamos conversar com o sr. R., não porque você tenha algum problema, mas porque queremos que a escola seja melhor para você. Conte para nós sua parte preferida na escola".

AMÉLIA: "Recreio. Vou brincar com meus amigos e ninguém me diz o que fazer".

MÃE: "Tem alguma coisa de que gosta na sala de aula?".

AMÉLIA: "Gosto quando tem tempo livre. Eu desenho ou monto quebra-cabeça. Às vezes gosto de matemática".

SR. R.: "Você desenha bem, e eu pendurei dois desenhos seus ao lado da janela. É muito rápida com os números e ajuda os outros alunos quando eles têm dificuldades, o que é ótimo".

MÃE: "E do que você não gosta muito?".

AMÉLIA: "Preciso falar? Tudo bem, não gosto de sentar em círculo logo cedo e de redação. Ler é chato e difícil".

SR. R.: "Eu percebi. Se tivesse que escolher um deles para melhorar, qual seria?".

AMÉLIA: "Leitura. É legal, mas demora muito. E não tem livros dos quais eu goste".

SR. R.: "Qual seria um bom livro?".

AMÉLIA: "Não sei. Todos são chatos".

MÃE: "Talvez o sr. R. possa ajudar a achar livros mais interessantes".

SR. R.: "Sim, claro, mas estou pensando se não seria melhor você ler por oito minutos, em vez de quinze. No restante do tempo, pode desenhar em silêncio ou resolver problemas de matemática. Se funcionar bem por algumas semanas, podemos experimentar aumentar para dez minutos. O que acha?".

AMÉLIA: "Legal. Como vou saber quando acabar?".

SR. R.: "Eu bato de leve na sua mesa. Vamos começar amanhã, e na sexta conversamos sobre como foi".

MÃE: "É um bom plano. Obrigada, sr. R., e você também, Amélia".

Você e o sr. R. perguntaram a Amélia sobre as coisas de que ela gosta e não gosta, seus pontos fortes e suas dificuldades na escola. Na vida real, como nessa conversa, vai haver intersecções entre o que os adultos veem como dificuldades principais e a opinião da criança ou do adolescente. Esses pontos em comum são a chave para que vocês pensem em alternativas juntos. Estudos mostram que a Colaboração entre casa e escola é "particularmente importante para alunos" com TDAH e dificuldades de aprendizado para que se promova o sucesso educacional.[1]

COLABORAÇÃO EM CASA: CRIAR PLANOS QUE FUNCIONEM DE VERDADE!

Ninguém se sente animado em cumprir uma tarefa desinteressante e pouco gratificante (como as crianças com TDAH em geral veem a lição de casa, ou um adulto pensa a respeito da arrumação de um armário pouco usado). O cérebro de sua criança com TDAH precisa que as coisas sejam envolventes para que possa realizá-las. As funções executivas de motivação (por que você faz alguma coisa) e iniciação (começar a fazer) se desenvolvem mais devagar do que nas crianças que não têm o transtorno. É comum que crianças com TDAH enfrentem dificuldades nessas áreas, e encontrar os próprios motivos para fazer alguma coisa e ainda obter satisfação com isso é algo que não aparece de maneira consistente até a adolescência. Há dois tipos de motivação. A **motivação extrínseca** se refere a uma solicitação, recompensa ou responsabilidade externa que depende de realizar um objetivo. Você cumpre o prazo para entregar o formulário de autorização para praticar esportes, ou não pode jogar no time de basquete. A **motivação intrínseca** significa se empenhar para realizar um objetivo por satisfação pessoal. Você tenta quebrar seu recorde em um jogo de computador de que gosta. Quando uma criança ou adolescente com TDAH não consegue ver satisfação imediata na realização de uma tarefa, nem percebe benefícios de longo prazo (especialmente difícil para o cérebro do tipo "agora/ agora não"), ela reluta em cumpri-la.

Incentivos ajudam as crianças com TDAH que têm dificuldades para se motivar e começar as coisas. Elas constroem motivação extrínseca para determinado objetivo que, quando alcançado, alimenta os sentimentos positivos para a posterior motivação interna. Por exemplo, você pode associar a conclusão de um temido fichamento de livro a trinta minutos extras de *videogame*. *Incentivos que motivam são aqueles que são importantes para as crianças, não o que você acha que é bom para elas.* Você vincula uma tarefa que não agrada, mas tem de ser cumprida, a alguma coisa que elas querem. Todo mundo sai ganhando. Você pode relutar em usar incentivos para coisas que simplesmente têm que ser feitas, mas essas recompensas externas treinam seu filho ou sua filha com TDAH para internalizar o conceito de que esforço leva à realização satisfatória.

Pense em alguma coisa de sua vida. Digamos que é preciso pôr o lixo para fora de casa, mas você prefere assistir ao seu programa favorito na televisão. Você não gosta de tirar o lixo, porque cheia mal e é nojento. Então, faz um acordo consigo mesmo: você pode se acomodar no sofá com seu programa favorito somente *depois* de esvaziar a lata de lixo. Está usando o prazer de vegetar como um motivador para concluir a tarefa. É assim que os incentivos funcionam, e não há dúvida de que eles promovem o sucesso. As pessoas sempre confundem incentivo e suborno. A diferença é que um suborno dá a recompensa antes da ação desejada ("Ei, te dou cinco dólares para levar a sacola até o outro lado da rua", em oposição a "Ei, se levar a sacola até o outro lado da rua, você ganha cinco dólares"). O incentivo fornece a recompensa depois da ação. Incentivos eficientes devem ser mudados de tempos em tempos para continuarem atraentes.

Outra questão relacionada a começar tarefas desagradáveis é a procrastinação. Procrastinação tem relação direta com o tamanho da atividade. Uma coisa que pode parecer pequena para nós, como fazer uma folha de lição de matemática, pode ser enorme para um estudante com TDAH. Eles sempre pensam: "Por que começar alguma coisa que parece impossível de terminar? Por que me incomodar? Se eu não tentar, não posso fracassar". Eles paralisam e sem querer se tornam mestres na arte da evasão.

A melhor solução para quem se sente sobrecarregado por um projeto, uma tarefa ou obrigação é dividir em partes menores. Esse processo pode ser difícil para o cérebro TDAH em crescimento, porque também envolve compreender uma sequência de eventos. Quando a tarefa de ler um capítulo de um livro parece aterrorizante, ler cinco páginas de cada vez é, provavelmente, uma alternativa mais viável.

Antes de pôr esses conceitos em prática, considere algumas coisas e anote-as:

1. **O que seu filho *adora* fazer?** Nenhuma atividade é banal demais para ser deixada de fora. Tempo extra para brincar na área externa, usar eletrônicos ou redes sociais, ou sair para tomar um sorvete especial são privilégios que a criança pode conquistar. Todas as crianças precisam de nutrição, segurança e amor para se desenvolver; elas não "precisam" de acesso ao Instagram.

Essas atividades tão apreciadas podem agir como motivadores para fazer a lição de casa.

2. **Que tipo e tamanho de tarefas de lição de casa eles conseguem fazer com bons resultados?** Você já deve ter notado quanto e que tipo de estudo seu filho consegue cumprir com facilidade e o que é mais difícil. Fragmentar as coisas o ajuda a concluí-las. Como nenhum passo é pequeno demais, reflita sobre a quantidade de trabalho que ele consegue realizar.

3. **Por quanto tempo seu filho ou sua filha é capaz de se concentrar na lição de casa antes de se distrair ou entediar?** Para crianças menores de 10 anos com TDAH, esse período pode variar de 5 a 20 minutos. Para crianças entre 11 e 14 anos, normalmente é de 20 a 45 minutos, e para adolescentes entre 15 e 18 anos, esse número varia entre 30 e 60 minutos. Com hiperfoco, esse tempo pode se prolongar, e ele varia de uma criança para outra. Geralmente, o melhor é interromper o período de trabalho antes que o tédio ou a negatividade se instale.

Você agora está pronto para se reunir com seu filho ou sua filha em um horário predeterminado (ou seja, não no meio de uma discussão) para conversar sobre a lição de casa. Comece *fazendo as mesmas perguntas* que fez a si mesmo e anote as respostas. Isso não só ajuda você a lembrar exatamente o que ele disse, mas também demonstra que as opiniões dele são levadas em conta. Depois, discuta o que está funcionando com a lição de casa, e o que não vai tão bem. Pergunte que diferenças ele gostaria de ver e dê sua opinião. Juntos, escolham uma dificuldade considerada unânime. É começar? É permanecer focado nas tarefas? É lembrar de entregar o trabalho? Anote a decisão em seu caderno para referência futura ou cole na geladeira.

Muitas crianças pedem incentivos que envolvem tecnologia: mais tempo de computador, televisão ou jogo. Você pode aceitar, mas também pode oferecer seu tempo com eles como um incentivo adicional. Independentemente de eventuais palavras ou ações contrárias, você é muito importante para eles. As crianças querem sentir que são sua prioridade e que existe uma conexão entre vocês. Para crianças que estão no ensino fundamental, jogar um jogo, brincar com Lego, jogar futebol ou ler juntos pode ser algo que os deixarão animados de antemão. É um pouco mais difícil com os que estão no fim do fundamental e no ensino médio, já que o que eles sempre querem é espaço longe de você e com os amigos: seja on-line, no shopping, em festas ou dormindo fora de casa. Mas eles podem escolher ver um programa de televisão com você (um de que eles gostem muito, mesmo que não seja o caso para você), cozinhar alguma coisa juntos ou fazer compras on-line. Se fizer essa oferta, você deve *especificar antes* as diretrizes desse tempo juntos. Um pai me perguntou recentemente se devia privar o filho adolescente desse tempo caso ele não cumprisse o combinado. Eu respondi que não. Sugeri trabalhar com duas opções. Se o garoto cumprir sua parte no acordo, os dois relaxam e assistem ao programa de televisão de que o adolescente mais gosta (primeira opção). Caso contrário, vocês trabalham juntos limpando o quarto dele (segunda opção). De qualquer maneira, vocês passam esse tempo um com o outro. Depois de duas faxinas no quarto, a cooperação do adolescente melhorou. Em pouco tempo eles tinham assistido a três temporadas de *Game of Thrones*.

Vamos determinar os detalhes da proposta com a qual vocês dois possam concordar. Isso inclui estabelecer o total do tempo de estudo desejado e períodos de trabalho mais curtos. Esses blocos são, então, divididos por intervalos controlados, de não mais que dez minutos. Dependendo da idade, do interesse de sua criança ou seu adolescente e das regras da casa, essas pausas podem incluir lanches, um jogo de cartas, um telefonema, andar um pouco, brincar com o animal de estimação, trocar mensagens, Instagram etc. No fim de todo o período de lição de casa, espera-se que seu filho tenha conquistado o incentivo cumprindo o que foi combinado. Se o trabalho não for concluído, a recompensa não acontece. Se o acordo é que sua filha tem trinta minutos de iPad e uma partida de UNO com você depois que terminar a lição de casa (primeira opção), ou que não tem eletrônicos e vai lavar a louça se não terminar (segunda opção), é isso que tem que acontecer. Não renegocie os termos da proposta caso não sejam cumpridos por seu filho ou sua filha. A Colaboração raramente acontece sob pressão.

Inicialmente, você pode ter de trabalhar com sua criança ou seu adolescente para garantir que ele está estudando nesse período e responder a qualquer dúvida acadêmica que surgir. Você pode chamar isso de "tempo de trabalho em família" e usar a oportunidade para adiantar suas coisas (como verificar o saldo no banco, responder a e-mails, ler um artigo interessante). Assim como o treinador revê as jogadas antes da partida, é bom olhar todas as tarefas da lição de casa antes de começar. Isso permite que você ajude seu filho a priorizar, decida quanto tempo de estudo é necessário e, se for preciso, confirme que toda a lição foi feita. Faça uma cópia do formulário a seguir para auxiliar você e a criança ou o adolescente nesse processo. Professores, pais e estudantes (apesar dos protestos) descobriram que ele é útil para estimular funções executivas que contribuem para o sucesso na escola.

Pergunte a seu filho ou sua filha se prefere começar o período da lição pela tarefa mais difícil, quando o cérebro ainda está descansado, para depois fazer o que é mais fácil, e, por fim, o médio. Algumas crianças preferem começar pelo fácil e ter a sensação de que estão progredindo. Se não for o caso, as atividades fáceis e medianas servem como um intervalo entre as demandas das tarefas mais difíceis. Essa progressão desenvolve vigor e persistência. Quando seu filho quiser ajuda, ajude. Se trabalharem juntos, você estará ali para ver se ele escapa para o YouTube ou Twitter e, com delicadeza, poderá trazê-lo de volta à tarefa. Faça o possível para guardar para si os comentários sobre como ele poderia fazer as coisas de maneira diferente e mais eficiente (ou seja, melhor).

FORMULÁRIO DE LIÇÃO DE CASA

Data _____ / _____ / _____

(Assinaturas necessárias para alunos do ensino fundamental)

Assinatura da professora (para garantir que a informação é correta): _____

Assinatura do pai ou da mãe (para confirmar que recebeu a informação): _____

MATÉRIA	TAREFA	MATERIAIS NECESSÁRIOS	PRAZO DE ENTREGA	DIFICULDADE (FÁCIL, MÉDIO, DIFÍCIL)	QUANTO TEMPO DEVE LEVAR	INCENTIVO
Ex.: 5º ano, história e geografia	Preencher o mapa dos Brasil com o nome dos estados.	Folha da atividade, livro de geografia e lápis	Sexta-feira	Médio	Uma hora	Uma partida de UNO
Ex.: 9º ano, inglês	Ler 30 páginas de *O sol é para todos*	O livro	Sexta-feira; em três dias	Médio	Uma hora: 30 minutos hoje e 30 minutos amanhã	10 minutos a mais de tempo de celular

Anotações: _____

_____

_____

_____

Mais tarde, você pode oferecer casualmente uma sugestão sobre como melhorar os hábitos de estudo: "Ontem à noite, percebi que você guarda todos os papéis da aula em uma pasta só e demorou para encontrar o que queria. E se separar em pastas por matéria para ganhar tempo?". Assim, seu filho não se sentirá criticado ou vigiado quando tentar fazer suas coisas durante o tempo de trabalho em família. Revisar as tarefas é mais complicado: às vezes, como é uma atividade que procura "erros", seu filho pode se sentir mal em relação ao que foi feito, em vez de se sentir bem por ter conseguido terminar tudo. Deixe os professores corrigirem o que estiver errado para não ter de mexer nesse vespeiro.

Decidir o quanto você deve se envolver na lição de casa pode ser difícil. Muitos pais têm dificuldades para saber quando devem entrar em cena e quando devem ficar fora. Se você não tem certeza do que fazer, comece perguntando aos professores ou orientadores que conhecem mais o desempenho acadêmico ou as possíveis preocupações da criança ou do adolescente. Depois, converse com seu filho sobre o que ele acha do próprio trabalho acadêmico e pergunte quais são seus objetivos na escola. Conte suas opiniões sem diminuir as dele. Muitos pais e filhos estão de acordo sobre objetivos acadêmicos de maneira geral, mas não sobre a maneira de alcançá-los. Sho-li, 14 anos, mostrou infeliz para os pais seu boletim do terceiro trimestre com notas B, C e D. Ela concordou com eles sobre poder fazer melhor e queria progredir tanto quanto eles (o motivador interno). A mãe dela conversou com a orientadora e soube que o maior problema de Sho-li era não entregar os trabalhos. Sho-li havia parado de usar a agenda: "Este ano ninguém olha, e não tem nada para escrever lá. Eu me lembro de tudo". Os pais discordaram, e as notas baixas mostraram que não era bem assim.

Criamos um plano: o pai se reuniria com Sho-li todas as noites para verificar a agenda e a lição de casa, e mais tarde ela poderia ter tempo extra de celular (o motivador externo). Sem a conversa com o pai, sem tempo extra de celular. Sho-li resmungou e reclamou de ser tratada "como um bebê", mas topou o plano. Todos concordaram sobre as notas dela terem melhorado no fim do semestre, e ela e o pai reduziram as conversas a duas por semana (um motivador externo para qualquer adolescente, menos envolvimento parental). Sho-li tirou notas mais altas, e o pai recuou, como havia prometido. Um trabalho de colaboração como esse resulta em propostas para lidar com a lição de casa eficazes e bem-sucedidas.

8 MANTER O RITMO
Promovendo a Consistência na escola

ROTINAS E MAIS ROTINAS

A Consistência significa fazer o que você diz que vai fazer sem se pressionar para ser perfeito. Todas as crianças, mesmo as que não têm TDAH, se beneficiam muito de rotinas sólidas. A escola começa e termina em horários específicos, com intervalos e opções definidas. A lição de casa deve seguir a mesma premissa: diariamente, o mesmo local de trabalho, limites viáveis de tempo e intervalos com *timers*. Essas rotinas ajudam o desenvolvimento ao promoverem funções executivas de grande importância, como priorização, planejamento e persistência para o sucesso escolar.

Muitos adultos gostam de um certo grau de previsibilidade na vida, que contribui para nos orientar, seja no planejamento do expediente nos dias de trabalho, nas listas de tarefas no sábado ou no plano de passar o dia na praia. Crianças e adolescentes, que naturalmente têm menos controle sobre seus horários, não são tão diferentes. Precisam de nós para ajudá-los a lembrar, organizar e dar continuidade ao que está acontecendo no momento. Se você tem suas dificuldades organizacionais, não se culpe. Todo mundo tem pontos fortes e limitações. Peça apoio aos amigos, à tecnologia (alertas e agendas são ótimos) ou procure um terapeuta ou coach, se precisar. Você vai se beneficiar, assim como seu filho com TDAH.

A IMPORTÂNCIA DA PERSISTÊNCIA

A rotina fomenta a persistência, ou seja, como você conclui o que tem para fazer. Fornece uma estrutura imprescindível para fazer coisas. Crianças com TDAH dependem dela para organizar sua vida, de forma que elas não tenham que se preocupar com isso. Persistência também está ligada ao *esforço* e à resiliência. Quando a escola é desafiadora para jovens com TDAH, eles têm que descobrir como abordar e cumprir as desagradáveis obrigações acadêmicas, bem como recuperar-se quando as tentativas não funcionam. Precisam enfrentar as aulas e a lição de casa por tempo suficiente para fazer um esforço considerável e se sentirem bem por terem tentado. O sucesso os motiva. Mas, como destacamos antes, se estudar é chato, difícil ou inatingível, o desânimo se instala e, provavelmente, as crianças perdem a motivação. Muitas vezes, desistem ou evitam o esforço para eliminar qualquer possibilidade de fracasso. Não importa muito saber que, se elas se esforçarem hoje com as questões chatas de ciências, a prova vai ser mais fácil na semana que vem, porque a experiência naquele momento é insuportável. A persistência desaparece.

A ROTINA FOMENTA A PERSISTÊNCIA.

Então, o que as faz continuar tentando? Aqui vão alguns comentários sobre a perseverança em tarefas e trabalhos escolares:

"Tenho lições de casa muito difíceis, mas eu faço. Não desisto. Minha mãe me ajuda a insistir. Ela fica falando: 'Faz sua lição de casa. Vai, vai'."
Jack, 8 anos

"Meu outro orientador diz coisas que eu posso fazer, como ouvir música enquanto estudo. Porque, se escuto música, começo a cantar junto. E faço a lição de casa mais depressa."
Taylor, 12 anos

"Eu falo para mim mesmo: 'Espero que isso dê certo'. Se não funcionar, vou ter de achar outro jeito. É tipo 'Tudo bem, da próxima vez vou me esforçar mais', e sigo em frente."
Darren, 15 anos

"Se meus amigos estão disponíveis, vou estudar com eles, porque assim passo menos tempo no Facebook ou vendo vídeos no YouTube, se eles estiverem concentrados na minha frente. Uma vez, meu amigo Evan e eu tínhamos que fazer o mesmo trabalho para uma aula. Estávamos os dois com um baita bloqueio mental e decidimos escrever juntos. Acabei andando de um lado para o outro na minha sala de estar, ditando enquanto ele escrevia. Depois, ele fez a mesma coisa com o trabalho dele. Ajudou muito."
Lila, 17 anos

Seja com apoio dos pais ou amigos, música ou falar sozinho, os relatos dessas crianças têm a ver com persistência. Mesmo que o trabalho delas seja incompleto ou incorreto, se tentaram de verdade fazer alguma coisa, é difícil alguém acusá-las de ser preguiçosas, de não cooperarem ou de não terem sucesso. Os seus incentivos e dos professores alimentam os esforços delas e amenizam as dificuldades. Elas tropeçam, tiram a poeira das roupas e tentam de novo, mostrando sua resiliência em formação. É tentando e cometendo erros, não buscando a perfeição, que todos nós aprendemos e é o que a maioria dos pais deseja para seus filhos.

Pais e responsáveis que praticam a Consistência em relação à escola podem parecer, às vezes, como aquelas vans que acompanham ciclistas na estrada. Você vai devagar atrás de seu filho ou sua filha, oferecendo o apoio necessário, a orientação e a estrutura sem assumir a direção. Você o/a ajuda a manter rotinas sólidas em casa e na escola, enquanto permanece tão calmo quanto for possível diante de eventuais obstáculos. Você se perdoa quando isso não acontece e tenta de novo. Lembre-se de que você é o treinador desse time, e seu objetivo final, o sucesso, é desenvolver os pontos fortes e as habilidades. Isso é a persistência em sua melhor versão.

9 CELEBRAÇÃO
Mais que dizer "muito bem!"

INCENTIVO DE FORA E DE DENTRO

Celebração em relação à escola começa com notar e, sim, enaltecer seus filhos quando eles alcançam sucesso acadêmico. Mesmo que eles não demonstrem, sua fé nas habilidades deles é muito importante. É gratificante para todo mundo, com ou sem TDAH, ouvir um "boa!" entusiasmado. Da mesma forma, é igualmente importante ressaltar quando você e sua filha têm um período de lição de casa bem-sucedido apontando o que você julgou que deu certo: "Gostei de como interrompeu a lição de matemática na hora do intervalo, mas a retomou depois", ou "Percebo quanto está se esforçando com aquele trabalho de ciências, e estou orgulhosa de você". Esses comentários de incentivo contribuem muito para a construção de autoconfiança e enfatizam os esforços positivos que seus filhos com TDAH estão fazendo.

Mas essas palavras fazem mais que oferecer elogios; elas também modelam a linguagem que as crianças podem usar em relação a si mesmas. Crianças e adolescentes internalizam nossa voz. Se os adultos dizem às crianças repetidamente como seus esforços não são bons o bastante, ou como elas podem melhorar, essas palavras negativas se sobressaem às positivas. Celebração no que diz respeito à escola tem a ver com reconhecer o que está funcionando e dizer isso em voz alta para seu filho ou sua filha *muitas vezes*. Então, essa voz se torna mais enraizada que as outras.

> CRIANÇAS E ADOLESCENTES INTERNALIZAM NOSSA VOZ.

Celebração também é mais que apenas elogiar ou incentivar, e acontece quando seu filho ou sua filha aceita seu cérebro com TDAH a ponto de poder começar a se representar sozinho. Quando conseguem se expressar com compostura (e pouca vergonha) com os professores e até com os colegas sobre ter TDAH, quando mostram responsabilidade com os estudos e quando cooperam mais do que se esquivam, eles vão além da aceitação e passam a celebrar quem são. Não escondem que têm TDAH e um cérebro que aprende diferente. Em vez disso, conseguem falar sobre essas diferenças e pedir aquilo de que precisam para alcançar o sucesso acadêmico.

AUTORREPRESENTAÇÃO: O AUGE DA CELEBRAÇÃO ESCOLAR

Tão importante quanto alimentar uma voz interior na cabeça deles é apoiá-los de forma adequada na escola. Essa é uma parte essencial de ser um estudante bem-sucedido. Sentir-se capaz e competente é uma consequência natural de esforço consistente e persistência. Seus filhos com TDAH podem ter precisado de adaptações, intervenções e apoio para participar e produzir bem em sala de aula e fazer a lição de casa. Com o tempo, eles percebem o que funciona para alcançar seus objetivos. Enxergam os benefícios em qualquer assistência que receberam (dos pais, professores, terapeutas, orientadores ou professores particulares). Você quer que seu filho *não* seja silenciado por vergonha, constrangimento ou desgosto pelo TDAH. Autorrepresentação demonstra Celebração porque une uma compreensão de seus pontos fortes e limitações com o ato de se colocar e se expressar. Jovens com TDAH têm ideias sobre o que faz sentido para eles na escola e precisam de incentivo dos adultos presentes em sua vida para fazer essas solicitações de maneira adequada. Dar esse passo por conta própria expressa a confiança crescente e, ao mesmo tempo, os empodera.

Crianças do jardim de infância ao ensino médio podem falar sobre o que funciona para elas na escola e com a lição de casa. Essa capacidade se torna cada vez mais importante conforme eles crescem, porque os adultos vão se envolvendo cada vez menos nos detalhes de sua vida. Veja o que alguns deles me disseram:

"Quando termino um problema de matemática, sei o que fiz. Quero que minha mãe me diga quantos exercícios tenho que terminar antes do intervalo, não quanto tempo ainda tenho ou quanto vou demorar. Minutos não significam nada."
Desiree, 9 anos

"Gosto de usar um *timer*. Meu pai marca quinze minutos, e quando ele dispara, faço um intervalo de cinco minutos. Posso brincar com as peças de Lego, correr por ali ou fazer um lanche. Quando o *timer* dispara de novo, volto à lição de casa. Meu professor diz que não preciso estudar mais que 45 minutos, então, se não consigo fazer tudo, não tem problema."

Jared, 10 anos

"Percebi que preciso ler e escrever para aprender. Vejo a professora escrever na lousa ou em um livro, e se anoto, ou digito, gravo a informação, o que não acontece se eu ficar só ouvindo. Não aprendo bem ouvindo. Preciso fazer anotações. Se perco uma aula, leio as matérias ou as anotações que foram feitas em sala e escrevo do meu jeito, porque isso me ajuda mais."

Oscar, 14 anos

A autorrepresentação caminha junto com esses exemplos de compreender o que funciona para si próprios e ajuda as crianças com TDAH a se tornarem adultos autossuficientes. Quando nossos filhos são novos, e mesmo quando crescem, somos o principal representante deles, mas não estamos com eles o tempo todo. Embora possa garantir que as estruturas estejam em seus lugares para ajudá-los de forma mais eficiente no processo de aprendizagem (ou em outra coisa qualquer), no fim, as crianças precisam aprender a fazer isso por si mesmas, tendo ou não TDAH. Incentivar o autoconhecimento delas como aluno, a confiança para pedir e a disponibilidade para receber são as maiores ferramentas que você pode desenvolver em seu filho.

AUTORREPRESENTAÇÃO EM AÇÃO: O SUCESSO DE EMILY

Autorrepresentação não significa ser exigente, arrogante ou hostil. É conhecer suas necessidades e pedir com firmeza e respeito. Emily, uma aluna tímida do nono ano, que gostava de agradar todo mundo e detestava chamar atenção, vivia com o TDAH e uma dificuldade de aprendizagem baseada em linguagem. Ela se esforçava muito na escola, mas nem sempre tirava as notas que queria, e a lição de casa vez ou outra a fazia chorar. Ficava desestimulada com facilidade e se sentia constrangida por pedir a ajuda de que precisava na escola. Os pais sempre diziam a ela que viam quanto ela estava se esforçando e reconheciam seu empenho, mas se preocupavam com sua baixa autoestima e com sua postura de evitar falar com os professores. A mãe queria que Emily "descobrisse seu jeito de se colocar. Não posso interferir o tempo todo. Trabalho em tempo integral. Ela precisa aprender isso". Com incentivo dos pais, reuniões com sua orientadora e seis meses de terapia, Emily acabou aprendendo a falar por si mesma:

"Tenho um plano de adaptação muito extenso. Não tenho um programa individualizado, mas deveria ter, provavelmente. Gosto da escola e quero ir bem. Quero jogar lacrosse na faculdade. Normalmente, tiro notas boas, e às vezes algumas mais baixas em matemática. Desde o início, a srta. Jefferson, a nova professora de inglês, deu provas de vocabulário e gramática todas as semanas. Meu plano dizia que eu não precisava fazer provas de gramática, e ela dizia: 'Não, isso é bobagem. Todo mundo tem que fazer, inclusive você'. Eu ia mal, porque não domino gramática e vocabulário. Por isso tenho um plano de adaptação, dã. E aí eu tirava uma nota bem na média...

Reclamei com meus pais, que acharam que seria melhor eu mesma cuidar disso, em vez de eles telefonarem. Então, só me esforcei mais para ir bem naquelas provas idiotas, mas não conseguia, e tinha medo de tirar uma nota baixa em uma matéria de que gostava e na qual queria ir bem. Falei com você sobre isso porque você é minha terapeuta, você me mostrou meu plano de adaptação, e nós falamos sobre os meus direitos e como eu aprendo. Você concordou com meus pais sobre eu conversar com minha orientadora. E foi o que eu fiz, embora estivesse morrendo de medo.

Então houve uma grande reunião na escola e todos, exceto a srta. Jefferson, decidiram que eu não precisava fazer aquelas provas. Fiquei nervosa, mas falei para ela: 'Se uma pessoa usa óculos e enxerga melhor com eles, isso é trapaça? Se uma pessoa tem uma dificuldade de aprendizagem e tem direito a adaptações para poder ficar no mesmo nível dos outros, isso é trapaça? Não!' E ela respondeu: 'Tudo bem, você está certa'. Eu me coloquei, me representei."

Emily lidou com seus medos, seguiu os trâmites apropriados na escola e conseguiu ter suas necessidades atendidas. Mesmo sem compreender as complexidades que explicavam por que a gramática era um assunto desafiador, ela sabia que era difícil e que não devia fazer as provas daquela matéria. Emily aceitou essa parte de seu cérebro e lutou contra o que sabia estar errado, o que foi um ponto de transformação para ela.

Como muitas crianças com TDAH, Emily quer ser bem-sucedida. Ela precisa das ferramentas certas, do ambiente certo e do apoio certo para que isso aconteça. Sabia que as adaptações a direcionariam nesse percurso. O incentivo dos pais e o apoio dos adultos ajudaram a garota a encontrar a determinação necessária para se colocar e se defender. Emily nos mostra como a parte de autorrepresentação da Celebração pode se manifestar na escola: esperta, corajosa e articulada.

PARTE TRÊS
A VIDA DENTRO E FORA DE CASA

10 LIDAR COM SENTIMENTOS INTENSOS

Malik, 12 anos, e os pais dele, Robert e Chantelle, vieram ao meu consultório recentemente.

MALIK: "Sabe o meu professor de música, o sr. Burke? Aquele que é grosseiro? Ele implica comigo. Tive problemas por causa dele e não posso usar computador na escola".

ROBERT: "Não é bem assim".

SS: "Malik, pode começar do início e me contar o que aconteceu?".

MALIK: "Então, eu estava na sala de aula. Não estava nem falando. Estava indo sentar no meu lugar, falei oi para o meu primo e dei um abraço nele, e o sr. Burke disse: 'Dá para calar a boca?'. Por que ele não pode escolher outras palavras? Tipo 'Malik, pode ficar quieto?', ou 'Malik, para de falar'. Mas 'cala a boca'? Não. Ele me desrespeita. Olhei para o meu amigo e pensei que o sr. Burke podia estar falando com ele, porque eu estava de boca fechada. E disse: 'Aí, Thomas, ele falou com você, cara'. E o sr. Burke insistiu: 'Não, Malik, estou falando com você, cala a boca e senta'. E eu perguntei: 'Por que está me mandando calar a boca?'. E ele: 'Porque você está falando'. Ele me deixou furioso. Saí da sala e fui para a diretoria, como devo fazer. Depois fui para a aula de estudos sociais. Estávamos estudando América colonial, e digitei no computador meu texto sobre minha péssima escola colonial e meu péssimo professor de música colonial. Disse alguma coisa tipo: 'O que ele faz comigo é bullying, e se tudo der certo, espero que ele seja enforcado amanhã'. É engraçado, não é?".

ROBERT: "Sua professora de estudos sociais não achou, ela mostrou seu texto para o diretor, e Chantelle e eu fomos chamados para conversar com ele porque Malik tinha ameaçado um professor. Ele levou uma advertência e perdeu o privilégio de usar o computador por dois meses".

MALIK: "É, e agora não faço nada na aula de informática, minha matéria preferida. Sou bom nisso. Ajudo os outros alunos".

CHANTELLE: "Quando contamos, ele teve um ataque. Chutou uma cadeira, xingou e gritou que isso não era justo. Nós o mandamos para o quarto. No caminho, ele parou no quarto de Corinne, puxou as gavetas e jogou as coisas da irmã no chão. Também acho que isso não é justo, mas não há nada que possamos fazer, e por que invadir o quarto dela? Isso é pura maldade".

O QUE ESTÁ ACONTECENDO AQUI?

Malik, um aluno cheio de energia do ensino fundamental, se sente injustiçado por um professor que não gosta dele. Ele segue o plano que criamos com a escola: quando fica muito nervoso e acha que pode perder a cabeça, Malik vai para a sala da diretoria e espera a próxima aula. Então, ele canalizou de maneira criativa em uma redação, o que havia sido interpretado como uma ameaça ao professor, a quem ele não tinha intenção de fazer mal algum. Do ponto de vista de Malik, ele não fez nada errado e foi punido mesmo assim. Isso lhe parece injusto e, convenhamos, acho que todos vamos concordar sobre o professor ter sido inadequado ao usar "cala a boca". Sem nenhuma assistência da administração, Malik e o sr. Burke perdem uma oportunidade de esclarecer as coisas e Malik dar um jeito na situação. Quando os pais informam a decisão da escola, o garoto não consegue mais conter a raiva, explode, e a despeja sobre eles e a irmã mais velha. Mais tarde, ele me disse: "Eu me seguro na escola porque sei que, se não me controlar, vou ter problemas sérios. Vou ser expulso. Mas não vão me expulsar de casa". Mas agora ele tem dois problemas: um na escola e um em casa.

Esse tipo de situação pode acontecer com todas as crianças, mas infelizmente acontecem com muita frequência com as que têm TDAH. A intensidade de seus sentimentos, positivos ou negativos, se sobrepõe à capacidade, ainda em desenvolvimento, de avaliar as consequências de seus comportamentos. Suas funções executivas sobrecarregadas muitas vezes não funcionam de maneira eficiente para responder a essa inundação de emoções. Crianças me contam sobre como se sentem assoberbadas: às vezes por agitação ou paixão (que entendem como sentimentos positivos), mas mais frequentemente por raiva, preocupação e desapontamento (que enxergam como negativos). Às vezes eles se monitoram, mas em outras não conseguem. Alguns reconheceram de imediato como suas grandes emoções afetaram as pessoas à sua volta. Neste capítulo, vamos examinar como lidar com as chamadas emoções negativas quando elas se tornam muito intensas.

EMOÇÕES FAZEM AS COISAS ACONTECEREM

Emoções criam ação: fazem o indivíduo começar coisas e dar continuidade a elas. Quando crianças – quaisquer que sejam, são inundadas por sentimentos, têm dificuldades para acessar aquelas partes delas mesmas que sabem quais são as boas escolhas. As grandes emoções afastam toda informação sensata sobre como lidar de forma apropriada com o que está acontecendo naquele momento. Nos jovens com TDAH, as funções executivas não são suficientemente desenvolvidas para pôr isso em prática com a mesma destreza de outra criança sem o transtorno ou um adulto. É claro, todo mundo é inundado por emoções. Você pode perder a cabeça, dizer ou fazer coisas de que se arrepende, e depois enfrentar culpa e vergonha. Tudo se resume ao que Daniel Goleman chama em seu livro *Inteligência emocional* (Objetiva, 1996) de o "sequestro da amígdala" ou "sequestro emocional".[1]

No capítulo 2, você aprendeu sobre a biologia do cérebro TDAH, e, aqui, na discussão sobre como lidar com as emoções, a importância da neurobiologia retorna. No fundo do meio do cérebro, no interior de seu centro emocional (o sistema límbico), fica a amígdala. Ela dispara a resposta de fuga ou luta. Quando a amígdala sente o perigo – real ou imaginário –, entra em ação e encarrega o cérebro de dizer ao corpo para fugir da situação ou enfrentá-la. É então que você sente uma descarga de adrenalina, aceleração dos batimentos cardíacos e respiração mais rápida. A amígdala trabalha muito depressa. Pode levar em torno de trezentos milissegundos para tomar consciência de uma perturbação, mas reage em até vinte milissegundos: normalmente, isso é chamado de "resposta instintiva".[2] Lembra do córtex pré-frontal – que apelidamos de diretora – do capítulo 2? Quando a amígdala é acionada e assume o controle, a diretora fica off-line e os sentimentos assumem o comando. Conforme amadurece, a diretora ajuda a amígdala a se acalmar usando a linguagem para dar nome às emoções exaltadas e pensar sobre a situação.

Outra parte importante de lidar com os sentimentos reside em nossa memória de trabalho. A memória de trabalho é o portal para a memória de longo prazo. Como discutimos no capítulo 2, a memória de trabalho tem três frentes de atuação: retém uma informação na mente enquanto você faz coisas diferentes (como memorizar um número de telefone pelo tempo necessário até você anotá-lo); invoca alguma coisa do passado e a aplica ao presente ou futuro (como lembrar que a última vez que empurrou alguém você foi mandado para a diretoria); e gravar e seguir etapas em determinada série de instruções (tais como "pendurar meu casaco e deixar a mochila em cima da mesa"). O dr. Thomas Brown chama a memória de trabalho de "ferramenta de busca do cérebro".[3] É utilizada para invocar lembranças que têm impacto emocional e nos ajudar a chegar a decisões ponderadas sobre o que fazer quando desejos e sentimentos estão se atropelando.

A pesquisa relacionou memória de trabalho a controlar e expressar emoções. Um estudo descobriu que pessoas com memória de trabalho forte são menos reativas a acontecimentos e mais capazes de avaliar situações emocionais do que aquelas com memória de trabalho mais fraca.[4] A memória de trabalho também nos ajuda a ter uma visão mais ampla das coisas: a floresta através das árvores. Quando você considera que a memória de trabalho é uma das funções executivas com frequência impactadas pelo TDAH, pode começar a entender como seu filho ou sua filha reage mais depressa a gatilhos e é inundado por grandes sentimentos mais facilmente que seus pares. Para eles, pode ser difícil superar os efeitos de um sequestro emocional e lembrar as coisas que sabem que devem fazer.

O OUTRO LADO DA MOEDA

Tudo que acontece em nossa vida envolve reações emocionais. Quando um motorista fecha nosso carro, ficamos zangados. Quando descobrimos que uma pessoa que amamos está doente, ficamos tristes. Quando temos que nos preparar para uma grande apresentação, ficamos nervosos. As associações entre coisas que acontecem e as emoções que provocam permanecem conosco. Quando sentimentos como raiva, tristeza ou ansiedade borbulham dentro de nós, recebemos sinais internos perturbadores. Ninguém gosta de se sentir assim. No entanto, com exceção de situações traumáticas, estou sugerindo que algo positivo e útil pode ser extraído desses sentimentos desconfortáveis, e é proveitoso considerar o outro lado deles. Isso é semelhante ao que o dr. Edward Hallowell chama de característica espelho: "Característica espelho é simplesmente o lado positivo dos sintomas negativos associados ao DAA [e TDAH]".[5] Por exemplo, ele descreve a facilidade para se distrair como "curiosidade turbinada", criatividade como "impulsividade que deu certo" e energia como uma alternativa para hiperatividade.[6] Não estou de maneira alguma minimizando a seriedade dos sentimentos negativos ou o efeito que produzem na vida cotidiana. Estou apenas modificando a forma como os vemos para promover uma conexão integral maior com seu filho, não só com as partes desafiadoras dele. Vamos dar uma olhada em maneiras alternativas de ver as explosões. A raiva é um forte sentimento de irritação, desprazer ou hostilidade, e se manifesta num espectro que vai desde irritação moderada e frustração até fúria em ebulição.[7] Às vezes, ela mascara medo e vulnerabilidade. Frequentemente, se expressa por meio de gritos, irritabilidade, grosseria, retraimento ou agressão (bater, chutar, morder, bater portas ou arremessar coisas). Por trás dessa descrição de raiva, pode haver alguns aspectos desejáveis: energia, paixão e sensibilidade. A raiva, muitas vezes, é fortalecedora: birras e explosões requerem muita excitabilidade e força. Ou a ansiedade, por exemplo, em geral definida como preocupação excessiva ou medo de um possível acontecimento no futuro. As preocupações podem ser justificadas ou não, mas a reação costuma ser desproporcional ao acontecimento propriamente dito. O outro lado da moeda é que crianças e adultos ansiosos podem ter boa imaginação. Eles pensam no que pode acontecer e tentam se preparar para isso. Embora possa ser mal direcionado quando se trata de desfechos negativos incertos, esse planejamento criativo que leva em conta o futuro utiliza importantes funções executivas.

Muitas crianças com TDAH conversam comigo sobre decepção ou arrependimento, em vez de depressão. Seu desapontamento muitas vezes reflete desânimo ou derrotismo em relação a esperanças, intenções ou desejos frustrados. Não raramente, elas se sentem tristes por coisas que disseram ou fizeram e querem poder ter uma segunda chance. Sentir desapontamento, embora doloroso, indica algo positivo: a existência de objetivos que se esperava alcançar e a motivação para persegui-los. Arrependimento mostra consciência e capacidade de ponderar palavras e atos. Claro que essas emoções não se distinguem em categorias dentro do indivíduo e costumam aparecer entrelaçadas. Isso vale sobretudo para crianças com TDAH, cuja mente transita naturalmente depressa de um pensamento ou emoção para outro.

SOBRECARREGADO POR GRANDES SENTIMENTOS

Não importa se o tema em questão seja raiva, ansiedade ou desapontamento, crianças e adolescentes com TDAH se descrevem sobrecarregados pela intensidade desses sentimentos e contam como lidam com eles:

"Eu sorrio quando fico com raiva. Caso contrário, chuto a parede, bato a porta ou bagunço meu quarto de algum jeito. Como quando minha irmã consegue as coisas e eu não. Ou quando me acusam de alguma coisa."
Deng, 10 anos

"Não tenho tido muito sucesso na escola e na vida, e espero ter... mas fico sobrecarregado demais. Eu me preocupo o tempo todo com coisas que esqueço. É um estado constante de mal conseguir dar conta."
Henry, 16 anos

"Mesmo quando vou dormir, penso nas coisas que poderia fazer. Eu me preocupo com a possibilidade de errar; isso não funciona. Fico perdida nos meus pensamentos, o que não é divertido... não gosto de ficar sozinha. Quando não tem ninguém, fica tudo muito quieto. Ficar quieta é irritante e assustador."
Carly, 12 anos

Ninguém pode impedir que as grandes emoções venham à tona, mas você pode ajudar crianças com TDAH a deixarem de se criticar pela maneira como lidam com elas ou não. Seu filho pode perder a calma e agredir, como Deng, ou sua filha pode se preocupar e adotar uma postura mais catastrófica, como Henry. Eles podem ou não verbalizar arrependimento por como agiram naqueles momentos, mas, por dentro, a conversa sempre é outra, que costuma desanimá-los. Essas respostas tornam tudo mais complicado. Agora eles têm dois conjuntos de sentimentos intensos para administrar. Brianna, 17 anos, explicou: "Eu não apareço para algum compromisso ou marco duas coisas no mesmo horário, e fico furiosa com minha amiga quando ela liga para me cobrar... Depois me sinto péssima". Ethan, 17 anos, fala sobre seu "pensamento maluco": "Falo de um jeito positivo, mas o que vem primeiro à minha cabeça são as coisas negativas. Pode não me incomodar, mas acontece. Não sei por quê. Não sou uma pessoa negativa. Só penso dessa forma". Quando sugeri que ele poderia mudar as palavras "pensamentos malucos" para "pensamentos acelerados", o que descreveria com mais precisão a pressão e o nervosismo que ele sentia em relação ao emprego novo, ele sorriu: "Nunca pensei nisso desse jeito. Sim, é o que acontece. Meus pensamentos correm como doidos, mas eu não sou doido". No fim, é mais útil e menos prejudicial para a percepção que os jovens têm de si próprios se conseguem separar *sentimentos* – raiva, ansiedade ou desapontamento – da *autocrítica* excessiva.

AS ARMADILHAS DO PENSAMENTO NEGATIVO

Eliminar o pensamento negativo é uma proposta irreal para qualquer pessoa, mas, considerando a elevada frequência com que crianças com TDAH ouvem críticas, reduzi-lo é crucial para promover autoestima e resiliência. Os pais de Malik sabiam que ele se sentiu mal sobre o episódio do quarto da irmã assim que viu quanto ela ficou aborrecida. Todos concordaram que ele tinha que arrumar a bagunça, e, enquanto ele trabalhava, os outros o ouviram resmungar: "Eu sou uma porcaria. Sou um péssimo irmão. Não faço nada direito". Isso os incomodou muito, porque sabiam que ele faz muitas coisas boas. Para ajudar crianças como Malik a mudar o relacionamento com sua voz negativa, mostre que há uma diferença entre os acontecimentos da vida e as histórias que elas contam a si mesmas. Essas interpretações influenciam diretamente na forma como alguém apreende o sentido do que quer que tenha acontecido. Seu filho pode interpretar as coisas com mais dureza do que o necessário. Brianna fica brava com a amiga, depois se sente péssima por isso. Ethan se sente terrível por ter ansiedade. Muitas vezes, essas crianças se rotulam como "defeituosas" por causa do que fazem.

Crianças com TDAH precisam da ajuda de adultos atenciosos para parar de se deixar levar pelo tráfego do pensamento negativo. Elas têm que pôr a negatividade para fora e tratá-la como um ente distinto para reduzir o "sentir-se mal". É quase como se precisassem de um guarda de trânsito dentro da cabeça para protegê-los dizendo: "Esta rua agora está cheia de carros críticos velozes que fazem você se odiar. Não atravesse, ou vai ser atropelado por essa negatividade. Fique na calçada até a rua estar livre".[8] Quando jovens com TDAH criam esse personagem, aprendem a reduzir a velocidade dos ataques contra si mesmos ou até impedi-los, e a lidar diretamente com seus sentimentos.

É normal ter alguns ciclos de feedback negativo em nossa cabeça, mas você precisa impedir que eles assumam o comando. É muito comum que crianças com TDAH extrapolem a compreensão do que é "errado" em suas atitudes e passem a se ver como "deficientes". Quando pergunta o que a voz negativa diz a elas e depois pensam juntos em maneiras de responder (como o guarda de trânsito), você ajuda seu filho a desenvolver estratégias para não acreditar em tudo que a voz diz. Parte da culpa e do remorso de Malik eram apropriados, considerando o estrago que ele fez no quarto da irmã. Mas o pensamento negativo acrescentou uma mensagem sobre sua falta de valor como pessoa e seu fracasso como irmão. Malik precisava ouvir do guarda de trânsito em sua cabeça:

Externalizar os pensamentos negativos exige *muita* prática e apoio consistente de sua parte. No início pode parecer estranho, mas aprender a controlar o volume da voz negativa é uma habilidade vital que sustenta resiliência e autoestima, ambas cruciais. Você pode ajudar seu filho a criar histórias pessoais positivas.

Pergunto diretamente às crianças o que elas dizem a si mesmas quando cometem um erro ou fazem alguma coisa de que se arrependem. Algumas falam sobre julgamento e vergonha; outras mencionam resiliência e aceitação. E há aquelas intrépidas que enfrentam com habilidade as vozes negativas dentro da cabeça:

"Quando tiro uma nota ruim, me sinto mal. Não quero que ninguém veja a nota. Guardo imediatamente. Eu digo: 'Sou péssimo' e 'Não gosto de mim'. É muito duro. No dia seguinte, eu me arrependo."
Deng, 10 anos

"Parece que, por mais que eu me esforce, tenho essa visão pessimista de tudo, o que me faz ficar preocupado. Queria muito que não fosse assim. Se não me saio bem em alguma coisa, fico brava comigo e digo: 'Devia ter feito melhor'. Também fico me punindo no futebol. Odeio perder, sério, porque é tipo 'Ai, cara, o que eu fiz para isso acontecer?'."

Willow, 17 anos

"Tento olhar para o motivo do meu erro, e se descubro por que errei, provavelmente faço tudo de novo. Se a classe toda sabe como fazer alguma coisa e eu não, fico quieto. Porque me sinto o burro. Não quero perguntar, porque aí vai parecer que sou idiota. Fico com um pouco de vergonha. Eu digo: 'Uau, sou muito relaxado'. Mas tento continuar animado e não deixar isso me atingir. No fim, tudo acontece por algum motivo."

Tyrone, 14 anos

"Sempre quis fazer tudo de forma perfeita. Não gostava quando as pessoas apontavam alguma coisa, porque não queria errar. Quando cometia um erro, era tipo, cara, fiz alguma coisa errada. Antes, a sensação era de vontade de socar a parede. Bater em alguma coisa. No primeiro ano, comecei a amadurecer mais. Quando a gente comete erros, tem que aprender com eles. Não dá para deixar isso acabar com você sempre."

Ivan, 17 anos

Embora o pensamento negativo tenha afetado cada um desses jovens de formas diferentes, fico impressionada com a força e a fibra que eles têm para se recuperar. Erros são oportunidades para consertar, como descreve Ivan. Você pode ajudar seu filho a aprender a agir assim. Quando usa a Compaixão para praticar a empatia com eles, a Colaboração para falar sobre o que aconteceu e pensarem juntos em estratégias, a Consistência para propor uma história mais positiva e a Celebração para reconhecer seus esforços, você conseguiu ensinar a eles como identificar o barulho do tráfego de vozes negativas e a pessoa que realmente são. Isso é o que constrói a resiliência de que eles precisam na vida.

PARE, PENSE, AJA

Quando seu filho ou sua filha se sente dominado por sentimentos intensos, o primeiro passo para recuperar o equilíbrio é devolver o comando à diretora ativando as habilidades de pensamento e memória de trabalho. Ensinar as crianças a **Parar,**

Pensar e Agir conscientemente ajuda muito. Quando as pessoas experimentam sensações intensas, a maioria tende a agir primeiro, parar em segundo lugar e pensar por último. Em vez disso, você deve inverter essa ordem: primeiro, pare e respire; depois, reflita sobre o que está acontecendo e suas opções; por último, aja. O objetivo é instruir seus filhos a lidar com as grandes emoções acionando o cérebro pensante. Algumas crianças já me disseram que repetem isso várias vezes mentalmente quando as coisas esquentam para se lembrarem de seguir essa ordem. Só de repetir as palavras **Pare, Pense e Aja**, seu filho vai acionar, por meio da fala, o processo de pensamento e ativar a diretora. Você pode praticar isso também.

> ENSINAR AS CRIANÇAS A **PARAR, PENSAR E AGIR** CONSCIENTEMENTE AJUDA MUITO.

Darryl, 10 anos, e o pai dele, Sam, descrevem uma situação no fim de semana que exigiu o **Pare, Pense e Aja**. Logo no começo de uma viagem de três horas de carro para visitar os avós, Darryl começou a se comportar de forma inesperada:

> SAM: "Ele grita com as irmãs e canta alto. Está me atrapalhando ao volante. Eu digo: 'Você precisa parar com isso', mas ele continua, e as coisas pioram. Ele não para até eu virar e o agarrar ou jogar o que encontrar à mão para chamar sua atenção".
>
> DARRYL: "Isso nunca funciona. Só me deixa com mais raiva. Eu não queria parar. Estava divertido, e minhas irmãs gostaram. Mas fui longe demais".
>
> SAM: "É perigoso dirigir nessas circunstâncias. Não consigo me concentrar. Não consigo fazer o Parar, Pensar e Agir, além de manter a calma e o comando da situação. Não quero provocar um acidente".

Em situações como essa, parar e refletir parece impossível, mas o esforço consciente de **Parar, Pensar e Agir** é exatamente o que o pai de Darryl, Sam, precisa fazer. Não é fácil para ninguém apertar o botão de pausa, uma vez que o comportamento é desencadeado, e então analisar suas opções. Gritar com Darryl, agarrá-lo ou jogar alguma coisa nele não foram soluções eficientes, e Sam tampouco se sentia bem em relação a elas. Ficou claro que a melhor opção era parar o carro ou sair da estrada o quanto antes. Assim, pai e filho podem descer, respirar fundo algumas vezes e interromper a escalada da situação. Darryl gostou dessa ideia e achou que podia ajudá-lo a se acalmar. Ele acrescentou: "Isso é bom. Pode me dar um abraço? Um abraço ajudaria". Sam suspirou. "Não sei se consigo. Estou muito nervoso." Ele olhou para o filho. "Acho que um abraço vai trazê-lo de volta, literalmente. Vou tentar." Sam sabe que ele tem um problema no carro, mas naquele momento de sequestro emocional, está assoberbado demais para agir com Darryl de maneira eficiente. Ele precisa **Parar, Pensar e Agir** para canalizar o autoControle da melhor maneira possível e então ajudar o filho a fazer o mesmo.

Para uma criança com TDAH, cujo cérebro é programado de maneira diferente e cujas funções executivas não são completamente desenvolvidas, é um grande desafio usar o método **Pare, Pense e Aja**. Para um adolescente, cujas mudanças hormonais e fisiológicas na mente e no corpo os tornam emocionalmente voláteis e ainda mais reativos, parar no meio de uma explosão é uma façanha ainda maior. Mas não é impossível para nenhum dos dois. Da mesma forma que você ensina seus filhos a dizer "por favor" e "obrigado", eles podem aprender a repetir essas palavras a si mesmos. Quando Malik saiu da sala de aula de música e foi para a diretoria, estava exibindo um comportamento que tinha aprendido: parar, perceber que estava bravo e ir a algum lugar para se acalmar. Ele me disse que não queria ter problemas, o que aconteceria se continuasse na sala, e sabia que tinha que sair. Aprender a agir dessa maneira lhe exigiu muita prática e o apoio dos adultos que faziam parte da vida dele.

O MÉTODO PARE, PENSE E AJA

PARE:	PENSE:	AJA:
Diminua o ritmo das coisas! Respire ou saia da situação até se acalmar	Perceba o que está acontecendo, faça perguntas e ouça	Pense nos próximos passos e teste-os

Como ajudar crianças com TDAH a _Parar, Pensar e Agir_ nos momentos mais necessários? Use os Cinco C's. Primeiro vem o autoControle, autodisciplina e _mindfulness_. Quando ocorre um sequestro emocional, você precisa de consciência suficiente para não se deixar levar em uma derrapagem, de forma que consiga recuperar o controle do volante e o domínio do carro. Essa consciência é fruto de perceber o que está acontecendo dentro de seu corpo quando você é provocado, e também o que está acontecendo ao seu redor. Talvez o coração comece a bater mais depressa e você se sinta acelerado. Talvez comece a falar mais alto e mais rápido. Talvez as pessoas à sua volta pareçam perturbadas ou alteradas. Há indícios de que as emoções estão se intensificando, e um **Pare** pode ser necessário. Quando estávamos concluindo seus oito meses de terapia, Sonya, 17 anos, contou como aprendeu a fazer isso:

> Eu digo: "Sabe de uma coisa, isso está ficando meio maluco", e depois peço licença, ou digo "Preciso de um minuto", e penso sobre o que estou fazendo. Eu preciso me concentrar mais e deixar meu cérebro esfriar por um minuto.

Sonya entendeu como usar a autoconsciência para deixar o "cérebro esfriar". Você também pode ensinar isso ao seu filho. Primeiro, pare um minuto e pense em você mesmo. Como costuma agir quando tem sentimentos fortes? Agora, reflita sobre o que acontece com seu filho ou sua filha durante uma enxurrada emocional. É importante reservar um tempo para conversar com ele sobre isso quando as coisas acalmarem e o cérebro pensante da criança estiver disponível para aprender, não no meio de uma crise. Identificar gatilhos é o primeiro passo para aprender como responder a eles. O que eles notam que os perturba? O que eles fazem que o incomoda? Essas são perguntas importantes para fazer e responder juntos a fim de reduzir o conflito e construir boas habilidades de enfrentamento. Pare um minuto para explicar a biologia básica de um sequestro emocional quando as pessoas ficam perturbadas. Explique como a parte sentimental do cérebro fica inchada pelas emoções intensas e assume o cérebro pensante, dificultando a recuperação da calma.

Parar, Pensar e Agir é sua arma para trazer o cérebro pensante de volta ao comando, e isso exige muita prática. Tranquilize seu filho ou sua filha, explicando que, em alguns dias, as pessoas se controlam; outras vezes, os sentimentos podem ser poderosos demais, ou elas não se importam e deixam acontecer. Isso ajuda a normalizar as experiências deles. Você pode fazer os "exercícios estúpidos de respiração da dra. Sharon" (como Malik os chama) do capítulo 1: use a respiração alternada, peitoral ou de flor/vela. Para alguns, dar um tempo ao ar livre ou sair do local ajuda a reduzir a agitação. Talvez criar um espaço de calma especial com brinquedos, livros ou música de que seu filho mais goste o ajude a controlar o fogo interior. Para outros, como Darryl, um simples abraço já é suficiente. Juntos, escolham maneiras de desacelerar as coisas e depois anotá-las. Deixe essa lista na cozinha, onde todo mundo possa vê-la quando for necessário. Direcione repetidamente a atenção e a linguagem corporal de seu filho para longe da onda interna de emoção e para aquelas ideias ou outros estímulos que estão acontecendo em volta dele. A descarga de adrenalina vai se esgotar, abrindo terreno para uma resposta de relaxamento.

Depois que a tempestade se afastar, você o ajuda a estabelecer as conexões entre emoções e comportamento apenas elencando e apontando – **Pensar**. Este não é o momento para criar estratégias sobre padrões emocionais e comportamentais; isso será feito mais tarde, quando as coisas forem reequilibradas e houver tempo depois do episódio. É a hora de usar curiosidade no lugar de qualquer tipo de julgamento. Em vez de "Essa sua reação é exagerada", ou "Pare de me enlouquecer", você faz perguntas isentas de acusação, como "O que aconteceu para ficar tão bravo?", ou "Como as coisas ficaram tão intensas?". Você faz afirmações racionais e neutras sobre o que está perturbando seu filho. "É como quando o Tommy ganhou o jogo de basquete, você também ficou nervoso", ou "Percebi que quando fica tarde demais para terminar a lição de casa, você fica com medo da escola no dia seguinte". Você é como o Sherlock Holmes: investiga o que está acontecendo no mistério do sequestro emocional e reúne os fatos sobre o que o desencadeou. A curiosidade não só incentiva o pensamento da criança, como também alimenta sua Compaixão. Quando compartilha suas observações, você oferece sua empatia ao mesmo tempo. Essas táticas o ajudarão mais tarde, na hora de criar estratégias para lidar com essa situação – **Agir**. É aqui que vocês fazem um brainstorm e usam técnicas de solução de problemas, trabalhando como uma equipe, mas sabendo que você, como adulto responsável, tem a palavra final.

Com a prática e o amadurecimento da diretora, seu filho vai aprender a fazer isso sozinho. Explosões, mesmo que desagradáveis, costumam ser as melhores ocasiões para desenvolver essas habilidades. Quando as coisas ficarem mais claras, vocês dois podem decidir os próximos passos, talvez recorrendo aos acordos colaborativos anteriores ou a experiências semelhantes. Quando você liga o presente ao passado, não só impulsiona a memória de trabalho, como também demonstra Consistência. Assim que conseguirem ter uma conversa calma, você saberá que o cérebro pensante recuperou o controle. Juntos, decidam o que fazer em seguida. Reconheça o empenho dele para se acalmar e (em algum momento) falar com você. Isso dá a seu filho o reforço positivo que colabora para a permanência de novos padrões, como o **Parar, Pensar e Agir**.

EXPLODIR: ENERGIA, PAIXÃO E SENSIBILIDADE DISFARÇADAS DE RAIVA

Cada criança ou adolescente que fala comigo aborda a raiva. Não importa se contam o que os deixa "doidos", por que discutem, o que os deixa frustrados ou como perdem a cabeça, todos têm uma história ou um comentário sobre o assunto. Geralmente, elas veem a raiva como uma parte delas mesmas de que não gostam muito, sobretudo porque não conseguem controlar e se arrependem mais tarde do que fazem por causa dela. Muitos também trazem seus pontos de vista sobre o que os faz perder a cabeça.

"Não gosto de autoridade. Autoridade gosta de diminuir as pessoas. Tem certos professores que se comportam como se tivessem o poder supremo sobre você. Isso faz você se sentir menos do que é. Tipo, o sr. Tully normalmente é grosseiro com os alunos e os desrespeita. Eu não aguento... É, eu respondo."
Marlon, 15 anos

"Gosto de contar minha história, mas, às vezes, meus pais me interrompem e me mandam parar porque eu falo demais. Isso me deixa furiosa. Bato a porta ou brigo com a minha mãe... Não quero mais ter TDAH. Estou sempre ficando muito brava."
Layla, 9 anos

"No fundamental, no quarto ano, eu tinha um temperamento pior. Se um professor falasse alguma coisa para mim, eu ficava furioso. Eu dizia: 'Me deixa em paz, sai de perto de mim', e ia bater em alguma coisa, ou empurrava a cadeira para longe. Tentava ridicularizar os professores e fazê-los parecer idiotas. E eles reagiam: 'Ah, não quero ter que lidar com você, então sai da sala'. Isso me deixava maluco."
Pablo, 15 anos

"Na semana passada, minha mãe me disse que o jogo de basquete tinha sido cancelado porque o treinador do outro time ficou doente, e eu ia perder a partida na nova data. Fiquei furioso. Fui para o meu quarto, bati a porta e fiquei deitado de bruços na cama por um tempo. Aí meu irmão foi me chamar para fazer arremessos no quintal. Nós jogamos, e minha raiva passou."
Sanjay, 10 anos

Desrespeito, controle, tratamento injusto, coisas que não dão certo: tudo isso pode levar a manifestações agressivas de raiva, com explosões e ataques de birra. É nesses momentos que se deve recorrer ao **Parar, Pensar e Agir**.

Crianças com TDAH são propensas a ter um forte senso de justiça, sensibilidade e, claro, energia. Quando sentem que foram maltratadas, diminuídas ou ignoradas, podem ficar muito bravas. Muitas vezes, quando suas expectativas sobre o que deve acontecer não coincidem com o que realmente ocorre, elas lutam para se adaptar e podem explodir. Também podem não ter as habilidades para expressar seus sentimentos de forma adequada e explicar o que está acontecendo com elas. Crianças sem TDAH também enfrentam esse problema. Acontece que, naquelas que têm o transtorno, o interruptor é acionado mais rápido e a enxurrada vem mais cedo. Chantelle descreveu esse incidente durante uma de nossas sessões com os pais:

Em um domingo de manhã, decidi fazer um belo café da manhã em família. Ovos, bacon, panquecas, torradas, enfim, o cardápio completo. Quando todo mundo sentou à mesa e começou a comer, Malik encontrou um fio de cabelo em seus ovos. Um cabelo meu. Nada muito grave, certo? Acontece. É só tirar e seguir em frente. Bom, ele teve um ataque. Gritou como um louco sobre estar com nojo. Falei para ele se acalmar, e que eu tiraria o cabelo, mas Malik pegou os ovos e jogou em cima da mesa. Não conseguiu pensar em nenhuma outra solução. Robert gritou para ele sentar, o que só o deixou ainda mais bravo. A irmã dele tentava não chorar. Foi uma confusão. Limpei os ovos e pedi desculpas de novo. Malik saiu furioso e comemos sem ele. Mais tarde, quando voltou, ele estava arrependido e com fome, e eu fiz um waffle congelado, como ele pediu. Eu não queria outra explosão.

É difícil para qualquer pai saber o que fazer em uma situação acalorada como essa. A Colaboração com as regras da casa, criadas para promover uma atmosfera de segurança e respeito, é tão importante quanto não levar o ataque de seu filho para o lado pessoal. Chantelle não pôde evitar que um fio de cabelo caísse acidentalmente nos ovos, e Malik não pôde evitar o nojo. Mas sua reação, típica de muitas crianças com TDAH, foi desproporcional à situação. Ele não conseguiu parar, mesmo quando Robert pediu. Embora Chantelle tentasse resolver o problema tirando o cabelo, nada parecia funcionar.

Mais tarde, depois de pensar nisso, Chantelle percebeu que poderia ter lembrado a todos sobre o **Pare, Pense e Aja**. "Talvez eu devesse ter convocado um 'Momento dra. Sharon', como fazemos às vezes. 'Ei, é hora do **Pare, Pense e Aja**'. Geralmente rimos disso, mas fazemos de qualquer maneira." Concordamos que uma pausa familiar teria acalmado as coisas, permitido que todos refletissem em voz alta sobre a situação e chegassem a uma solução comum. Era claro que o cabelo nos ovos despertou a reação de Malik, mas sua intensidade aumentou quando ninguém na mesa aceitou sua repulsa ou como aquilo poderia estragar seu café da manhã. Em vez disso, Chantelle e Robert tentaram o que muitos pais fazem – resolver o problema. Chantelle refletiu: "Eu poderia ter dito algo como 'Achar um fio de cabelo na comida é nojento. O que devemos fazer?' Ele teria ficado chateado, mas não furioso". Robert reconheceu que gritar com Malik só deixou o garoto mais irritado e não tratou a frustração do filho. Concordamos que jogar os ovos na mesa era inaceitável e que o ideal teria sido ele limpar a sujeira, ou então ajudar a mãe. Essa teria sido uma consequência razoável. Sugeri que Malik ajudasse a preparar o café da manhã do próximo domingo como uma forma de reparação. Ele poderia contribuir e, com sorte, garantir que nenhum cabelo caia em sua comida. Além disso, poderia participar de algo que ama: cozinhar. Eles aceitaram a ideia, e o garoto ficou animado para fazer panquecas com morangos. Na semana seguinte, a família contou que fizeram uma refeição agradável.

Acredite ou não, as explosões são oportunidades de orientar as crianças com TDAH sobre alternativas para lidar com sentimentos fortes. Quando as coisas saem do controle, muitos pais tendem a punir os filhos por seu comportamento inadequado, privando-os de coisas ou mandando-os para o quarto. Pesquisas mostram que essas punições não funcionam, porque não tratam de emoções ou pensamentos. Elas deixam as crianças se sentindo mal ou injustiçadas; elas não ensinam empatia, como fazer reparações ou quais seriam as escolhas apropriadas. Isso também vale para punições por tempo. Os castigos não funcionam quando os pais os usam para controlar uma criança, em vez de ensinar o autoControle.[9] Esses "Senta na escada quieto por dez minutos", ou "Vá para o seu quarto por uma hora" são intervenções baseadas em vergonha e, embora sejam melhores do que bater nas crianças, não as ajudam a aprimorar o autoControle e fazer escolhas melhores. Certamente, as consequências lógicas relacionadas a comportamentos problemáticos ou decisões erradas são ferramentas úteis de educação. Se sua filha ficar com raiva, bater a porta e ela rachar, faz sentido que ela vá com você comprar uma nova e ajude a pagar também. Isso a ensina que há causa e efeito em suas ações, uma lição de que ela vai se lembrar toda vez que fechar essa porta nova.

Como você pode ajudar seu filho ou sua filha com TDAH a aceitar seus sentimentos, frear comportamentos impróprios e lidar com as emoções com mais habilidade? Além do Pare, Pense e Aja, peça um intervalo com um tempo específico para só então retomarem a conversa ("Vamos dar um tempo para acalmar, e nos encontramos na cozinha em trinta minutos"). Isso indica que você considera a separação uma necessidade, não uma forma de punição. Em vez disso, quando vocês se encontrarem novamente, comece a ouvir, cuidar e ensinar. Quando você se coloca de forma muito específica e clara sobre os comportamentos que precisa ver, seu filho absorve lições sobre o que deve ou não fazer. O que é óbvio para você pode não ser para ele. Use exemplos curtos e fragmente as informações. Em vez de dizer: "Você tem uma postura ruim em relação a fazer as tarefas e, se eu não grito, você não as faz. Estou cansada disso", pode tentar: "Quero que você entenda que todos nós temos que contribuir para a harmonia desta família. Sei que é difícil lembrar das tarefas, então vamos pensar em um sistema diferente, sem gritos, que seja melhor para nós dois". É um jeito mais preciso de se comunicar. Da mesma maneira, incentivos são muito mais produtivos que o método da privação. Estudos apontaram que incentivos baseados em tempo com os pais são as maneiras mais eficientes para motivar crianças com TDAH.[10]

PREOCUPADO E VIGILANTE: CRIATIVIDADE E PLANEJAMENTO DISFARÇADOS DE ANSIEDADE

Enquanto a raiva demonstra uma reação exagerada, enérgica e passional a um evento passado ou presente, a ansiedade reflete um medo intenso, excessivo em relação a alguma coisa no futuro. Crianças ansiosas querem certeza e conforto: elas gostam de saber o que está acontecendo, o que virá depois e como se sentirem seguras. Em geral, todas as crianças e adolescentes experimentam ansiedade. Nesses momentos, eles costumam se afastar da origem de suas preocupações (e do incômodo que sentem) e recorrem aos pais ou amigos em busca de reafirmação até se sentirem mais confiantes. Normalmente, essas preocupações desaparecem quando uma criança dominou as tarefas associadas à nova situação. Para crianças com TDAH, cujas dificuldades nas funções executivas podem atrapalhar o domínio e a confiança, essa ansiedade pode perdurar por mais tempo. Além disso, o constante fluxo de correções dirigido a eles pode aumentar sua insegurança a respeito de conseguirem administrar o que aparece.

Nossa função como pais é ensinar a eles como tolerar e contornar a incerteza, além de avaliar de forma realista e por conta própria a segurança de determinada situação. Embora seja tentador oferecer a reafirmação de que precisam, essa não é uma solução duradoura, porque ensina as crianças a recorrer a terceiros para resolver as coisas. Na verdade, o conteúdo de uma preocupação importa menos que o padrão de quando e onde ela ocorre, e a forma de lidar com ela.[11] A maioria das pessoas quer evitar ansiedade e sua causa e tenta ignorá-la. Afastar--se da preocupação só a fortalece. Em vez disso, quando você se move *em direção* ao que o está preocupando, enfraquece o medo (irracional) e impede que seja controlado por ele. Provavelmente, você chegou aonde está hoje tolerando desconforto e superando o medo em vários momentos. O objetivo é que sua criança ou seu adolescente faça o mesmo.

Como manter seu apoio sem recorrer à reafirmação? Lançando mão da Compaixão e ensinando seu filho a atacar a preocupação, como fez com o pensamento negativo. De fato, boa parte da ansiedade *é* pensamento negativo fantasiado de apreensão. Crianças ansiosas com TDAH, e portanto seus grandes sentimentos, querem muito ouvir essas reafirmações. É claro que seu filho de 6 anos precisa de conforto depois de cair da bicicleta. Já a de 12 precisa de ajuda para lidar com o nervosismo do início do fundamental II. O processo de aprendizagem acontece nos aspectos desenvolvimental e incremental quando os lembramos de como tiveram sucesso no passado, apesar da preocupação. A ansiedade tem o dom de apagar memórias de coragem e triunfo. Você pode tentar uma dessas possibilidades:

"Certamente é assustador cair da bicicleta, e entendo por que você não quer subir nela de novo. Lembra de quando fomos ao parque na semana passada e você passou por cima da lombada e não caiu? Como fez aquilo? O que disse a você mesmo? Vamos tentar isso de novo agora."

Ou:

"É realmente muito chato não conhecer muita gente na escola nova e estar preocupada em fazer amigos. Isso é bem normal. Estou tentando lembrar como você conheceu sua amiga Sophie no acampamento de verão. Às vezes, a preocupação pode bloquear a memória de como fizemos coisas difíceis antes, e temos que lembrar disso."

Quando você consegue filtrar a preocupação de si próprio, ouvir o que ela diz e entender como ela tenta protegê-lo, e só então minimizá-la, você desacelera os alarmes de pânico do sequestro emocional e fortalece o cérebro pensante.

Mais tarde, no mesmo dia ou no dia seguinte, sente-se com seu filho ou sua filha e reveja o que aconteceu. Identifique o ciclo de ansiedade, considere respostas alternativas e trace um plano de ação para o caso de um outro evento semelhante acontecer. Provavelmente, você terá de funcionar como a memória disso, pelo menos até seu filho construir as habilidades para lembrar sozinho. Assim como no caso da raiva, o primeiro passo é o seu autoControle: você administra a preocupação natural quando seu filho fica ansioso, de modo a conseguir pensar com tranquilidade sobre o que está acontecendo. Isso pode ser muito difícil, porque nenhum pai quer ver o filho agitado e em pânico. Semelhantes às explosões de raiva, ataques de ansiedade proporcionam oportunidades para ajudar seu pequeno a praticar suas habilidades de enfrentamento, ainda em desenvolvimento.

Preocupação pode ser produtiva ou tóxica. O primeiro tipo é a preocupação com fazer coisas: lição de casa, entregar trabalhos no prazo ou lembrar de carregar o celular. Essas características favorecem o lado útil da ansiedade, que gosta de planejamento. Já a versão tóxica é a preocupação com coisas que você não pode controlar: tempestades, se as pessoas vão gostar de você, se o avião vai cair. A primeira pode ser motivadora; a segunda, debilitante. Da mesma maneira que a raiva, precisamos engajar o cérebro pensante quando a preocupação assume o comando. Tentar fazer um exercício de pior situação possível pode colocá-lo de volta nos trilhos: "Digamos que você entra no ônibus da escola e não conhece ninguém. E daí? E o que acontece depois disso? E depois?". Quando você segue a preocupação até seu fim irracional, a lógica (e frequentemente o humor) entra em cena, trazendo de volta a diretora e a calma.

Nas minhas conversas com meninos e meninas com TDAH, eles se preocupam com as questões mais variadas possíveis, tais como confrontos sociais com amigos, novas situações, insônia ou lembrar de coisas e fazê-las.

"Desde que eu era pequena, tive um medo irracional de que coisas ruins acontecessem, ou de que as coisas não dessem certo. Só ideias muito pessimistas de tudo, e acho que isso me deixava nervosa em relação à realidade. Qualquer mudança na minha vida também me deixava nervosa, a ponto de eu ficar fisicamente doente, ou simplesmente desligava. Novas escolas, um time novo."
Ellis, 17 anos

"Minhas preocupações começam como um beliscão no estômago e depois se tornam um turbilhão na minha cabeça. Às vezes, quando estou nervosa, como acontece na escola, mastigo a camiseta se não sei a resposta. Às vezes eles dizem: 'Você não vai conseguir dormir. E se não conseguir dormir?'. E isso não me deixa dormir... É difícil fazer meu cérebro parar. Ele fica, nhé, nhé, nhé. Acho que é possível transformar uma preocupação inimiga em amiga, ou dizer para ela se afastar, mas isso nem sempre acontece na prática."
Maisie, 10 anos

"Minha mãe pode se preocupar com coisas sobre as quais não tem controle, como o clima, mas eu me preocupo com coisas que tenho que fazer, e com a possibilidade de esquecer delas. Fico totalmente em pânico, porque tem alguma coisa que sinto que devia estar fazendo, mas não lembro o que é. A esperança é que pensar nela e mantê-la na minha cabeça sirva para que eu consiga fazê-la. Caso contrário, se não está na minha cabeça, não existe."
Dustin, 16 anos

Embora algumas dessas crianças reconheçam o caráter irracional de seus medos e de não conseguir interrompê-los, muitas outras falam sobre seus esforços para serem perfeitas e o desconforto que isso causa. O perfeccionismo é uma tentativa de limitar erros e reduzir uma eventual vergonha no futuro. Muitas crianças com TDAH enfrentam essa luta como uma maneira de impedir críticas de terceiros e até delas mesmas. Às vezes, isso pode ser debilitante: as crianças não conseguem começar ou terminar coisas. Outras vezes, o perfeccionismo os motiva a agir e criar ordem.

"Às vezes tenho um ataque se as coisas não estão certas. Quero fazer tudo certo. Como com meu trompete. Quero tocar bem, muito bem, mas é difícil.

Gosto de tocar rock, mas essas músicas são as mais difíceis. Eu tento, desisto, tento de novo, fico mais irritada, depois desisto."

Cara, 10 anos

"Quando vou me preparar para dormir durante a semana, tenho que fazer tudo em determinada ordem, ou sinto que minha noite inteira foi para o saco. Preciso fazer meu trabalho, pôr minha bandana na cabeça, depois fazer as tarefas, e então ir para a cama. Se ponho a bandana primeiro, estrago tudo. Então, vou passar muito tempo jogando no celular, ou não vou dormir na hora. É assim que me mantenho focado."

Marlon, 15 anos

A rotina de Marlon pode parecer excessivamente rígida, mas ele me disse que ela o ajuda a se sentir menos sobrecarregado e distraído durante a semana frenética de aula. Ele administra sua ansiedade em relação a todas as coisas que tem que fazer criando uma ordem para elas, de modo que consiga lembrar de tudo. O que se espera é que, quando construir confiança e fortalecer suas habilidades de memória, ele possa introduzir mais flexibilidade em suas noites.

Vamos olhar especificamente para como os Cinco C's da parentalidade TDAH podem ajudá-lo a tratar com eficiência a ansiedade de seu filho ou sua filha.

→ autoControle: quando as crianças são ansiosas, muitas vezes não respiram. Interrompa o pensamento ansioso com técnicas de respiração. Isso desacelera o sequestro emocional. Algumas crianças também gostam de desenhar ou ouvir música. Mantenha a calma e evite fazer reafirmações vazias ou desprezar preocupações julgando-as como irracionais.

→ Compaixão: pense sobre a situação ou o medo do ponto de vista da criança. Se você não entende o que é, peça esclarecimentos. Mantenha seu apoio mesmo diante dos comportamentos irritantes ou frustrantes de seu filho: eles são demonstrações concretas de suas habilidades limitadas e das tentativas ineficazes de criar segurança.

→ Colaboração: trabalhem juntos para encontrar soluções que reduzam o poder que a preocupação exerce sobre seu filho. Pensem em coisas que ele possa dizer quando a ansiedade aparecer. Fale sobre jeitos lógicos para lidar com coisas assustadoras em vez de evitá-las. Redirecione a imaginação criativa da criança para desenhar, escrever histórias ou usar o humor como estratégia para abordar as preocupações de maneira diferente. Se achar pertinente, crie um programa de incentivo.

→ Consistência: incentive rotinas regulares de sono, alimentação e exercícios. Isso oferece a seu filho previsibilidade (e segurança) sobre aspectos de sua vida cotidiana diante de tantos outros eventos incertos. Se você está trabalhando com incentivos, tente seguir o plano à risca.

→ Celebração: reconheça o comportamento corajoso da criança e compartilhe com a família. Lembre seu filho de atos de bravura passados quando novos desafios surgirem.

CHATEADO E TRISTE: EXPECTATIVA E OBJETIVOS SE AFOGAM EM DESAPONTAMENTO

Com frequência, crianças com TDAH expressam em voz alta seus sentimentos de raiva ou ansiedade, mas o desapontamento é uma emoção mais interna. Normalmente fica abaixo da superfície de raiva e ansiedade, escondido quando seu filho ou sua filha grita com você por algo que não tem nenhuma relação com esse sentimento. Você vê a explosão, não a decepção, por isso é mais difícil entender o que está acontecendo de verdade. Por isso faz tanto sentido esperar para conversar somente depois que um episódio desses terminar. Quando você descobre a causa da irritação e escava sob os episódios de descontrole, pode encontrar desânimo ou tristeza. Sempre pergunto às crianças sobre o que as chateia e qual sua reação quando outras pessoas se decepcionam com elas. A resposta engloba todas as áreas da vida – escola, casa, amigos e trabalho.

> "Meus professores dizem que eu tenho potencial: 'Você é inteligente, só precisa de mais disciplina. Você não dá tudo de si'. Isso me deixa muito triste, porque não sei o que fazer. Eu me sinto sobrecarregada. Tenho outras coisas em que pensar. Eu me sinto mal, porque não gosto de decepcionar as pessoas, mas faço isso o tempo todo."
> Kelly, 16 anos

> "Meus colegas de turma mostram as notas das provas. Eu só finjo que estou feliz com quanto tirei. Sou bom em esconder quando me sinto mal... Depois

que mostro a nota aos meus pais e fico sozinho, eu desabafo, mas não choro. Queria poder fazer isso melhor."

Nolan, 11 anos

"Acho que o que realmente decepciona e magoa as pessoas é que me atraso frequentemente, porque elas levam para o lado pessoal. Eu perco coisas, isso decepciona qualquer um. Eu guardo tudo para mim e fico frustrado comigo com tudo isso. Não gosto de pensar nisso, por isso evito."

Darren, 15 anos

Desligar, isolar-se, evitar, desistir – é assim que as crianças com TDAH podem demonstrar desapontamento.

Tolerar a decepção pode ser difícil para qualquer pessoa, e é uma resistência que se desenvolve com o tempo. Adultos atenciosos não podem fazer o sentimento desaparecer da vida das crianças, mas podem ensinar a elas como lidar com ele. Kelly, Nolan e Darren, embora tristes e frustrados, também revelam o desejo de fazer a "coisa certa". Este é o outro lado da moeda do desapontamento. Apesar de essa vontade alimentar a motivação, crianças e jovens com TDAH relatam frequentemente como as dificuldades com suas funções executivas os desviam de suas intenções. Você pode ajudá-los a alcançar o sucesso que querem colaborando com meios para que eles construam essas habilidades. Incentive a respiração ou uma atividade que os acalme; reveja alguma situação que aconteceu; demonstre empatia por sua frustração ou vergonha; ajude-os a considerar opções; valorize seus esforços para realizar coisas e os encoraje a continuar tentando; e elogie e demonstre entusiasmo quando algo dá certo. Seu apoio pode tornar o sentimento de decepção bem menos doloroso.

INCENTIVANDO-SE

Fico constantemente impressionada e inspirada por como crianças com TDAH combatem pensamento negativo, vergonha, raiva, preocupação, explosões e desapontamento. Elas têm muitas maneiras de se recuperar e se manter animadas. Hobbies, música, esportes, televisão, computadores e amigos são mencionados com frequência, mas muitos jovens têm algumas palavras de incentivo que dizem a si mesmos:

"Às vezes faço as escolhas erradas. Ninguém é perfeito. Esta é uma das minhas canções: 'Ninguém é perfeito, e tudo bem. Não sou perfeita, e gosto de mim mesmo assim'."
Camilla, 10 anos

"Se você faz perguntas a si mesmo durante o dia, como 'O que estou fazendo agora? O que posso fazer para melhorar um pouco essa situação?' Não me castigo. Só busco fazer melhor."
Hunter, 17 anos

"Gosto de dança e do treino de líder de torcida. Amo minha família. Amo meus amigos. Tem coisas boas em mim. Não deixo mais os pensamentos ruins me atrapalharem. É tipo: 'Tudo bem, só vou me esforçar mais na próxima vez', e sigo em frente. 'Vivendo e aprendendo', como diz minha mãe."
Ana, 15 anos

"... que devo tentar consertar aquele erro e tentar não repetir nunca mais. Isso funciona bem."
Christian, 9 anos

"Espero que isso funcione. Ou então vou ter que encontrar outro jeito. Às vezes é difícil, mas sempre tem um jeito de levantar."
Jade, 12 anos

Essas crianças e jovens nos mostram a resiliência que os pais se esforçam tanto para cultivar. Estão aprendendo a aceitar seus grandes sentimentos e ver o que tem de bom neles mesmos. Estão começando a reconhecer que todo mundo comete erros. Estão experimentando diferentes estratégias para voltar aos trilhos quando se desviam. Com as informações sobre como as emoções intensas afetam o cérebro TDAH, o impacto do pensamento negativo e os benefícios de uma pausa para depois retomar a situação, você usa as ferramentas dos Cinco C's para oferecer a eles habilidades para lidar com os sentimentos de forma mais eficaz. Juntos, vocês analisam os momentos difíceis, descobrem os gatilhos, falam sobre o que poderia ser diferente e apoiam tentar algo novo. Como Chantelle e Robert fizeram no episódio do café da manhã desastroso, você reinicia. Como diz Ana, tem a ver com viver e aprender.

11 FAZER AS COISAS

Ayesha, 14 anos, está sentada à mesa da cozinha do apartamento da família dela conversando comigo.

AYESHA: "Para mim, meu quarto é arrumado. Pode ser confuso para os outros, mas vejo como... uma bagunça sofisticada. Eu sei encontrar tudo. Pode parecer confuso para você, mas para mim tudo tem seu lugar. Talvez não seja o lugar perfeito, mas tudo tem um lugar determinado. Roupas em uma ou outra pilha e na cama. E, para você, pode ser algo tipo: 'Por que tem roupas pelo quarto?'. Mas, para mim, aqui fica uma coisa, ali fica outra, ali fica mais uma... Você está perguntando sobre a limpeza? Eu mesma limpo. Não quero que ela mexa nas minhas coisas e tenho idade suficiente para fazer isso. Além disso, da última vez que ela limpou, perdi a cabeça. Não tinha ideia de onde estavam as coisas depois que ela mudou tudo. Fiquei furiosa".

TONYA, A MÃE DELA, COMENTA DA SALA VIZINHA, ONDE ESTÁ ASSISTINDO À TELEVISÃO: "Não sei qual foi o problema. Seu quarto estava um chiqueiro, tinha lixo para todo lado – embalagens vazias de salgadinho, pratos e copos sujos, roupas espalhadas pelo chão. Tive medo de uma invasão de ratos, ou algo do tipo, por isso limpei quando você estava na escola. Ganhei um obrigada? Não, você gritou comigo e ainda me xingou. Eu disse a Ayesha que, se ela quiser que eu não entre naquele quarto, vai ter que limpar sozinha quando eu mandar, e aí repassamos como eu gosto da arrumação. Agora não é tão ruim".

AYSEHA SORRI: "É, agora é legal porque, se ela vê meu quarto sujo, escreve um bilhete: 'Limpa o quarto antes de eu chegar em casa', e deixa o *post-it* colado na porta do meu quarto, aí eu limpo tudo rapidinho. Assim não brigamos tanto. Às vezes, ela entra e fazemos alguma coisa maior juntas, como limpar meu armário".

AYESHA SE INCLINA SOBRE A MESA E COCHICHA PARA MIM: "Quer saber a verdade sobre como faço a limpeza? Pego o que é grande, o que chama atenção, e deixo no canto. Então varro, pego outras coisas e levo para outro canto. Aí olho e penso: 'Ainda parece sujo? Ela consegue ver o chão? Vou dar mais uma arrumadinha'. Pego todo o resto e mudo de lugar até parecer melhor que antes. E deixo assim. Se ela me diz que ainda está sujo, eu penso: 'Tudo bem, vou mudar mais alguma coisa para cá'. E mudo as coisas para lugares melhores".

Essa situação provavelmente já aconteceu em sua casa. Seu filho ou filha com TDAH prefere um quarto mais bagunçado do que você considera aceitável. Começa uma batalha cansativa, enquanto você luta com eles para que deixem o quarto com uma aparência mais próxima do que você julga limpa o suficiente. Talvez a ideia de limpar seja, na visão dele, pegar alguns brinquedos do chão e brincar com eles. Talvez coloquem a roupa lavada e que ainda precisa ser dobrada dentro do armário para escondê-la. Até onde você sabe, eles podem estar mudando pilhas de lugar como Ayesha, sem arrumar nada.

No entanto, assim como dizer às crianças como fazer sua lição de matemática ou como estudar para a prova de história traz mais conflito do que sucesso, insistir nos próprios métodos de organização e produtividade sem Colaboração também tem eficácia limitada. Tonya passou anos ensinando o básico da arrumação até que algo finalmente fizesse sentido para a filha. Como parte da trégua entre elas, Ayesha muda pilhas de coisas de lugar até seu quarto ficar melhor que antes, embora isso corresponda ao padrão da mãe.

Crianças com TDAH têm concepções próprias sobre ordem, limpeza e planejamento que fazem todo o sentido na cabeça delas. Eles querem que suas ideias – por mais simplistas ou tolas que pareçam – sejam ouvidas, consideradas e, com sorte, integradas a qualquer rotina de organização que você venha a estabelecer. A contribuição das crianças aumenta a participação delas. É a Colaboração em ação! Você define os padrões, negocia o que é possível, incorpora algumas das ideias delas e lhes ensina as habilidades para pôr o esquema em prática. Não é "do meu jeito ou de jeito nenhum", nem "do jeito delas ou de jeito nenhum", mas, sim, "do jeito que combinamos". Quando as crianças são mais novas, é essencial trabalhar em conjunto na tarefa do momento, ajudá-las a aprender os passos necessários e oferecer ajuda. Conforme elas amadurecem e a diretora se desenvolve, você se afasta lentamente. Acredite ou não, sua influência acaba se internalizando. Kelly explica:

Meus pais sempre dizem: "Ah, a Kelly esteve aqui. Tem um rastro de lixo mostrando por onde ela passou". Eles dizem: "Olhe para trás. Olhe para trás, para o rastro que está deixando", porque, tipo, vou cozinhar alguma coisa e penso em limpar tudo mais tarde, mas acabo esquecendo. Realmente nem passa pela minha cabeça. Mas comecei a trabalhar como babá para uma família e tinha que limpar a bagunça das crianças, até que me peguei dizendo: "Olhem para trás, para o rastro que estão deixando". Mostrei para eles como olhar para trás. Foi estranho.

Sem pensar nisso, Kelly tinha absorvido os ensinamentos de seus pais e, para sua surpresa, os incorporado à própria vida. Neste capítulo, você vai ver como os Cinco C's podem ajudar seu filho a se organizar melhor e procrastinar menos.

TRABALHAR JUNTO PARA ENTENDER FUNÇÕES EXECUTIVAS FAMILIARES

Discutir enquanto você corre para chegar à escola e ao trabalho pela manhã, tropeçar em um sapato esquecido deixado no meio do corredor ou encontrar um recipiente com leite estragado em cima do balcão da cozinha – incidentes como esses podem deixar pai ou mãe malucos. Pode parecer que os mesmos problemas continuam acontecendo, não importa quantas vezes você fale com seu filho. Por mais que seja frustrante, você deve lembrar que nenhuma diretora de cinema começa a carreira com um filme de grande orçamento: é preciso prática, experiência e tempo para construir as credenciais necessárias. Da mesma forma, a diretora do seu filho precisa aprender através de tentativa e erro.

Independentemente de também ter TDAH ou não, é provável que você tenha alguns pontos fortes e dificuldades nas funções executivas como parte do material genético e dos padrões de comportamento que transmitiu a seu filho ou sua filha. Perceber que, como seu filho de 15 anos, você pode ter problemas para terminar o que se propôs a fazer traz mais Compaixão e paciência ao processo. Lembra-se daquelas calhas que você não limpou no mês passado? Pode não haver muita diferença entre elas e um trabalho de história sobre a Idade Média que não foi concluído, ou os restos de um lanche deixado na sala. As crianças adoram descobrir semelhanças com seus pais e também comparar suas diferenças. Quando Vince, que tem dificuldade para se lembrar de entregar o dever de casa, ouviu que o pai, Tony, tem problemas de memória, ele riu: "Ah, sim, pai, você esquece coisas, como meu jogo de basquete na semana passada. Ha!". Tony sorriu: "Tem razão. É por isso que anoto as coisas no meu celular, mas esse eu perdi mesmo. Vou definir um alerta na agenda para não faltar no próximo". Vince e o pai não só se uniram na batalha compartilhada para lembrar das coisas, mas o pai também deu o exemplo de como lidar com isso.

Mesmo que seu filho tenha feito os testes, eles não incluíram descobrir em quais aspectos vocês dois podem ter características em comum. Dedicar um tempo à análise de suas funções executivas, enquanto ele pensa nas dele pode ser o início de muitas conversas pertinentes. O exercício a seguir vai ajudar nesse processo.[1] Cada pessoa deve ter uma cópia do formulário a seguir para preencher.

EXERCÍCIO 5: COMPREENDER OS CÉREBROS DA FAMÍLIA

Habilidades de funções executivas quentes	Com que frequência você...? 0 = Raramente 1 = De vez em quando 2 = Algumas vezes 3 = Usualmente	Habilidades de funções executivas frias	Com que frequência você...? 0 = Raramente 1 = De vez em quando 2 = Algumas vezes 3 = Usualmente
Autorregulação: para e pensa antes de dizer ou fazer alguma coisa		Alerta: permanece acordado e envolvido em uma atividade chata	
Administração de sentimentos: tolera frustração, preocupações ou desapontamento sem gritos, raiva ou briga		Perseverança: continua tentando algo novo, mesmo que seja difícil	
Organização: mantém quarto, caderno, mesa etc. arrumado; encontra coisas quando precisa delas		Processamento de informação: entende e pratica conceitos novos rapidamente	

Habilidades de funções executivas quentes	Com que frequência você...? 0 = Raramente 1 = De vez em quando 2 = Algumas vezes 3 = Usualmente	Habilidades de funções executivas frias	Com que frequência você...? 0 = Raramente 1 = De vez em quando 2 = Algumas vezes 3 = Usualmente
Administração de tempo: faz coisas no prazo e estima corretamente quanto tempo elas vão demorar		Memória de trabalho: lembra de fazer ou entregar coisas; segue instruções com várias etapas	
Planejamento e priorização: descobre como fazer as coisas, por onde começar e o que é mais importante		Atenção sustentada: permanece focado e resiste a distrações	
Início: começa tarefas, lição de casa ou projetos sem procrastinação ou muitos lembretes		Mudança/ flexibilidade: adapta-se com facilidade a mudanças em cronogramas ou planejamento	
Persistência voltada ao objetivo: estabelece um objetivo, permanece focado e volta à tarefa após interrupções		Autoavaliação: tem consciência de como seu comportamento afeta outras pessoas; está aberto a feedback e aprende com erros	

Quando todos tiverem terminado, dê uma olhada em suas respostas. Em que aspectos as pessoas são iguais e onde são diferentes? Discuta o que cada um faz para enfrentar as dificuldades de suas funções executivas que tiveram baixa pontuação e explore se as estratégias de um podem interessar a mais alguém. Que tal experimentá-las e ver o que acontece?

Muitas crianças expressam como as semelhanças com os pais as afetam:

"Tem outra pessoa em casa que é igual a mim: a mamãe. Mas ela não é hiperativa. É dispersiva. Só sei que tem outra pessoa que às vezes sabe como me sinto. Ela também era assim quando criança... Se meu pai fica bravo porque não me lembro de alguma coisa, minha mãe me entende."
Ruby, 9 anos

"Meu pai tem DDA. Às vezes, falamos sobre como é ter isso e sobre desorganização. Isso é bem legal. Mas às vezes brigamos sobre eu ter que limpar meu quarto. Ele diz que o TDAH me faz ser bagunçado, mas que essa não é uma desculpa aceitável. Eu tenho que 'enfrentar e fazer'."
Clay, 11 anos

"Meu pai e eu falamos sobre TDAH o tempo todo, mas não nos damos bem. Ele é super-hipersensível ao fato de eu ter o transtorno. Ele sempre diz: 'Sou duro assim com você porque não quero que repita os meus erros'. Às vezes, parece que ele está apontando minhas falhas sem muito motivo. Então eu não faço o que ele diz. "
Lila, 17 anos

Reconhecer os próprios pontos fortes e as dificuldades das funções executivas o ajuda a se identificar com o que seu filho enfrenta todos os dias.

PROBLEMAS PARA COMEÇAR: LIDANDO COM PROCRASTINAÇÃO E ADMINISTRAÇÃO DO TEMPO

Todo mundo procrastina. No capítulo 7, você viu como as crianças com TDAH muitas vezes sofrem com a falta de motivação quando precisam lidar com tarefas desagradáveis relacionadas à escola. Com menores quantidades de dopamina no cérebro, elas demoram mais que os colegas sem TDAH para entrar em ação. Em geral, precisam de uma recompensa externa para incentivá-las até que a satisfação de fazer – uma recompensa interna – seja acionada. A abordagem de intimidação do tipo "porque eu mandei", comum na geração de nossos pais, pode até surtir efeito, mas não desenvolve nenhuma habilidade de longo prazo. **Planos criados em conjunto, com base em incentivos**, são mais eficientes para melhorar a motivação para as responsabilidades domésticas, assim como para as tarefas acadêmicas.

A procrastinação começa quando crianças com TDAH se deparam com um projeto desagradável, como ajudar a varrer o chão, dobrar a roupa lavada ou tirar o lixo. Ela se soma rapidamente à sobrecarga e à evasão, e dificulta o processo de começar qualquer coisa. O que acontece é uma conversa interna negativa: "Por que se preocupar em lavar a louça? Vai demorar uma eternidade", ou "Se eu continuar jogando no computador, minha mãe vai acabar fazendo isso e eu vou me livrar dessa". Esse tipo de comentário se torna uma desculpa que impede que sua criança ou seu adolescente comece o que precisa fazer.

Outro grande obstáculo é o desafio interno de compreender e usar o tempo com eficácia. Para cérebros com TDAH, o tempo é dividido em "AGORA" ou "AGORA NÃO". Eles podem não perceber como é a sensação de cinco minutos. Ou eles tendem a subestimar quanto tempo as coisas demoram e esperam até o último minuto, ou exageram nessa estimativa e ficam muito desanimados para começar. O gerenciamento do tempo é uma habilidade que pode ser facilmente ensinada a seus filhos, e você pode começar a transmiti-la a partir dos 6 anos de idade com o método do Backward Design. Isso significa planejar ao contrário para chegar aonde deseja estar no futuro. Baseia-se em ser capaz de estimar quanto tempo as coisas demoram começando pela hora ideal de chegada ou conclusão. Você trabalha ao contrário e atribui intervalos às várias etapas do processo. "O.k., preciso sair para o trabalho às 7h45 e, antes disso, tenho que alimentar o gato, o que leva cerca de 5 minutos; preparar e tomar o café da manhã, que leva cerca de 20 minutos; e me vestir e escovar os dentes, o que leva 25 minutos, ou seja, 50 minutos no total. Isso significa que tenho 10 minutos de sobra se acordar às 6h45. É tempo suficiente para lidar com imprevistos, retornar ligações ou verificar meu e-mail?"

Usar esse método requer uma avaliação precisa de quanto tempo as tarefas realmente levam, o que pode ser difícil para muitas pessoas, sobretudo aquelas com TDAH. Desenvolver a capacidade de seu filho ou sua filha de estimar o tempo e monitorar como eles o utilizam requer instruções diretas. Quando você não estiver com pressa, sentem-se juntos e analisem com calma as etapas necessárias para determinada sequência de atividades, como atribuir tempo para a lição de casa ou praticar piano antes do jantar. Ouça as estimativas dele a respeito da distribuição de tempo. Dê feedback sobre quanto tempo as coisas realmente demoram com base em suas observações. Juntos, configurem alarmes em celulares ou iPods para alertar a criança ou o adolescente em relação ao tempo. Isso pode ser muito útil.

Embora estimar o tempo seja uma parte importante da procrastinação, outro aspecto fundamental é a sensação de sobrecarga. Quando ela entra em cena, fica difícil saber por onde começar. Quando o tamanho da tarefa parece muito grande, a atitude evasiva entra em ação. Sofia, 16 anos, descreve esse fenômeno:

> Como muitas pessoas, não gosto de lavar minhas roupas e prefiro fazer qualquer outra coisa no lugar. Eu vou adiando essa obrigação dia após dia, até que a pilha de roupa suja vira uma loucura e não tenho nada para vestir. Quando finalmente resolvo cuidar disso, a montanha de roupa suja se torna uma tarefa muito maior do que seria se eu tivesse lavado antes. Em vez de uma ou duas maquinadas rápidas, levo o dia todo. Roupa suja não é caso de vida ou morte, mas é como eu procrastino e pioro as coisas para mim.

Sofia avalia mal o tempo e o tamanho da tarefa de lavar roupa até que isso se torne uma obrigação que corresponde aos seus piores medos. **Dividir a tarefa** em pedaços menores a teria ajudado muito. Se tivesse sido esse o caso – como lavar primeiro somente as camisas e depois apenas as calças, ela provavelmente teria terminado antes – um passo de cada vez. Em vez disso, Sofia deixou a tarefa desagradável para o último minuto, quando precisava muito de roupas. E acabou perdendo um dia inteiro com isso.

Diferente das crianças, muitos adolescentes não têm mais a assistência dos pais para mantê-los no caminho certo e acabam procrastinando mais do que gostariam.

> "Eu espero até o último minuto ou não faço nada. Tento fazer tudo o mais rápido possível para ter tempo para outras coisas divertidas para mim, encontrar meus amigos, outras coisas que aparecem de última hora. Sou procrastinadora há muito tempo."
> Nadia, 15 anos

> "Às vezes, simplesmente não sei por onde começar. Vejo algo que minha mãe quer que eu faça, como limpar a cozinha depois do jantar, todos os pratos sujos, as panelas, a comida para guardar. É muita coisa. Então eu pego o celular, mas as coisas continuam lá quando meu pai grita para eu largar o telefone e fazer o combinado."
> Meg, 13 anos

"Eu sou o melhor procrastinador de todos os tempos. Empurro tudo para o último minuto. Se eu tiver uma redação para entregar na sexta-feira, vou fazer na quinta à noite, às 2h da manhã. Um pouco preguiçoso, talvez. Trabalho melhor sob pressão, porque ela me dá o gás para fazer o que preciso. Meu pai diz: 'Ei, não se sinta mal com a procrastinação, porque eu e sua mãe fazemos a mesma coisa.'"

Marcus, 15 anos

Claro, a grande questão para você como pai é: "Como faço para criar tarefas do tamanho certo para que eles consigam começá-las?". Trabalhe com seu filho para definir um plano que se adapte às capacidades dele. Ouça o que ele tem a dizer sobre quando e como fica sobrecarregado, sendo o mais específico possível ao estabelecer diretrizes para uma tarefa. Demonstre apoio e reconhecimento contínuos quando vir o resultado desejado. Se o quarto do seu filho de 7 anos está uma bagunça na hora de dormir e ele se distrai ao tentar arrumá-lo, tente uma abordagem diferente. Vocês podem combinar que cada um vai pegar cinco itens, para que a arrumação siga em frente. Ofereça-se para secar a louça do jantar e fazer companhia à sua filha enquanto a conduz pela jornada para uma cozinha limpa. Sua participação os instrui nesse processo de aprender a cumprir tarefas de forma independente e competente.

Veja como usar os Cinco C's para dominar a procrastinação em sua casa:

1. Antes de começar uma conversa com seu filho em um horário específico, pergunte a você mesmo: "Por quanto tempo ele consegue focar realmente em uma tarefa antes de se distrair ou ficar entediado? Que tipo de conversa interna negativa ele ouve?". Depois, faça as mesmas perguntas para ele.

2. Fale sobre a diferença entre lição de casa e tarefas domésticas. Na lição de casa, muitas vezes é bom fazer o mais difícil primeiro, quando a concentração é mais intensa. Com as tarefas, é melhor começar por alguma coisa mais fácil e já terminar essa etapa, de forma a sentir-se realizado antes de passar para coisas maiores.

3. Da mesma forma que fez com a lição de casa, elenque quais são as atividades interessantes para seu filho, coisas que sirvam como incentivos. Discuta se vai haver necessidade de um intervalo e, se sim, de quanto tempo. Se precisar, criem juntos uma estratégia que inclui onde começar e o que fazer na sequên-

cia. Seja específico sobre os tempos de começo e fim, para que a tarefa não se estenda demais.

4. Incentive o progresso, mesmo que seja pequeno. Se seu filho não consegue concluir o que se propôs a fazer, a tarefa ainda é grande demais: torne-a menor. Use o autoControle ou peça um tempo e se afaste um pouco caso fique aborrecido. Seja qual for a tarefa, ela não justifica uma explosão.

5. Quando a tarefa for cumprida, dedique um tempo a reconhecer a conclusão *positivamente*.

Tornar as coisas divertidas é meio caminho andado para motivar seu filho e reduzir a procrastinação. Sua criança vai se tornar mais disponível para cumprir uma tarefa rotineira se houver um elemento lúdico em jogo. Você consegue cronometrar em quanto tempo você e seu filho recolhem as coisas do chão, transformando essa obrigação em uma disputa prazerosa? Por que não pede para sua filha pôr para tocar sua playlist favorita enquanto lava a louça, e vocês dançam juntas enquanto secam tudo? Tornar tarefas tediosas mais divertidas ameniza o caráter enfadonho do trabalho e aumenta a disponibilidade para participar. Quem sabe? Talvez vocês até riam enquanto trabalham.

DAR INSTRUÇÕES QUE FUNCIONEM: A REGRA DE TRÊS

Uma parte importante de concluir tarefas é seguir instruções. Pais e professores reclamam sempre comigo de que crianças com TDAH não lembram das coisas que são ditas a elas. Fazer uma extensa lista do que devem fazer – vestir-se, arrumar a cama, escovar os dentes – é receita para o fracasso. As crianças não lembram das etapas necessárias para cumprir a sequência que você acabou de determinar, ou se distraem com alguma outra coisa. Seu filho pode vestir a calça, mas começa a brincar com o Transformer ao lado da blusa, em cima da cômoda. Sua filha vai ao banheiro para escovar os dentes, mas passa cinco minutos com as mãos embaixo d'água, porque a sensação é boa. Abandonaram há muito tempo o que deveriam fazer em seguida. Esses "brancos" acontecem por vários motivos – dificuldades com memória de trabalho, distrações internas ou externas, problemas para organizar tarefas em etapas, ansiedade em relação ao esquecimento. Mudar o jeito de falar com eles sobre a tarefa que precisa ser cumprida pode melhorar todas essas coisas.

Usar a **Regra de Três** o ajuda a orientá-lo de maneira mais eficiente. Tudo começa com a premissa de que você precisa da atenção plena de seu filho quando der instruções a ele. Isso significa que você não grita do pé da escada quando ele estiver no andar de cima nem dá lembretes quando estiver passando pela porta a caminho da rua. Em vez disso, a **Regra de Três** implica olhar, ouvir e falar enquanto faz contato visual direto com a criança. Funciona assim:

1. Abaixe-se para ficar no *nível dos olhos* de seu filho, toque delicadamente seu ombro e fale o nome dele. Se ele for mais alto que você, os dois devem se sentar. Tenha certeza de que ele está olhando para você, ouvindo e atento. Se os olhos vagarem ou o corpo se mover, ajude-o a recuperar o foco dizendo: "Olhe nos meus olhos". [**Olhando**]
2. *Determine* a tarefa com calma e clareza. ("Tyler, quero que tire seu prato da mesa", ou "Sally, vá buscar seus sapatos no quarto e traga-os para baixo".) [**Ouvindo**]
3. Peça a ele para *repetir sua solicitação* duas vezes. ("O que eu pedi para você fazer? Mais uma vez, por favor.") [**Falando**]

Dando as instruções desse jeito, você ativa várias áreas do cérebro – visão, tato, audição e fala – para ajudar a diretora a convocar toda a equipe para a missão. Isso aumenta a probabilidade de a tarefa ser lembrada e concluída. Cumprido o primeiro pedido, você pode fazer outro exatamente da mesma forma. Talvez precise ficar de olho no que está acontecendo e dar um empurrão. Se perceber que ele está postergando a tarefa, talvez ela seja muito complexa, então a divida. Instruções simples para tarefas simples são o segredo para crianças com TDAH. Vestir-se pode ser uma tarefa inteira ou dividida em partes: pôr a camisa, pôr a calça etc. É uma coisa de cada vez, sobretudo quando eles são mais novos, até terem demonstrado que estão prontos para fazer duas coisas ao mesmo tempo, normalmente na adolescência.

ROTINAS DOMÉSTICAS FAZEM AS COISAS ACONTECEREM!

Assim como você aprendeu sobre a importância de rotinas com a lição de casa, rotinas na vida doméstica reduzem conflito e lembretes, ao mesmo tempo que promovem realização. Ao sair de casa pela manhã e quando todos estão juntos à noite são os horários mais propícios para desentendimentos e irritação. Carol é avó e mora com a filha, Stephanie, e os dois netos, Winnie, de 14 anos, e Greg, de 10. Carol descreve uma manhã comum com Greg, que recebeu o diagnóstico de TDAH há poucos meses:

> Todos os dias, a mãe o acorda antes de sair. Ele continua na cama até eu gritar três vezes para se levantar. [*Ela imita Greg.*] "Bom, agora que já acordei, vou ficar parado na frente das gavetas por um tempo, até escolher minha roupa jogando tudo para cima. Opa, estão no chão. Vou sentar na cama só de calça e mexer em algumas peças de Lego." Ele demora e enrola como ninguém. Quando entro no quarto e grito, ele põe uma das meias, e eu ponho a outra. Ele precisa da minha supervisão constante só para se vestir, e nem vou falar do café da manhã, dos dentes ou de sair de casa. Tenho coisas para fazer. Também preciso me arrumar para ir trabalhar.

Por mais que Carol esteja insatisfeita, Greg me contou que ele também odeia as manhãs: "Tenho problemas antes mesmo de ir para a escola". Estruturar a manhã com uma rotina baseada em um checklist e incentivos os ajudaria muito.

Você pode usar a **Regra de Três** para tarefas específicas, mas para uma sequência de acontecimentos, como se preparar para o dia na escola ou ir para a cama, você precisa de mais que instruções individuais. É aí que as listas ou tabelas desses itens simples entram em cena. Quando os pequenos conseguem ver as etapas do que precisam fazer, expostas em palavras ou imagens, são capazes de segui-las com mais sucesso do que ouvindo você repetir essas mesmas coisas. A retenção deles melhora e aumenta através dos incentivos que você já estabeleceu, assim como a motivação. Muitas crianças com TDAH simplesmente ainda não desenvolveram a capacidade de gravar mentalmente uma sequência de passos a cumprir, e uma lista os ajuda a conclui-los. De fato, muitos adolescentes mais velhos usam listas no celular porque não conseguem lembrar das coisas como gostariam.

Rotinas matinais e noturnas bem-sucedidas são as que você estabelece conversando com seu filho. Você sabe o que tem que ser feito, quanto tempo demora e quando tem que ser concluído. Mas ele pode ter um sistema próprio para fazer as coisas, e é provável que esse método entre em conflito com o seu. Você pode pensar que faz sentido tomar o café da manhã primeiro, depois se vestir, escovar os dentes e arrumar a mochila. Ele pode preferir se vestir primeiro e comer depois. Talvez seja mais fácil escovar os dentes antes do café. É aí que a negociação acontece. Você tem o objetivo e os elementos necessários para cumpri-lo, mas ele introduz aspectos que fazem sentido para ele. A participação de seu filho na criação dessa ordem (e mais tarde na escolha do incentivo) vai promover um resultado positivo. Maisie, 10 anos, me diz: "Quero opinar sobre como faço as coisas. Ninguém na casa me respeita ou me escuta. Sempre que tento expor minhas ideias, as pessoas gritam ou dão risada".

Incentivo você a envolver seu filho na criação de qualquer lista ou tabela que pretenda usar. Algumas famílias usam quadros brancos que mudam todos os dias, de acordo com os compromissos de cada um. Eric, pai de Sheena, 12 anos, me diz: "O quadro na cozinha é uma bênção. Estou reforçando porque realmente escrevo nele – arte, piano, basquete". Você não precisa usar palavras para isso. Se seu filho tem dificuldades com leitura ou prefere imagens, lance mão delas – podem ser desenhos ou recortes de revistas. Conheço uma mãe que tirou fotos da filha pronta para a escola, fez uma montagem num pôster, e o colou na porta da geladeira, com a legenda: "Você está assim? Tem tudo de que precisa aí?". Rotinas noturnas podem seguir o mesmo padrão.

Listas com etapas concretas associadas a incentivos são o segredo para a liberdade. Se seu filho gosta de ler com você antes de dormir, acrescente duas histórias como atrativo para que ele ponha as roupas sujas no cesto, tome banho e escove os dentes dentro de um prazo determinado. Talvez um jogo ou quinze minutos no celular seja interessante. Seja qual for a decisão, ela tem que ser pensada com antecedência. Em um mês, seu filho pode se cansar do incentivo escolhido: proponha algo novo e renegocie. De fato, as próprias tarefas podem se tornar tediosas, então considere trocar a roupa suja no cesto por aspirar a sala de estar.

A seguir, um exemplo de checklist para a arrumação do quarto.

O QUARTO ESTÁ LIMPO QUANDO VOCÊ...

Tarefa	Concluída!
Guarda os livros	
Recolhe e guarda canetas e lápis de cima da escrivaninha	
Recolhe as roupas do chão e as coloca no cesto de roupa suja ou nas gavetas	
Guarda brinquedos, bonecas e bichos de pelúcia	
Arruma a cama	
Esvazia a lata de lixo	

VOCÊ GANHOU →

Você ainda precisa lembrar seu filho ou sua filha de usar a lista. Isso é melhor do que dizer a eles o que fazer. Quando montam e consultam essas listas, crianças com TDAH fortalecem suas funções executivas de planejamento, sequenciamento e conclusão de tarefas, retomando-as, vendo o que foi proposto e marcando o próprio progresso. Carter, 11 anos, contou como usa o método:

> Quando chego da escola, minha mãe me ajuda a fazer uma lista do que tenho que fazer, como tirar as coisas da mochila, deixar a lancheira em cima da bancada, comer alguma coisa, fazer a lição de casa. Às vezes eu mesmo olho a lista, mas, na maior parte das vezes, ela me pede para olhar.

Por outro lado, Carly, 12 anos, parou de fazer as listas porque elas a sobrecarregavam. Ela me disse: "Minha lista só cresce. Não diminui nunca". Se seu filho ou sua filha reluta em criar ou seguir as listas, talvez lembretes em *post-its* sejam uma opção, como para Tonya.

Reforce como puder que o objetivo da família é reduzir as discussões e promover independência – ambos importantes para as crianças. Com prática e repetição, elas vão ver os benefícios de anotar as tarefas. Xavier, 15 anos, falou sobre como ele deixou de resistir a criar listas, passando a adotá-las.

> No começo era difícil porque sentia que não tinha liberdade para me expressar, mas agora, no ensino médio, percebo que amo essa estrutura, e ela funciona

bem para mim. Aprendo muito mais e tenho mais foco. Por isso gosto de escrever tudo no meu caderno, criando minhas próprias rotinas em casa. Planejo com antecedência, e até agora as coisas têm funcionado melhor que nunca.

Xavier nos mostra como aprender a fazer listas o ajuda a realizar o que quer. Ivan, 17 anos, compartilhou como fazer certas tarefas passou a ser algo natural:

Sempre limpo meu quarto no domingo, porque é o dia em que minha mãe faz a faxina. Limpo o quarto, levo as roupas para baixo. Tiro o lixo quando posso. Minha mãe tenta não dizer "faça isso ou aquilo". É mais tipo: "Eu falei tudo isso quando você era menor, agora você precisa ter a responsabilidade de saber o que deve fazer". Viu a lata de lixo cheia? Esvazie. Assim, para mim agora é normal, porque estou acostumado a fazer essas coisas há muito tempo.

Se antes Ivan seguia as rotinas que os pais estabeleciam, agora ele as cria.

RESOLVENDO O PROBLEMA DA BAGUNÇA

Toda criança ou adolescente tem alguma história para contar sobre suas dificuldades com desorganização ou bagunça.

"É mais fácil encontrar as coisas na bagunça. Não tenho que pegar, dobrar e guardar de volta. Tenho pilhas para jeans, e hoje peguei duas capris e um *short* antes de encontrar esta aqui."
Tiana, 9 anos

"Se você visse minha mochila, é horrível. Meu quarto é bem limpo, mas minha mochila é um horror. Quando tenho um trabalho, enfio lá dentro. À noite, fico tipo: 'Cadê aquele trabalho?'. Tiro cinquenta folhas e tenho que olhar cada uma delas. Decido que vou ser mais organizado e isso dura um dia, mas depois a bagunça volta."

Oscar, 15 anos

"Eu sou superbagunceira, não só com meu quarto, mas, de um jeito ou de outro, tudo que eu faço parece ficar bagunçado. Se estou desenhando alguma coisa ou tentando fazer algo legal para um projeto, simplesmente não vai sair do jeito que eu quero. É muito frustrante. Tento manter meu quarto limpo, e uma semana depois vai estar nojento. E vou ficar tipo: 'Como isso aconteceu? Não me lembro de ter feito toda essa bagunça.'"

Brianna, 17 anos

Sejam pilhas de roupas, mochilas caóticas ou projetos desorganizados, todas essas crianças têm dificuldades para colocar e manter as coisas em seu devido lugar.

A organização torna a vida doméstica mais fácil. Pense nos seus métodos para gerenciar suas coisas. Manter tudo arrumado pode ser fácil para algumas pessoas, mas para outras é como andar com um albatroz de cinquenta toneladas pendurado no pescoço. Quando você concluiu o exercício "Compreender os cérebros da família" nas páginas 168 e 169, encontrou alguma semelhança entre você e seu filho em termos de organização? É bom saber essas informações antes de partir para a arrumação, porque permite que você sinta Compaixão genuína pelos desafios que seu filho enfrenta.

Não há dúvida de que é muito mais fácil criar sistemas de organização do que mantê-los, mas é a manutenção que ensina as habilidades duradouras de que seu filho com TDAH provavelmente precisa. Comece com um plano que você possa acompanhar ao longo do tempo e que a criança ou o adolescente consiga seguir. Na medida do possível, mantenha os espaços comuns, como a cozinha ou a sala de estar, arrumados. Isso reduz a sensação geral de sobrecarga. Carly, 12 anos, me diz que vive todos os dias com a impressão de que nunca vai conseguir tirar o atraso: "É como se uma pasta entrasse na minha cabeça, mas os papéis se espalhassem por todos os lados e eu tivesse que olhar tudo para encontrar uma coisa. Durante todo esse tempo, mais pastas chegam com mais papel que vai para todo lugar". Com esse caos no cérebro, é difícil pensar direito sobre como resolver qualquer problema.

Se tudo tem um lugar, crianças com TDAH são mais propensas a guardar as coisas. Quando você coloca caixas com etiquetas em lugares visíveis para armazenar determinados objetos, guia seu filho na direção certa. Usando um nicho ou um cesto para toucas e bonés, você pode dizer: "Guarde seu boné no seu nicho", em vez de só "guarde". Quanto mais clara a orientação, melhor ele compreenderá e cumprirá o pedido. Considere a possibilidade de reduzir o número de brinquedos, livros e equipamentos ao alcance de seu filho. Eles não precisam escolher entre 25 coisas. Separe uma, tire as outras de circulação e faça um revezamento de objetos a cada um ou dois meses. Quando ele reencontrar as coisas, vai ser como um novo aniversário. Trabalhando juntos, determinem um lugar para coisas importantes, como chaves, carteirinha da escola, carteira, ou a garrafa de água favorita. Isso vai impedir uma busca frenética por elas mais tarde.

O que me surpreendeu foi a frequência com que essas crianças tinham maneiras próprias para não perder suas coisas de vista – o que gosto de chamar de Sistemas Autointeligentes. Às vezes, os pais respondem de maneira positiva e trabalham com elas para incorporar suas ideias; outras vezes, não. Celeste, 17 anos, implorou para a mãe permitir que ela guardasse as roupas em prateleiras, em vez de gavetas. Explicou que não conseguia enxergar as roupas, por isso as puxava e jogava no chão. A mãe dela, Sylvia, recusou a proposta, certa de que Celeste podia simplesmente manter as gavetas mais arrumadas. Elas brigaram por seis meses, até que Sylvia cedeu e decidiu tentar, superando a própria insatisfação com a aparência que o quarto teria. No fim, a solução das prateleiras foi um sucesso: as roupas de Celeste eram mantidas em ordem e longe do chão.

Aqui vão alguns métodos organizacionais que funcionaram para as crianças:

→ **Ter um dos pais ou adulto responsável fazendo companhia ou orientando:** Ramon, 12 anos, diz: "Papai me diz: 'Vai recolher suas camisetas', e eu respondo: 'Não, aquilo é uma bagunça, não consigo encontrá-las'. 'Não importa, só recolha todas as camisetas'. Ponho as sujas em uma pilha e dobramos as que estão limpas".

→ **Usar sistemas que façam sentido para eles:** Tiana, 9 anos, explica: "Separar minhas roupas por cor foi mais fácil do que por calças e blusas, porque gosto de vestir o que estou sentindo. Se estou feliz, posso usar minhas cores alegres – roxo, amarelo e laranja. Se tenho que organizar alguma coisa, quero que seja de um jeito que me ajude a encontrar tudo".

→ **Ter um plano específico para guardar as coisas:** Maria, 13 anos, diz: "Minha mãe fala que o cesto da lavanderia com minhas roupas limpas é, na verdade, o cesto de roupas sujas. Só preciso esvaziá-lo, mas quero um cesto que eu possa encher e levar comigo para o banheiro, de forma que ele esteja lá quando eu tirar a roupa para tomar banho".

→ **Usar a tecnologia para manter a organização:** Henry, 16 anos, conta: "Eu não seria capaz de viver sem meu iPhone. Organizo tudo com ele. Tudo. Escrevo notas sobre todo tipo de coisa, como o que levar comigo de manhã. Uso o relógio do celular para criar alarmes e várias notificações no calendário".

PROMOVER ORDEM E PRODUTIVIDADE

Aplicar os Cinco C's às dificuldades organizacionais e relacionadas às tarefas em casa torna a vida mais tranquila. Usando o autoControle para monitorar sua frustração e Compaixão para ter empatia com o ponto de vista do seu filho, você encontra soluções eficientes e duradouras com ele. Faz perguntas e ouve as ideias dele, integrando algumas à rotina doméstica. Você mantém seus padrões do que é aceitável, mas proporciona a ele uma participação significativa no cumprimento das tarefas. Com incentivos atraentes, essa Colaboração favorece que seu filho se torne mais disposto a se engajar nos planos que você quer estabelecer. Para manter tudo em movimento, você usa a Consistência, observando seus esforços e dando orientações simples que ele pode seguir. Embora você talvez resista às sugestões de seu filho no início, como aconteceu com Sylvia e Celeste, pode acabar tendo uma surpresa agradável em longo prazo. Se não, recomece e tente algo diferente. De qualquer maneira, é hora da Celebração pelo progresso de seu filho em relação a cuidar das coisas dele e concluir tarefas.

12 VOCÊ PRECISA TER AMIGOS
A vida social das crianças com TDAH

Elijah, Jasmine e Carter comentam seu relacionamento com colegas:

"Eu não gosto da maioria das crianças da escola. Elas tentam me irritar e me perguntam coisas idiotas. Eu sou o que as pessoas chamam de 'estranho'. Não ajo da mesma maneira que elas, não faço as mesmas coisas. Tem dezesseis motivos para as pessoas não gostarem de mim: cinco têm a ver com o fato de eu ser um nerd. Eu não vejo ou pratico esportes coletivos, então não acompanho quando as pessoas falam sobre o grande jogo da noite anterior. Gosto de *anime* e tenho alguns amigos que não são da turma dos populares. Só falo com eles na escola. Ninguém entra na minha casa. Eu não os convido e eles não pedem."
Elijah, 13 anos

"Se você me convida para uma festa, sou extrovertida, charmosa e carismática. Não sou nada tímida ou medrosa. Tenho muitos amigos e um namorado. Eles são muito, muito importantes para mim. Eles são minha vida. Falando sério, sou tão social que não penso em outras coisas. Um problema é que acabo contando segredos. Mas meus amigos me conhecem bem e são pacientes com minhas peculiaridades. Sabem que me importo e faço qualquer coisa por eles."
Jasmine, 17 anos

"Quando penso em fazer amigos, eu não ia querer ser meu amigo. Fico muito inconveniente, me chateio com tudo e sou muito barulhento. Tenho uma sensação estranha quando vou a casa de alguém. Penso que eles vão começar a enjoar se brincarem muito comigo, tipo, às vezes as pessoas precisam de paciência para brincar com você de novo."
Carter, 11 anos

Todos nós precisamos de amigos. Pessoas que riem de nossas piadas, nos confortam quando estamos tristes e se alegram conosco nos bons momentos. Esses relacionamentos nos sustentam. Quando as pessoas não gostam de nós, essas rejeições também nos moldam. Viver uma vida plena e satisfatória significa ter pessoas com quem interagir e saber como enfrentar os altos e baixos que inevitavelmente surgem entre vocês. Para algumas crianças com TDAH, como Jasmine, formar relacionamentos gratificantes é natural. Para outros, como Elijah ou Carter, é muito mais difícil. De qualquer forma, seu filho precisa de sua orientação para ajudá-lo a fazer boas escolhas, lidar com situações difíceis e construir confiança enquanto se relaciona com o mundo. Neste capítulo, conforme as crianças compartilham experiências positivas e frustrantes com colegas a partir de suas interações pessoais, você aprenderá como incentivá-las a cultivar e manter relacionamentos sociais.

DESCOBRINDO SEU PAPEL

A maioria dos pais ajuda seus filhos a estabelecer relacionamentos com os colegas desde a infância. Ao mandá-los para a creche ou pré-escola ou organizar encontros para brincar, você proporcionou contato com outras crianças. Ensinou a brincar de forma justa, não dizer ou fazer coisas que possam magoar os amigos, compartilhar seus brinquedos e seguir as regras do grupo. À medida que os filhos crescem, porém, seus relacionamentos com os pares ocorrem cada vez mais fora do alcance dos pais – na escola, nos esportes ou em outras atividades. Crianças com TDAH que podem não captar sinais faciais e físicos talvez tenham problemas com empatia e não tenham autoControle perto dos outros. Muitas vezes, se beneficiam ao aprender habilidades sociais diretamente, mas resistem. Pode ser confuso para os adultos saber quando e como intervir quando os filhos enfrentam desafios com os colegas.

EXERCÍCIO 6
Reflexão sobre seus relacionamentos

Você tem relacionamentos pessoais satisfatórios em sua vida neste momento?

Se não, o que o impede de formar essas conexões?

Você já teve dificuldades com amizades ou relacionamentos com pessoas importantes em sua vida?

A interação com as pessoas é natural para você? Por quê?

Como eram suas amizades na infância e na adolescência?

Quando seu filho tem problemas com amizades, sua própria experiência com relacionamentos pode se misturar aos instintos naturais e protetores paternos e tirar você do sério. As dificuldades com amizades são uma ótima oportunidade para usar os Cinco C's. Em vez de telefonar correndo para o pai do menino que provocou sua filha no parquinho, Pare, Pense e Aja. Reserve um minuto para se acalmar e respirar. Ofereça conforto verbal ou físico a seu filho e ouça o que aconteceu. Essas escolhas vão acalmar seu cérebro e ajudar a criança a se recompor. Juntos, questionem as opções, discutam as respostas e decidam as próximas etapas.

EXERCÍCIO 7
Reflexão sobre amizade com sua criança
ou seu adolescente

Em um momento de silêncio, talvez na hora de dormir, inicie uma conversa casual com seu filho ou sua filha sobre amizade em sua forma mais ampla: "Como vão as coisas com fulano? Com quem você fica no recreio ou no almoço? Como você está se saindo com fulano?". Examine a possibilidade de solidão ou constrangimento. Explore o que significa ser um amigo e pergunte sobre quaisquer desafios que eles possam estar enfrentando. Diálogos informais e tranquilos como este dão uma noção mais clara do mundo social deles.

Desafios com memória de trabalho, foco, controle de impulso e autocompreensão não raramente levam crianças com TDAH a perder aspectos críticos da dinâmica social. Seth, de 9 anos, me disse: "Você não percebe quando está fazendo algo que as pessoas querem que você pare". Fatima, de 16 anos, declarou: "Nem sempre sou muito boa em dizer o que os outros estão pensando e sentindo. Fico quieta, porque não quero estragar tudo ou não tenho muito a dizer. Algumas pessoas simplesmente sabem o que as outras gostam de conversar, mas não é meu caso". Praticando com você e outros membros da família, é possível ajudar seu filho a captar melhor os sinais sociais e saber o que dizer às pessoas. Ressalte a linguagem corporal e as expressões faciais: "Seu irmão estava dizendo não e chutando você. Que mensagem ele estava transmitindo?", ou "Meus braços estão cruzados e estou esperando você amarrar os sapatos. O que meu corpo e rosto estão mostrando para você?". Aproveite o momento das refeições para desenvolver habilidades de sociabilização. Se seu primo vem de longe para visitar a família, mostre à sua filha algumas possibilidades de interação antes de ele chegar: "O que você acha de [tal lugar]?", "O que você faz no trabalho?". Ajude-a a transpor essas perguntas para o convívio com os colegas: "Você achou aquela prova difícil? Não gostei da parte da redação" ou "O que você faz depois da escola? Eu sou pago para levar o cachorro do meu vizinho para passear". Esses ensaios preparam a criança ou o adolescente para as situações reais do dia a dia.

EXCLUÍDO

Algumas crianças com TDAH têm dificuldade para compreender o significado de amizade. Elas não entendem completamente que cada um de nós interage com os outros de várias maneiras: conhecidos, amigos, melhores amigos e, mais tarde, parceiros amorosos. Algumas pessoas se encaixam melhor na categoria dos conhecidos: você cumprimenta nos corredores. Aqueles que se qualificam como amigos provavelmente almoçam com você, são colegas de grupo em um trabalho escolar ou jogam em seu time de hóquei. Você se doa por completo para os que são mais próximos em seu círculo de amizades. Essas nuances podem ser desafiadoras para crianças com TDAH, cujo cérebro pensa de forma mais concreta. Elas podem não compreender como procurar companhia de forma adequada ou como podem excluir outras pessoas sem querer. Perguntei a Marlon, de 15 anos, qual era sua definição de amigo:

Sendo muito sincero, apenas alguém que me ature. Você tem que me entender. Eu sou um palhaço que gosta de se divertir. Eu sempre digo a mim mesmo: "Viva cada dia como se fosse o último". Por isso, estou sempre brincando, criando momentos inesquecíveis com as pessoas. Se eu me aproximasse e fizesse cócegas em você, sem que me conhecesse, você pensaria: "Qual é o problema dele?". Mas, se você me conhecesse, diria: "É só o Marlon sendo o Marlon". Se você tirar um tempinho para me entender, vai saber que sou uma pessoa legal.

Marlon confunde níveis adequados de intimidade com as pessoas. Enquanto um bom amigo não se importaria com as cócegas, provavelmente elas seriam um problema para um estranho.

Enquanto algumas crianças têm dificuldades para se aproximar e se conectar com os colegas, outras não acham que as pessoas estão interessadas nelas.

"As outras crianças não me deixam jogar porque perco o controle quando estou feliz. Sou muito diferente com meu TDAH, minha cor e por ser nova. Isso me faz sentir mal. Aqui quase todo mundo é branco, e eu falo espanhol. Eu sou como a ativista Ruby Bridges. Eu não sou tão normal."
Camilla, 10 anos

"Ninguém nunca me disse que queria sair comigo; eu sempre disse a eles. Tenho receio de dizer algo errado e não poder voltar atrás. Na semana passada, um garoto que conheço do musical perguntou se eu queria um café, mas tive que ficar cuidando da minha irmã. Ele disse que poderíamos sair outra hora. E realmente espero que sim. Essa é provavelmente uma das primeiras vezes que alguém diz 'Ei, Dustin, você quer fazer alguma coisa?'."
Dustin, 16 anos

"Os únicos amigos que tenho são as pessoas que gostam de mim. Eu sou a babaca, a idiota, a maluca, a artista: sempre meio fora da caixinha. Meus amigos também são assim. Somos os doidos. Os que são mais quadrados são perfeitos e legais, todo mundo gosta deles. Poucos desses são bacanas comigo, mas eu não quero ser assim. É chato. Quando você está fora da caixa, está vivendo uma aventura."
Bree, 11 anos

Embora esses jovens relatem a sensação de desajuste ou solidão, as dificuldades de Camilla são agravadas pelo racismo. Bree criou uma boa metáfora para reformular sua situação e se proteger. Ao se ver como uma artista que vive fora da caixa com uma turma parecida com ela, a garota transforma o sentimento de exclusão em algo positivo e ousado. Como Maya do capítulo 3, que ri de seu cérebro de bala e aceita seus erros, Bree corajosamente descobriu como se cercar de algumas crianças semelhantes e formar seu próprio grupo.

Você pode ajudar seu filho ou sua filha a se inspirar em Bree e criar amizades. Quando crianças com TDAH enfrentam dificuldades sociais, tendem a ter menos oportunidades de praticar as habilidades de relacionamento que precisam desenvolver. Isso pode levar a mais constrangimento social ao longo do tempo. Converse com seu filho ou sua filha sobre quem é um novo amigo em potencial, caso haja algum. Reveja como e onde se conectar com eles de forma adequada, incluindo assuntos e frases fáceis de serem lembrados. Da mesma forma que você ensina a eles como dividir uma tarefa em partes menores, incentive-os a começar devagar: talvez um "Olá" em um dia, um "Que camiseta legal!" no outro. Com crianças mais novas, ofereça-se para ligar para um dos pais e marcar um encontro. Já no caso dos mais velhos, avalie as atividades que eles poderiam desenvolver com novos amigos. A cada passo que eles derem, incentive-os a continuar tentando. Se algo der errado, lembre-os de que construir amizades leva tempo. Desenvolvemos intimidade quando compartilhamos conversas e atividades, e os solavancos no caminho são inevitáveis. Quando você segue esse caminho para nutrir confiança social e resiliência em casa, dá a seu filho as ferramentas para fazer a mesma coisa de forma independente mais tarde.

BULLYING CARA A CARA

Quando situações sociais difíceis e relacionamentos prejudiciais com os colegas cruzam os limites do bullying ou da agressão, é claro que você deve interferir. Os incidentes de bullying são lutas de poder: eles ocorrem na presença de espectadores que fortalecem o agressor de forma aberta ou silenciosa. Muitas crianças acabam adotando esse comportamento para ganhar *status* social e serem consideradas legais, o que só perpetua o ciclo. Às vezes, intimidar outras pessoas funciona como uma defesa contra pessoas que atacam você. Há uma grande diferença entre *provocação* (uma piada leve feita entre amigos ou familiares) e *deboche* (um ato agressivo contra alguém de quem você não gosta). Provocar significa que você está rindo *com* a pessoa; debochar significa que você está rindo *da* pessoa. Com o deboche, uma forma de bullying, o objetivo é causar danos por meio de humilhação, crueldade ou intolerância. Todas as variações de bullying afetam significativamente a criança ou o adolescente e requerem intervenção de um adulto na escola e em casa.

Aqui estão algumas das situações agressivas que as crianças descreveram:

"Ryan pratica bullying. Ele debocha de mim, principalmente. Sabe como é, brincar é legal, se não for exagerado, mas quando vira ofensa, não é legal. Ele passa muito desse limite. Se algo de ruim acontece, ele culpa quem estiver por perto. Ele escorregou no capacho e disse que eu o empurrei. Eu bem que gostaria de ter feito isso. Meu professor nunca deixa nós dois na mesma carteira."
Levi, 9 anos

"Quando eu estava no sexto ano, tinha uma tal de Hannah que me intimidava. Ela era uma verdadeira cretina, me xingava e empurrava na fila na hora do almoço e ria com sua turma de amigos nojentos. Ela falava muita merda sobre mim. Conversei com minha orientadora sobre isso umas cinco vezes, mas ela não fez nada. Bem, aí eu cansei, e eu e minha amiga, Jess, resolvemos a coisa do nosso jeito. Pagamos para Max, um garoto grande do sétimo ano, dar um susto nela, nada de mais. De alguma forma, o diretor descobriu antes que acontecesse e fomos suspensas. Então, eu e Jess não pudemos mais ser amigas."
Esme, 15 anos

"Para eles, debochar de mim é quase como um roteiro pronto. Já fui chamado de idiota, irritante e de todos os palavrões possíveis. Tento ignorar. Já roubaram meu almoço, levaram meu livro de ciências. A aula de educação física é a pior. Fui jogado contra os armários no ano passado e dei um soco na cara do garoto. Acho que ele entendeu o recado, mas fui parar na diretoria e ligaram para o meu pai... [risos] Sim, eu fico imaginando algo ruim acontecendo com eles e desaparecendo."
Drew, 12 anos

Quando Bill, pai de Drew, soube desses episódios, ele imediatamente pediu uma reunião com o diretor da escola, o sr. Chen. Juntos, os três discutiram o que estava acontecendo, quem estava envolvido e um plano para proteger Drew:

> Se algo ruim estiver acontecendo, posso sair e ir para a secretaria. Também posso levantar minha garrafa de água durante o almoço e o sr. Chen virá à minha mesa. Além disso, devo anotar os "incidentes" no meu iPad, que está sempre comigo, e contar a ele uma vez por semana, mas pequenas coisas de que não consigo me lembrar acontecem o tempo todo. Quer dizer, tento esquecer assim que acontecem.

Embora Drew não confiasse nesse plano e se preocupasse com uma possível retaliação dos colegas, ele se surpreendeu quando descobriu que funcionava. Ele foi à secretaria uma vez e fez algumas listas de coisas que as pessoas lhe diziam. Depois disso, o bullying diminuiu. Ele ainda não tinha muitos amigos, mas estava feliz por não ser mais o alvo.

Descobrir as especificidades de situações como essas ajuda você (e a escola) a lidar com qualquer tipo de bullying que esteja ocorrendo. Infelizmente, as crianças não costumam compartilhar essas informações. Pode ser que se sintam envergonhadas, temam retaliação ou acreditem que ninguém pode ajudar. Talvez queiram evitar fofocas, minimizar a gravidade da situação ou pensem que podem ter merecido. Todas essas coisas impedem a criança ou o adolescente de se abrir.

SINAIS DE BULLYING

Se você suspeita de que seu filho pode ser vítima de bullying, observe os seguintes sinais:

→ Retraimento social ou tempo excessivo sozinho.
→ Desinteresse recente na escola ou queda repentina nas notas.
→ Negatividade ao falar sobre colegas de classe ou outras crianças.
→ Sintomas físicos de angústia, como dores de cabeça, de estômago ou fadiga que impediriam a frequência à escola, eventos familiares ou atividades extracurriculares.
→ Redução no uso de celular ou computador.

Se você notar a presença de vários sinais de bullying, recorra aos Cinco C's. Gerencie sua preocupação com autoControle e mantenha-se o mais centrado possível. Então recorra à Compaixão. Fale sobre quais comportamentos você está observando e especule em voz alta se algo está acontecendo. Pergunte se as crianças estão dizendo ou fazendo coisas ruins com seu filho e o quê. Descubra se ele reagiu e como foi. Explique que o bullying (ou os comportamentos ofensivos) não é legal e que eles não estão sozinhos para lidar com isso. Juntos, avaliem as opções. Não reagir e ignorar pode até funcionar com o deboche, mas muitas vezes não são ferramentas fortes o bastante para lidar com a seriedade do bullying no longo prazo.

Seu objetivo de Colaboração é encontrar algo mais eficiente que tudo que tem sido feito até agora. Se seu filho protestar contra compartilhar qualquer informação com a escola ou organização extracurricular, lembre-o de que existem medidas para proteger as vítimas de bullying, por isso envolver essas instituições é importante. Então, com todos os envolvidos, analise pacientemente uma estratégia que envolva a Consistência de *esforços* de todas as partes – você, a escola e seu filho, todos têm algo a fazer. Não importa o que aconteça, não tome as rédeas da situação ligando para os pais ou resolvendo o problema por ele. Trabalhe com canais oficiais responsáveis por proteger crianças e adolescentes. Em algum momento, quando as coisas começarem a melhorar, como aconteceu com Drew, reserve um tempo para rever (Celebração) como isso aconteceu.

QUANDO AMIZADES ACONTECEM FACILMENTE

Muitas crianças com TDAH se sentem socialmente confortáveis e têm ótimos relacionamentos com seus pares. Para algumas, fazer amigos e estar com pessoas é tão fácil quanto beber um copo d'água. Outras tiveram que superar o constrangimento para se aproximar dos colegas. Há aquelas que preferem sair com pessoas que compartilham seus interesses, enquanto outras se sentem confortáveis justamente com o contrário. Os amigos são companheiros de confiança e apoio essencial para viver com o transtorno.

"Gosto de encontrar amigos que são muito diferentes de mim. Estou namorando um garoto que é literalmente o oposto de alguém com DDA. Zach é meticuloso com as tarefas da escola e determinado a terminar o que está fazendo, e só depois passar para a próxima tarefa. Acho que conviver bastante com esse jeito dele me ajudou. Quando estudamos juntos, se eu me desligo da tarefa, ele joga um lápis em mim e me traz de volta, o que é muito bom."

Lila, 17 anos

"Conheço meu amigo Paul desde a pré-escola. Nós meio que nos comportamos exatamente igual. Ele pensa nas mesmas coisas que eu. Nós dois estamos muito felizes. Às vezes brigamos, nada sério, coisas como: 'Não, isso está errado'. 'Não, isso está certo'. 'Não, isso está errado'. É assim que nós somos. Somos amigos muito próximos."

Sanjay, 10 anos

"Sem dúvidas, tenho uma tendência para encontrar colegas que são como eu – um pouco atrapalhados. É bom ter essa turma. Normalmente não precisamos falar sobre isso, mas eles entendem. Quando fico frustrada, eles sabem o porquê, porque passam por situações semelhantes. E quando estou animada com alguma coisa, eles entendem também. Eu escrevi duas páginas para esse trabalho. Uhul!"

Ella, 16 anos

Essas crianças mostram quanto valorizam seus amigos, mesmo quando há algum atrito, como é o caso de Sanjay e seu amigo Paul. Os amigos os ajudam a retomar o curso das coisas quando eles mudam de direção, os apoiam compartilhando peculiaridades e oferecem companhia nos momentos difíceis.

Sanjay também me disse que tem dificuldades para ir embora quando está com Paul. Muitas crianças com TDAH compartilham esse desafio quando precisam encerrar uma atividade social de que gostam. Pode ser difícil mudar de algo prazeroso para qualquer outra coisa. Esconder-se, ter um acesso de raiva, chutar os pneus do carro – esses comportamentos podem ser frustrantes e constrangedores para todo mundo. Para evitá-los, é necessário criar um plano antes do início do encontro ou reunião. Irritados com esses momentos desagradáveis, os pais de Sanjay queriam fazer uma mudança. Sanjay achou que algo também poderia melhorar.

Exploramos os componentes de ir embora tranquilamente: sem discussão, sem lamentação, sem manifestações físicas. Embora possa haver um desapontamento natural pelo fato de as coisas estarem acabando, todos eles queriam mais cooperação. Sanjay comentou que é difícil ir embora porque "não sei quando você vem, e aí você aparece, e tudo que vem depois é chato". Seus pais decidiram avisar Sanjay quando estavam a caminho. O pai disse: "Posso mandar uma mensagem aos pais pedindo que avisem Sanjay. Isso vai dar a ele um aviso de dez minutos, mas quando eu chegar, tem que acontecer". Sanjay achou que isso realmente o ajudaria. Investigamos quais incentivos poderiam motivá-lo ainda mais a se comportar melhor no momento de ir embora. Os pais concordaram que, se Sanjay encerrasse algo com calma e colaboração, eles jogariam um jogo de sua escolha por dez minutos quando chegassem em casa ou logo depois. Se ele não seguir o plano, o menino deve dedicar dez minutos a uma tarefa a critério dos pais. Um mês depois, a família relatou que o sistema estava funcionando. Sanjay sorriu: "Agora eles sabem jogar UNO!".

NEGÓCIO ARRISCADO: QUANDO AS ESCOLHAS SOCIAIS DOS ADOLESCENTES DÃO ERRADO

Embora a vida social dos adolescentes com TDAH geralmente seja divertida, enriquecedora e satisfatória, às vezes eles acabam seguindo caminhos indesejáveis e até perigosos. Quando seu filho adolescente faz escolhas arriscadas, pode ser preocupante e assustador. Com muita frequência, os adolescentes nos Estados Unidos enfrentam riscos pelo consumo de tabaco, maconha, álcool e substâncias ilegais, bem como por atividade sexual precoce ou inadequada. Para crianças com TDAH, cujo cérebro demora a amadurecer e que lutam contra a impulsividade e se concentram no prazer do "agora" mais do que nas consequências do "depois", esses riscos podem ser especialmente graves. Estudos indicaram que adolescentes com TDAH de todas as origens são mais propensos a experimentar cigarro, álcool e maconha mais cedo do que seus pares, e são quatro a cinco vezes mais propensos a "aumentar o uso pesado de cigarro e maconha depois de experimentar essas substâncias uma vez".[1] Esses comportamentos também podem diminuir suas chances de concluir o ensino médio no prazo previsto.[2] Tanto meninos quanto meninas com TDAH tendem a iniciar a vida sexual mais cedo do que seus pares, antes dos 15 anos, frequentemente com mais parceiros e às vezes com uma gravidez indesejada.[3] Embora lidar com sugestões sobre intervenções diretas relacionadas ao vício, atividades ilegais e gravidez na adolescência esteja além do escopo deste livro, vamos examinar cuidadosamente por que essas escolhas perigosas podem ser atraentes para crianças com TDAH. Ouvir suas razões para continuar bebendo, fumando cigarro ou maconha ou praticando atividades sexuais precocemente nos oferece boas reflexões sobre seu comportamento além da simples gratificação. Muitos deles buscam essas atividades como outra forma de obter aceitação, serem os "descolados" ou compensar o sentimento de inadequação.

Os adolescentes falam comigo abertamente sobre essas questões e outros tipos de comportamento transgressores. Não é raro perceberem que fizeram escolhas ruins no passado ou que ainda estão fazendo. Às vezes, eles não conseguem ver outras opções sozinhos. E também há os momentos em que não se importam e só querem fazer o que lhes dá vontade.

"Meu pai diz que eu faço escolhas erradas. Ele não gosta dos meus amigos, acha que eles não são boas companhias. Sim, um deles foi suspenso na semana passada por levar vodca para o jogo de futebol na noite de sexta-feira, mas eles são meus amigos. Depois da escola ou nos fins de semana, às vezes ficamos chapados. Não é nada de mais. Todo mundo fuma. Alguns garotos fazem outras coisas, mas, não, essas coisas não são para mim."
Jaden, 15 anos

"Eu costumava transar muito mais quando estava bêbada ou drogada. Meus amigos gostavam muito de sair. Quando estou sóbria com meu TDAH, nem penso nisso com clareza, para começar. Eu transava com muita gente só porque queria. Era divertido. Eu gostava de ser desejada. Não pensava sobre como vou me sentir no futuro."
Rose, 17 anos

"Por volta do fim do nono ano, comecei a beber com meus amigos só porque era divertido. Até bebíamos no ônibus no caminho para a escola, o que, pensando bem, era muito, muito idiota. Então parei de beber e comecei a fumar maconha. É assim que eu consigo sair do meu cérebro. Meu cérebro não gosta de parar de pensar. Está sempre funcionando e pulando de um assunto para outro. Quando você está chapado, fica meio quieto e relaxado."
Anthony, 16 anos

"Se eu estou atrasada, minhas roupas não estão legais e meu cabelo não fica bom, fico transtornada. É idiota, mas fico cada vez mais furiosa e acabo surtando. É quando sinto 'Cara, eu devia fumar um para não entrar nessa'. Como se encobrisse a sensação de odiar meu corpo feio, mas tudo bem porque funciona."

Sofia, 16 anos

Seja fumando maconha ou bebendo com amigos, todos esses jovens lutam para controlar seus impulsos e não têm recursos para fazer outras escolhas. Eles contaram que gostariam de ter agido de maneira diferente, mas eram atitudes que na época pareciam impossíveis. Alguns foram levados pelos pais para terapia; outros me disseram que os pais não sabiam o que eles estavam fazendo.

Obviamente, não existe uma maneira única de lidar com comportamentos de risco como os descritos aqui. As melhores opções são manter uma conexão positiva com o adolescente e nutrir sua autoconfiança. Pode ser muito complicado saber a melhor forma de responder às escolhas indesejáveis ou perigosas de seu filho, especialmente se você estiver aborrecido. *Controle-se antes de falar com ele* e peça ajuda ao seu parceiro, à família e aos amigos de confiança. Talvez algum conhecido já tenha passado por algo parecido e o filho esteja bem agora. Eles podem ter alguns conselhos valiosos para você. Antes de prosseguir, porém, tenha certeza de que você e seu parceiro estão em sintonia com relação à conversa que pretendem ter com seu adolescente.

Com calma, obtenha com seu filho os detalhes – o que, onde, quando e como – de um evento que chamou sua atenção para esses comportamentos de risco. Esclareça as opções que ele viu por conta própria e, se houver, suas reflexões sobre as decisões que tomou e quaisquer outras escolhas que poderia ter feito. Veja se você consegue encontrar um aspecto da situação com o qual possa ter empatia. Talvez como Jaden ou Rose, seu filho ou sua filha tenha sentido a pressão dos colegas. Talvez, como Anthony, quisesse acalmar o cérebro. Pergunte o que ele acha que deve acontecer agora. Esse é um ponto-chave. A maioria sabe bem quando cometeu um erro e tem ideias interessantes sobre qual deve ser o próximo passo.

> A CONFIANÇA DOS PAIS E ADOLESCENTES É COMO UMA CONTA BANCÁRIA COM VIOLAÇÕES QUE LEMBRAM ENTRAR NO CHEQUE ESPECIAL.

Se você tem uma regra familiar que proíbe fumar maconha em casa e seu filho acende um cigarro na varanda em um sábado com alguns amigos, evite tirar o celular dele imediatamente. Em vez disso, converse sobre como é importante para você criar uma casa onde não haja essas substâncias e a quebra de confiança que ocorreu. A confiança dos pais e dos adolescentes é como uma conta bancária com violações que lembram entrar no cheque especial. As crianças entendem essa metáfora e o que significa ir de 25 para 5 negativos. Tente dizer algo como: "Combinamos não beber ou fumar em casa. Estou muito desapontado por você não ter cumprido esse acordo e quebrado minha confiança. Estou curioso para saber por que você fez isso. O que estava acontecendo? Qual você acha que deve ser a consequência agora?". Talvez seu filho sugira ficar de castigo por um mês; talvez ele proponha voltar para casa às 22h30, em vez de meia-noite. Ouça suas ideias e reserve um tempo para considerá-las. Não existe nenhuma regra que determine que você tem que dizer a ele de bate-pronto o que decidiu sobre a situação, mas você deve *oferecer maneiras de reconquistar sua confiança* como parte da decisão, e independentemente do que acontecer, siga seu plano. Caso contrário, ele não o levará a sério.

Apesar de qualquer sarcasmo ou reação típica de um adolescente, seu filho ainda precisa e quer seu apoio. Estar disponível para ouvir, confortar e conversar sobre as coisas é essencial para mantê-los no bom caminho e lidar com comportamentos de risco. Sentir-se competente em algumas áreas, ser aceito pelos colegas e gostar de aspectos de si mesmo também reduz o uso dessas substâncias na adolescência. Quando os adolescentes estão ocupados com esportes, atividades extracurriculares, um emprego de meio período ou um grupo religioso, eles desenvolvem confiança e resiliência. Eles também criam uma rede mais ampla de amigos, de modo que não precisam depender de um grupo que gosta de beber ou fumar. Embora os adolescentes com TDAH que fazem uso de medicamentos tenham mostrado uma probabilidade menor de sofrerem com o abuso de substâncias, muitos adolescentes que usam estimulantes ou não estimulantes ainda as utilizam.[4] Se você está preocupado com questões como uso de drogas e sexualidade na vida de seu filho ou sua filha, recomendo fortemente que busque ajuda profissional. Não é aconselhável lidar com esses desafios sozinho. Procure apoio, se precisar.

13 CONECTADO
Louco por tecnologia

Estes são Josie, Kyle e Destiny, que falam sobre tecnologia em suas vidas:

"Eu amo meu tablet. É minha coisa favorita. Gosto do Google Maps, porque se você digitar dezesseis zero zero, pode ver a Casa Branca. Eu gosto de Cool Math Games, porque me ajuda a melhorar em matemática e minha mãe me deixa jogar quando eu quero. Quando fico brava ou frustrada, meu iPad me acalma."
Josie, 10 anos

"Papai fica furioso a maior parte do tempo, por isso evito a companhia dele ficando no computador. Meus jogos favoritos são Mortal Kombat e Halo 5. Normalmente, ele tem que gritar para eu desligar. Primeiro, ele me diz para parar e eu respondo 'O.k. Só vou terminar este jogo'. E isso leva mais trinta minutos. Então ele grita e fica realmente bravo, aí eu me assusto e desligo. Se tem algo melhor para fazer, é mais fácil desligar. Se não posso ver TV, eu deito na minha cama. Talvez roa as unhas ou durma."
Kyle, 12 anos

"Preciso ficar com meu celular 24 horas por dia, sete dias por semana. Não vivo longe dele. Uso os aplicativos para mensagens de texto, para conversar com meus amigos. Entro no Instagram, Snapchat, Facebook, sei lá, talvez 25 vezes por dia. Fico pensando no que todo mundo está fazendo, se eles estão falando algo sobre mim, quantas curtidas eu tenho. Simplesmente me sinto nua sem ele."
Destiny, 15 anos

Nos Estados Unidos, os jovens com TDAH usam a tecnologia para se divertir, socializar e relaxar, assim como seus pares. Às vezes, ela os ajuda a escapar do estresse diário, a se expressar de forma criativa ou a desenvolver habilidades acadêmicas. Com suas inúmeras opções, a internet e os aparelhos são uma mina de ouro para crianças com TDAH. Elas podem satisfazer instantaneamente sua distração natural fazendo várias coisas ao mesmo tempo: música, vídeos, socialização, lição de casa e muito mais. Embora encontrar estímulo a qualquer hora e em qualquer lugar possa ser emocionante, também pode levar as crianças para mais longe de si mesmas e deixá-las alienadas. Para os pais, a variedade de opções, atividades on-line e de redes sociais para os filhos pode parecer alucinante. É quase impossível acompanhar cada novo jogo ou site e saber quais são adequados. Da mesma forma, é assustador saber como monitorar o que as crianças fazem na internet. Neste capítulo, examinaremos por que a tecnologia é tão atraente para crianças com TDAH e como os Cinco C's ajudam você a lidar bem com esse universo.

NOSSAS VIDAS CONECTADAS

A influência da tecnologia permeia nossa vida. Seja por televisão, computadores, tablets ou celulares, as pessoas ao redor do mundo estão mais conectadas do que nunca. Da infância à terceira idade, todos convivem com telas em sua vida. Seu filho ou sua filha nasceu em um mundo já repleto de tecnologia. Eles dominam essa ferramenta com incrível velocidade e destreza, movendo-se aqui e ali enquanto você provavelmente fica para trás. On-line também é o mundo das interações sociais: o lugar imperdível das crianças de hoje. Considerando que você ia ao shopping, à loja da esquina ou ao clube, seus filhos agora ficam on-line para se encontrarem (socializar), desenvolver interesses especiais (música, vídeos ou jogos de realidade alternativa) ou apenas brincar (navegar na internet, olhar vídeos engraçados do YouTube).[1] A onipresença dos dispositivos móveis torna a atividade na internet uma presença constante na vida deles. Quase 75% das crianças de 13 a 17 anos têm smartphones, e 54% admitem que ficam on-line várias vezes ao dia.[2] Muitas crianças, sobretudo as meninas, criam sua noção de identidade com base em quantas curtidas, retuítes ou seguidores têm, em vez de desenvolver uma autoestima a partir da percepção que têm de si mesmas. A maioria dos jovens com mais de 12 anos admite olhar o celular 25 a 30 vezes por dia para conferirem se receberam uma mensagem, o que os colegas estão fazendo e as opiniões dos outros sobre eles. Estudos indicaram que essa é uma estimativa baixa, com norte-americanos de todas as idades olhando o celular em média 46 vezes por dia.[3]

Muitos pais reconhecem que a exposição excessiva à mídia é arriscada. Embora as crianças de hoje tenham uma aptidão digital para manusear uma ampla variedade de gadgets, elas não costumam adotar muitos padrões éticos nessas práticas. As meninas tendem a gastar mais tempo nas redes sociais; meninos se concentram mais em jogos. A pesquisa encontrou relações significativas entre consumo excessivo de informações e obesidade, uso de tabaco, álcool e maconha, permissividade sexual e baixo desempenho acadêmico.[4] Você pode ajudar seu filho ou sua filha a consumir esses conteúdos de forma saudável, reduzir os riscos comportamentais e criar um equilíbrio entre a vida "pessoal" e a vida "na nuvem".

O mundo on-line de sites, plataformas de mídia social e blogs, para citar apenas alguns, transformou coisas que costumavam ser particulares e pessoais em algo público e tangível. Tudo o que você diz ou faz no mundo virtual deixa uma marca – uma pegada digital. Os adultos muitas vezes se esquecem disso, e as crianças, que talvez nunca tenham aprendido a ter essa consciência, certamente não parecem estar cientes dos perigos. Somando a isso os aspectos impulsivos do TDAH, a probabilidade de pensar nas consequências de deixar uma mensagem sarcástica no perfil alheio ou fazer amizade com alguém da Noruega em um jogo de computador é bastante baixa. Ainda mais que seus colegas, crianças com TDAH simplesmente não têm desenvolvida a capacidade de se conter quando algo parece divertido. Você deve ensiná-los explicitamente a se proteger em ambientes digitais quantas vezes forem necessárias, e *nunca é tarde ou cedo demais para começar*. Regras básicas claras e consistentes sobre tecnologia resultam em escolhas seguras e saudáveis.

Pode ser assustador explicar a crianças e adolescentes por que e como eles devem monitorar suas atividades digitais quando todos estão tão conectados. Um grande estudo com adultos norte-americanos mostrou que 90% deles têm um computador, 74% têm um smartphone conectado à internet e 65% usam redes sociais.[5] Não é mais considerado falta de educação desviar nossa atenção de alguém durante uma conversa para responder uma mensagem – na maioria das vezes, vemos como algo normal. Com que frequência você se afastou de seu filho para mexer no celular, mostrando silenciosamente que eles são menos importantes do que uma mensagem não lida?[6] As partes do cérebro que detectam novidades são ativadas sempre que ouvem uma notificação, incitando-nos a redirecionar a consciência para o prazer potencial de uma nova mensagem. Esses constantes desvios de atenção podem ser viciantes para qualquer pessoa, mas para crianças ou adultos com TDAH, que são naturalmente atraídos por novos estímulos, eles são muito sedutores. Embora um estudo tenha mostrado que 72% dos pais acreditam ser exemplos para os filhos de o que é uma relação saudável com a tecnologia, cerca de 67% admitiram comportamentos que indicavam o contrário: sempre ou frequentemente verificam e-mails, mensagens de texto e redes sociais onde quer que estivessem.[7]

Seus filhos percebem suas ações e se você faz exatamente o que disse para eles não fazerem. J.J., 13 anos, explica o que acontece quando ele e seu pai trabalham na mesa da cozinha:

> O que eu não suporto é o que meu pai faz quando eu pergunto alguma coisa e ele está digitando no computador. Ele vira a cabeça para olhar para mim, mas ainda está olhando para o computador. Me deixa louco. É como se ele nem estivesse prestando atenção. Papai fica bravo comigo quando estou jogando e não olho para ele para responder, já eu não posso reclamar que ele faz a mesma coisa.

Você pode estar trabalhando, organizando as finanças da família ou planejando as férias, mas seu filho ou sua filha não vê diferença em relação ao que eles fazem na internet. O adulto está em uma tela quando eles não estão. Carly, 12 anos, me disse por que os limites de tempo no celular não são justos:

> Meu irmão está no quarto no celular, no computador ou fazendo lição de casa. Papai está no computador fazendo planilhas, e mamãe está no Facebook, trabalhando ou limpando a casa, e não tenho ninguém com quem interagir. É por isso que quero mandar mensagens para meus amigos.

Carly, entediada e sozinha, quer entretenimento e não consegue entender por que seu tempo ao celular é reduzido, enquanto todos os outros na casa podem estar on-line. Essa perspectiva sugere que você (e seu parceiro) reflitam sobre os próprios padrões de uso de aparelhos e computadores antes de começar a abordar a questão da tecnologia em sua família. Entre os pais, 65% concordam que desconectar é importante para a saúde mental, mas apenas 28% realmente o fazem.[8]

EXERCÍCIO 8
Reflexões sobre como você usa a tecnologia

Antes de começar a ensinar cidadania digital, reflita honestamente sobre como você usa a tecnologia.

Com que frequência você acessa seu computador ou celular?

É demais?

Você gosta do exemplo que dá em relação ao uso da tecnologia?

O que gostaria de fazer diferente?

Assim como você instrui com todas as letras os filhos a não mentir, roubar ou agredir, deve transmitir seus valores em relação às boas práticas digitais e à segurança on-line. A etiqueta diz respeito a como você age com as pessoas na internet. Se você não diria algo cara a cara, provavelmente deveria manter a mesma postura on-line. Estabelecer o que esses bons modos significam para sua família é uma discussão coletiva muito importante, que deverá ser repetida periodicamente à medida que seu filho amadurece. Já a segurança se refere a suas pegadas digitais: o legado duradouro de quais sites e aplicativos você visita, o que faz e com quem. É um processo contínuo com muitos avisos. Instrua ou lembre seu filho sobre a segurança básica da internet: eles nunca devem compartilhar senhas com colegas, inserir informações pessoais sem a orientação dos pais, encontrar pessoalmente um estranho que conheceram on-line ou enfrentar cyberbullying ou comportamento inadequado sozinho. Insista em ser seu amigo ou seguidor e ter acesso a todas as suas contas nas redes, inclusive as senhas. Com seu cérebro do tipo "agora/agora não", é importante que sua criança ou seu adolescente com TDAH entenda que as consequências do que ele faz na internet podem persegui-lo por anos.

USAR A TECNOLOGIA É UM PRIVILÉGIO, NÃO UM DIREITO.

Essas lições começam avaliando o papel que você (e seu parceiro) desejam que a tecnologia desempenhe na vida da família. Quais sites, jogos e aplicativos são apropriados para a idade e maturidade de seu filho? Onde e quando ele pode usar seus gadgets? Eles são desligados à noite e, se sim, onde são guardados? Definir esses limites pode ser complicado, porque muitas crianças acham que devem ter livre acesso. A Academia Americana de Pediatria recomenda manter computadores, TVs e outros dispositivos eletrônicos fora dos quartos dos filhos (especialmente antes dos 16 anos ou até que seu filho tenha demonstrado ser maduro e confiável no que diz respeito ao uso da tecnologia).[9] Usar a tecnologia é um privilégio, não um direito. Nenhum poder superior estabelece que seu filho pode jogar Battlefield ou que sua filha pode ter Instagram. Assim como dirigir, obter certos privilégios só é possível quando você demonstra preparo por meio de habilidades desenvolvidas e bom senso.

Com essa clareza sobre o papel da tecnologia em sua casa e os limites que você deseja estabelecer, comece uma discussão frutífera com a família. Você pode encontrar resistência ao definir limites de acesso a sites ou aplicativos, e *tudo bem*. Você está mudando a crença que seus filhos alimentam de que têm tanto direito à tecnologia quanto a comida, roupas, moradia e amor. Você quer poder monitorar a frequência e o conteúdo da atividade deles na internet, o que é muito mais fácil quando o dispositivo fica fora do quarto. Se você tem crianças mais novas, planeje o que podem assistir ou jogar e os horários permitidos. Tente criar um tempo no computador para a família, quando seu filho faz as coisas dele e você cuida das suas. Talvez possam assistir a alguma coisa juntos, e depois falar sobre as imagens e mensagens que você vê. Sugiro que você redija um contrato a partir da discussão que tiveram em família sobre tecnologia, a fim de garantir o consumo saudável de mídias e informações. Excelentes contratos adequados a cada idade estão disponíveis (em inglês) em www.commonsensemedia.org. Peça a todos que assinem para mostrar que você está levando o compromisso a sério e monitore regularmente.

Por fim, considere momentos em família para deixar os aparelhos de lado e conectarem-se uns aos outros. Depois do trabalho, planeje passar a primeira hora em casa reconectando-se com sua família. Se você está "apenas dando uma olhada no celular", então você não está presente. Crianças, mesmo os adolescentes, vão fazer uma cena para chamar sua atenção, então pare antes que qualquer drama ocorra. Experimente estabelecer dias sem tela e façam outras coisas juntos. Use as refeições como horários de interação sem celulares ou televisão.[10]

CONECTA FÁCIL/DESCONECTA TRANQUILO

Embora ligar os dispositivos seja fácil, desligá-los pode ser uma provação para todos. Mestres em procrastinação, crianças com TDAH parecem incapazes de resistir ao apelo do computador, celular ou tablet. Não importa se o objetivo é evitar o tédio, atingir o nível mais alto de um jogo favorito ou trocar mensagens sobre uma briga entre amigos, eles sentem um desejo urgente e apaixonado de estar em frente a uma tela, aconteça o que acontecer. Um dos maiores obstáculos para desligar essas atividades é justamente a percepção de que nada mais parece tão interessante. Terminar um jogo de Minecraft para fazer a lição de casa ou limpar o quarto não tem importância em comparação a ficar on-line.

"Meu jogo favorito é Call of Duty Zombies. Se estou jogando e de repente tenho que parar bem quando estou prestes a matar o monstro zumbi, fico frustrado. Eu falo: 'Mãe, fala sério, por favor'. É melhor quando, tipo, eles jogam de verdade comigo. Gosto de jogos de tabuleiro. Connect Four e Sorry! são os melhores."
Christian, 9 anos

"Tento interagir, mas não tenho ninguém com quem fazer isso. Todo mundo está ocupado. Ontem à noite, roubei meu iPod. Eu estava no banheiro com ele e, depois, mamãe disse: 'Você acabou de levar seu iPod ao banheiro?'. Eu disse: 'Não'. E ela: 'Você está mentindo', e eu disse: 'Acertou'. Minha mãe disse: 'Você tem que parar de desrespeitar os limites de tela'. Aí eu disse: 'Por que você não faz alguma coisa comigo? Não tenho nada para fazer'."
Taylor, 12 anos

"Se eu não sair, papai começa a tirar as coisas de mim. Não funciona, porque vou continuar pedindo telas ou fazendo outras coisas que o irritam, porque assim ele pode devolver. Às vezes, eu desisto quando ele não cede. Se perco meus jogos, fico muito nervoso e continuo enchendo o saco dele."
J.J., 12 anos

Os pais costumam me contar que ameaçam coisas que não podem cumprir ou que não planejam impor para tirar os filhos dos aparelhos. Você sempre faz isso? Um pai estava tão bravo com a filha por ela não sair do celular e atrasá-los para ir à igreja, que ameaçou cancelar sua festa de aniversário. Ela estava histérica quando eles chegaram, e não foi possível entrar no culto. No fim, ele cedeu e a menina teve sua festa. Cada vez que você ameaça e não cumpre, sua credibilidade cai um pouco. Aumentar a aposta para que a punição faça algum sentido –

como proibir o uso de computador por um mês porque seu filho não limpou o quarto – parece severo e, francamente, sem sentido. De qualquer forma, muitas crianças com TDAH não conseguem entender o que significa um mês: parece uma eternidade. Além disso, quando seu filho não participa da discussão sobre o que o ajudaria a parar de jogar ou enviar mensagens, ele não investe de verdade em cooperação. Concentra-se apenas em evitar consequências negativas e não aprende nada sobre como sair das telas. É muito mais eficaz substituir ameaças e punições pelos Cinco C's.

A técnica **Conecta fácil/Desconecta tranquilo** implica definir uma diretriz para o tempo de tela e usar incentivos que signifiquem algo para a criança ou o adolescente. Antes de fazer qualquer coisa, você (e seu parceiro) precisa decidir quanto tempo de tela por dia deseja que seu filho (ou filhos) tenha. As crianças se saem melhor quando têm determinado tempo de tela que está fora de discussão: é o que elas têm, independentemente de seu comportamento. É um direito: elas não precisam conquistar esse tempo e você se livra de ter de negociar todos os dias. Talvez você queira que seu filho acesse a internet uma hora e meia por dia. A primeira hora é esse combinado automático, algo garantido e que não vai ser tirado por mau comportamento, desrespeito, notas baixas etc.

Os outros trinta minutos – a cereja do bolo, o tempo extra que seu filho ou sua filha realmente deseja – servem como um incentivo valioso por trás da motivação e da cooperação para **Conecta fácil/Desconecta tranquilo**. Se seu filho completar a primeira hora e sair do computador *sem discutir* para praticar violino ou arrumar a mesa de jantar, ele pode ganhar os trinta minutos extras, a partir do horário que você escolher. Discuta com seu filho ou sua filha o que deve acontecer caso eles tenham problemas para desconectar depois do tempo de bônus, anote suas ideias e incorpore-as ao plano. Percebi que essas expectativas claras e o desejo por esse tempo extra levam as crianças com TDAH a assumir muitas responsabilidades com menos discussões.

Outro incentivo valioso que você pode usar com o tempo de bônus ou até mesmo sozinho é o tempo com você. Assim como servem de impulso para que as crianças com TDAH façam a lição de casa e as tarefas domésticas, os incentivos também motivam suas crianças ou adolescentes a ficarem off-line. Cada vez mais tenho visto famílias traçarem planos **Conecta fácil/Desconecta tranquilo** quando os pais se oferecem como uma opção para atividades pós-tela – até mesmo para adolescentes. Da mesma forma como identificaram incentivos para realizar tarefas domésticas, criem juntos uma lista de atividades divertidas compartilhadas e deixe-a à vista na cozinha. Explique que eles terão duas opções após se desconectarem. A opção um, se praticarem **Conecta fácil/Desconecta tranquilo**, é poder escolher alguma coisa da lista de atividades; caso contrário, a opção dois é você escolher uma tarefa doméstica que eles terão que cumprir. Agora você está pronto para pôr em prática o método **Conecta fácil/Desconecta tranquilo**. Siga estes passos:

1. No início de uma sessão de tela com tempo estabelecido, configure dois cronômetros: um para você e outro para seu filho. Diga a ele que haverá dois avisos antes da hora de sair: faltando cinco e dois minutos. Use a **Regra de Três** em ambas as situações.

2. Quando o aviso de cinco minutos soar, vá até seu filho ou sua filha e diga: "Este é o seu aviso de cinco minutos. Volto em três minutos". Em seguida, reinicie os cronômetros.

3. Volte em três minutos e diga: "Este é o seu aviso de dois minutos. Estou lembrando para você começar a salvar suas coisas agora". Peça para ele repetir o lembrete. Defina o alarme final.

4. Quando o alarme tocar, se seu filho conseguir um **Desconecta fácil**, elogie-o. Faça a atividade escolhida imediatamente ou diga que ele ganhou o tempo de bônus e quando pode começar.

Faça o que fizer, evite negociar. Continue respirando; lembre-se de que isso é difícil para todos e siga seu plano de Colaboração.

Lembra de Malik, que jogou os ovos na mesa, no capítulo 10? Seus pais adotaram o método **Conecta fácil/Desconecta tranquilo** com ele e a irmã dando informações importantes para o plano da família. No acordo, em caso de **Desconecta fácil** em relação ao computador ou tablet, Malik era recompensado com mais quinze minutos no celular para enviar mensagens ou fazer ligações. Discutir sobre a desconexão, procrastinar ou arremessar o controle do *videogame* eliminava o tempo extra. As crianças então deram uma ideia: se ultrapassassem o tempo daqueles quinze minutos, perderiam o celular no dia seguinte. Os pais, inicialmente inseguros sobre incluir mais tecnologia após o tempo do computador, optaram por experimentar a sugestão, seguindo o espírito de Colaboração. Esse sistema era mais fácil de ser lembrado por todos e reduziu as discussões sobre o que era justo ou não, além das súplicas por mais tempo. Todos foram positivamente surpreendidos.

Esse método pode parecer trabalhoso para você. Quando o sugeri a J.J. e seu pai, o garoto sorriu e disse: "Eu gostei e poderia tentar". O pai, no entanto, recusou:

> Então, agora, toda vez que ele desliga os aparelhos eletrônicos, tenho que jogar Cruiser Director? Não. Eu não tenho tempo para isso. A questão é fazer as coisas difíceis e chatas da vida. Não há problema em começar a usar o computador. O problema é desligá-lo para fazer outra coisa. Ele tem que aprender a fazer isso.

Embora seja verdade que J.J. deve aprender a fazer as "coisas chatas da vida", as discussões frequentes com o pai e as eventuais punições não vão ensinar nada disso. O menino é inteligente e sabe que o pai, sobrecarregado de trabalho, vai esquecer a ameaça ou cansar de cumprir a regra. É por isso que muitas crianças com TDAH não levam os pais a sério. Essas táticas podem funcionar quando são menores, mas no ensino médio os adolescentes são mais espertos e menos medrosos.

A promessa de retirar um privilégio de tecnologia pode surtir efeito temporário em determinado comportamento, mas raramente tem efeitos duradouros. Não ensina as funções executivas necessárias para a vida toda. Como uma ameaça ajuda os jovens a aprenderem a se desconectar de seus jogos e estudar para uma prova de geometria no dia seguinte? Como eles serão capazes de mudar o que estão fazendo e cumprir prazos em seus trabalhos? Crianças com TDAH precisam de assistência extra conforme amadurecem para desenvolver essas habilidades relacionadas a transições, flexibilidade e regulação.

Quando sua criança ou seu adolescente está usando tecnologia ou as redes sociais de maneira inadequada, confiscar os dispositivos faz sentido. Jogar jogos que você não aprova, visitar sites inadequados, enviar mensagens ou fazer postagens com conteúdo impróprio (entre outras coisas) significa que seu filho está fazendo mau uso de seus gadgets. Usando os Cinco C's, essas situações proporcionam conversas e consequências didáticas sobre cidadania digital e segurança on-line. Quando vê uma foto no Instagram de sua filha de 15 anos com uma cerveja em uma festa, você tem razão para ficar preocupado. Use o **Pare, Pense e Aja** e planeje seu curso de ação.

Depois de uma conversa em que ela explica a situação e como se sente a respeito, lembre-a sobre as pegadas digitais. Hoje em dia, com uma rápida pesquisa na internet, é possível encontrar informações a respeito das pessoas. Expresse seus sentimentos com calma e converse sobre a quebra de confiança e como restaurá-la. Use o tempo que for necessário para pensar em suas escolhas e, quando tomar uma decisão, garanta que todos os adultos da casa estejam em sintonia. Em seguida, reúna-se com sua filha e discuta seu plano. Seja excluindo o Instagram ou restringindo o uso do celular, também dê a ela a chance de fazer as pazes e reconquistar a confiança. Observe seu esforço quando ela lhe entrega o celular todas as noites antes de dormir e envia mensagens regularmente com informações sobre onde está. Quando ela segue o acordo, faz depósitos valiosos na conta do banco da confiança.

A ATRAÇÃO DOS JOGOS DE COMPUTADOR

Os jogos de computador são particularmente atraentes para crianças com TDAH porque representam atividades divertidas e interessantes nas quais eles cumprem objetivos específicos e se sentem realizados. Ao trazerem uma mistura de fantasia, música e enredos complexos, os jogos de computador e os *videogames* oferecem uma variedade de desafios envolventes para manter mentes e mãos ocupadas. Seth, 9 anos, me disse: "Quando começo a jogar Mario Kart ou Xbox me acalmo e me concentro. É realmente interessante, como se eu pudesse aprender coisas de verdade". Uma criança com TDAH com uma dificuldade de aprendizagem se sente frustrada por seu desempenho ruim na escola, mas ela tem sucesso sempre que atinge determinado nível no jogo. Segue-se um imediato sentimento de competência.

Claro, a sedução dos jogos eletrônicos reside na tentação de passar para o próximo nível. Nunca é suficiente terminar uma coisa: os jogos o estimulam a seguir em frente. Seu filho ou sua filha pode ficar preso rapidamente no vórtice de "só mais uma partida". Para a maioria das crianças, é difícil resistir a essa tentação. Para crianças com TDAH que tendem a se concentrar demais, ter uma percepção errônea do tempo e se concentrar sobretudo no presente pode ser quase impossível. Quando o "agora" do jogo é totalmente sedutor, não existe "depois". Ter um único objetivo de avançar nas fases se encaixa perfeitamente com o foco excessivo que é natural para crianças com TDAH. Kieran, 10 anos, me diz: "Eu posso ficar hipnotizado, sabe, pelos jogos e níveis. São muito difíceis de passar e eu não consigo parar. Desligo de tudo e me concentro nessa única coisa". Kieran é dominado pela emoção do jogo. Sua mãe acrescenta: "Mesmo quando eu dou a ele um aviso de cinco minutos e digo várias vezes que ele precisa parar e vir jantar, ele simplesmente não responde. Não consegue passar para a próxima tarefa". Quando está jogando, a diretora de Kieran não consegue reunir a motivação e o controle para parar: ele está em seu próprio mundo.

Jogos saudáveis fazem parte de uma vida equilibrada que inclui atividades off-line, amigos atenciosos e se sair bem na escola, nos esportes ou nos hobbies. Às vezes, o fascínio do seu filho pode levar a uma carreira na concepção ou no desenvolvimento desses mesmos jogos. Nunca se sabe. Se você nunca se aventurou nos jogos que seu filho adora, experimente. Sua participação, mesmo que seja a última coisa que você queira fazer, mostra que você se preocupa o suficiente para se interessar pelo que é importante para ele. Isso serve de base de apoio quando você tenta monitorar ou definir limites para certos jogos mais tarde.

Os jogos têm um propósito social: as crianças jogam com amigos ou se conectam com outros jogadores on-line. Compartilhando sua paixão por esses universos on-line, eles criam uma amizade do século XXI que os pais podem ter dificuldade de entender. Elijah, 13 anos, que compartilhou suas dificuldades sociais no início do capítulo 12, me disse que não vê diferença entre os amigos virtuais e os da vida real.

> É mais seguro no computador; as pessoas são mais legais do que a maioria das pessoas que conheço. No computador, você é julgado por suas ações, não só pelo seu gosto. Não estou usando roupas da última moda ou não pratico esportes, então não sou legal. Mas no computador, sou bom em jogos, então sou legal.

Os amigos virtuais são aqueles em quem ele confia porque o aceitam.

Amizades também se formam em torno de interesses comuns no jogo. Marcus, 15 anos, compartilhou seus planos para o verão: "Terminar as séries 'Darksiders' e 'Hitman: Absolution'. Ver se consigo derrotar o Max e chegar a um nível mais alto antes dele. Ele vem para cá e vamos jogar ao mesmo tempo. Contanto que possamos jogar, estamos felizes". Apesar de, por um lado, esses relacionamentos não desenvolverem habilidades típicas de amizade, por outro, oferecem a esses meninos um valioso sentimento de pertencimento e segurança.

Embora o jogo forneça entretenimento ou uma pausa muito necessária em um dia estressante, em outras ocasiões, quando usado em excesso, pode mascarar questões subjacentes como ansiedade, solidão ou baixa autoestima. Muitos pais me dizem que acreditam que os filhos são viciados em jogos eletrônicos. Há uma enorme diferença entre jogar como um complemento da vida diária e jogar como o foco da vida diária. Com frequência vejo crianças com TDAH "viciadas", para quem jogar é a atividade preferida no tempo livre. Elas vão bem na escola, praticam esportes e têm alguns amigos. Quando não têm compromissos, ficam on-line ou jogam *videogame*, mas têm habilidades limitadas para se desconectar de forma cooperativa. Na opinião dos pais, parecem viciados, e talvez estejam, de fato, excessivamente envolvidos com a tela. Quando os jogos eletrônicos têm prioridade sobre todas as outras atividades (escola, amizades, atividades extracurriculares), apesar das consequências negativas consideráveis (mal desempenho escolar, isolamento social etc.), então se tornaram prejudiciais à saúde e seu filho pode ficar viciado. Isso requer atenção profissional.

CONECTADO UM AO OUTRO 24 HORAS POR DIA, SETE DIAS POR SEMANA

"Eu sou legal? As pessoas gostam de mim? Sou atraente?" Para as crianças mais velhas e para os adolescentes que falaram comigo, a vida social on-line é a vida social real. Celeste, 17 anos, explicou:

> Acho que tudo faz parte de uma coisa só, porque você não pode realmente separar suas ações de uma plataforma para outra. Ainda faz parte de quem você é. Não é como se você pudesse se desvincular completamente de sua imagem on-line.

Redes sociais como Facebook, Instagram e Snapchat são um termômetro constante de popularidade, pertencimento e conexão. Os jovens usam seus perfis para aumentar popularidade ou comentar o *status* uns dos outros, para o bem ou para o mal. Nessas plataformas, eles podem ter determinada aparência ou desempenhar papéis que talvez não sejam capazes de manter ao vivo: são divertidos, atraentes, corajosos, maldosos, atenciosos.

"Bem, eu costumava me apresentar de forma muito diferente em geral. Poucas pessoas me conheciam de verdade, então minhas redes sociais retratavam cabelos lisos, lentes de contato e maquiagem o tempo todo. Quando, na realidade, geralmente estou de cabelo encaracolado, óculos e sem maquiagem."

Sonya, 17 anos

"Com certeza sempre posto minha melhor versão. Posto uma foto minha ou com meus amigos. Nós sempre parecemos superbem, e eu pareço superlegal, mesmo que eu nem sempre me sinta assim."

Jackson, 14 anos

As crianças também dizem ou fazem coisas por mensagem ou no mundo virtual que não fariam pessoalmente. Sem ver as reações de um colega, têm pouca ou nenhuma noção do impacto de suas palavras ou ações. A classificação é um exemplo perfeito. Destiny explicou como ela (e suas amigas) avaliam "a aparência de alguém com mais sinceridade do que eu diria na cara dela, porque não tenho que lidar com a pessoa". Cada post, cada like, cada seguidor dá aos nossos filhos informações sobre sua posição em relação aos colegas. A pressão para manter a imagem que criaram, acompanhar o que está acontecendo e manter contato com os outros é enorme. Isso gera insegurança e ansiedade. Para crianças com TDAH, que já podem ter problemas com os colegas, a intensidade das redes sociais aumenta o estresse.

Essas plataformas, sem dúvida, têm benefícios. Da mesma forma que muitos jovens podem se sentir mais livres para dizer coisas ruins uns para os outros on-line, eles parecem se sentir mais confortáveis para defender o que consideram certo. Esses locais permitem demonstrações de afeto em aniversários ou datas comemorativas, e são espaços para mostrar carinho e aprovação. Muitas vezes, as crianças me contam como se unem on-line para defender alguém. Pablo, 15 anos, explica:

Se alguém postar algo que é ofensivo para determinado grupo, eu me manifesto. Posso não fazer isso cara a cara, mas faço no Facebook. Muitos dos meus amigos que nem mesmo se identificam com esse grupo vão reagir a essa outra pessoa. Sim, eles são muito mais propensos a defender um hispânico ou negro ou alguém que é gay ou transgênero do que eu acho que seriam pessoalmente.

Se ser solidário cara a cara parece estranho, a internet oferece uma oportunidade mais segura para se manifestar.

Assim como são suscetíveis a se envolverem demais com computador e *videogames*, as crianças com TDAH correm o risco de depender demais de seus aparelhos, redes sociais e mensagens para distração e envolvimento. Tanto meninos quanto meninas, com 13 anos ou mais, relataram usar o celular mais de 25 vezes por dia para ver se há notificações ou novas mensagens.

> "Eu acesso umas cinquenta vezes por dia, talvez? Eu nem sempre mexo no celular, mas sempre vejo se há notificações. Às vezes não tem nenhuma, e aí vou dar uma olhada nas redes sociais. Costumo entrar em tudo. Instagram, Twitter e Snapchat."
> Henry, 16 anos

> "Provavelmente duas vezes por hora, em média. Talvez mais. Em geral vejo mensagens, e-mail e Snapchat. Só para ver se as pessoas entraram em contato comigo, porque nem sempre aparece notificação. Eu uso o Facebook Messenger para me comunicar com alguns amigos e o Snapchat apenas para coisinhas fofas que encontro ao longo do dia."
> Amari, 17 anos

> "Sou viciada em estímulos, como dizem. Se me sentir desocupada em um momento, pego o celular, assisto a alguma coisa, leio algo. Preciso desse estímulo visual. Estou constantemente em sites idiotas, sempre procurando coisas. Preciso de informações o tempo todo."
> Jasmine, 17 anos

Não ter o celular significa ficar entediado e desconectado. Ana, 15 anos, comenta: "Quando não estou com o meu celular, fico mais ansiosa do que o normal, porque ele está sempre comigo, então é como se estivesse sem calcinha ou algo assim". Sem o aparelho, as crianças se sentem desgarradas, alienadas dos acontecimentos da vida dos colegas e com receio de perder algo.

Para algumas crianças com TDAH, acessar a internet para ver o que outras pessoas estão fazendo ajudou, fazendo com que se sentissem envolvidas; em outras, provocou um sentimento de exclusão. Ethan, 17 anos, descreveu suas escolhas on-line:

> Eu diria que geralmente entro no Instagram para ver fotos de cabelo, já que estou estudando cosmetologia. Também meninos bonitos, cachorros e outras coisas. Quando estou no Twitter e no Snapchat, sinto que estou mais em uma rede fechada. Eu conheço a maioria das pessoas que sigo, então vou ver o que elas estão postando. Procuro o que Morgan ou outro amigo está fazendo, coisas assim... Também tenho Facebook, mas não uso porque não gosto da galera que posta nele.

Embora agora passe mais tempo lendo do que compartilhando conteúdo, Ethan mudou suas postagens ao longo dos anos:

> Eu costumava falar sobre coisas estúpidas que estava fazendo. Tipo, se tivesse uma questão com meus amigos, eu tuitava sobre isso, ou, se tivesse terminado com meu namorado, postava uma foto no Instagram com uma legenda cafona. Provavelmente inadequado para o mundo inteiro ver e algo que nem todos precisam saber. Eu não faria isso agora.

Conforme seus lobos frontais amadurecem, Ethan desenvolve maior capacidade de controle de impulsos e compreensão interpessoal. Ele não sente mais necessidade de discutir assuntos pessoais na internet como fazia antes.

Infelizmente, estudos mostram que a maioria dos pais não domina bem o universo acelerado e mutante das mídias sociais.[11] Eles simplesmente não conseguem acompanhar o que é novo e interessante, e às vezes julgam mal o que os filhos fazem on-line e quanto usam essas plataformas. Você pode ser amiga de sua filha de 13 anos no Facebook, ver uma foto dela sorrindo com amigos na praia e achar que está tudo bem, mas talvez não perceba que todas as outras garotas estão marcadas na foto, mas ela não. Essa omissão, embora aparentemente inocente, pode muito bem ser uma manobra intencional para demonstrar exclusão. Parece paranoico? Sim, mas essas táticas sutis se impõem a nossos filhos todos os dias.

Em geral, pais e filhos falam comigo sobre discussões recorrentes relacionadas ao uso da internet. Muitos pais restringem o tempo on-line confiscando o celular, tablet ou notebook dos filhos à noite. Outros limitam certos sites, controlam senhas e seguem ou se tornam amigos dos filhos nas redes. Embora você possa não compreender as complexidades do envolvimento de seu filho adolescente com as redes sociais, sua presença e supervisão reduzem os conflitos e as angústias dos jovens nesse mundo virtual.[12] Quando os pais acompanham o que está acontecendo on-line, parece que as crianças se esforçam mais para criar conteúdo mais apropriado. Meg, 13 anos, falou sobre isso:

> Tenho que ter cuidado porque sou amiga dos meus pais no Facebook, Instagram e Snapchat. Sempre houve o discurso de "todo mundo vai ver isso". Acho que no começo isso me deixou um pouco mais contida. Eu tive uma conta falsa no Instagram por alguns meses. Já tive minha cota de discussões com pessoas no Facebook, mas saber que meus pais vão ver isso sempre me faz pensar mais sobre as palavras que vou usar, o que é difícil para mim, com meu DDA.

Apesar das dificuldades com o pensamento de causa e consequência, Meg tenta editar suas palavras e ações. Ela me disse que cometeu alguns erros: postar uma foto feia de um amigo ou escrever algo maldoso sobre o ex-namorado. Quando os pais viram, conversaram com ela sobre "agir melhor e sobre como não tratamos as pessoas desse jeito em nossa família, e fiquei sem celular por, tipo, um dia. Na real, eles estavam certos".

Fazer parte da vida on-line de seu filho adolescente é o melhor caminho para conhecer o mundo dele e o que ele enfrenta. Também permite que você monitore as postagens para ver se são adequadas. Peça a seu filho ou sua filha para mostrar o Instagram ou Snapchat, caso você não tenha um perfil. Olhe as pessoas ou organizações que eles seguem no Twitter e fale sobre o que as torna interessantes. Você quer que ele venha até você em vez de procurar informações on-line quando surgirem questões sociais ou conflitos entre colegas. Fazer parte da rede social deles mantém você informado e os incentiva a seguir as boas práticas da internet. Quando você lembra que aprender cidadania digital exige tempo e prática, pode abordar deslizes com Compaixão, Colaboração e Consistência, e boas escolhas com Celebração.

OBSERVAÇÕES FINAIS
Esperança e confiança

Este livro termina da mesma forma como começou: com as vozes de crianças com TDAH. Elas compartilharam histórias sobre desafios escolares, problemas com medicamentos, dificuldade de aprendizagem, organização, amizades e tecnologia. Elas também me deram bons conselhos que servem para outras famílias, mencionando atitudes benéficas de seus pais:

"Apenas conheça seu filho. Seja o mais paciente possível. Às vezes fica difícil, e ficou mesmo. Eles também me diziam esse tipo de coisa, e outras como: 'Você não é burro', 'vai ficar tudo bem, está tudo bem. Muitas pessoas passam por isso'."
Hunter, 17 anos

"Eu tenho menos discussões com meu pai agora, depois de começar a fazer terapia, então diria que isso nos ajudou, embora eu realmente não quisesse ir. Meu pai está começando a confiar mais em mim. Antes eu dizia: 'Não sei como fazer isso', e ele pensava que eu estava tentando fugir da obrigação, mas agora ele acredita mais em mim."
Drew, 12 anos

"Minha mãe é a principal pessoa com quem eu converso sobre isso. Ela é superprestativa e está sempre me dizendo para anotar as coisas. Ela garante que agora eu faça tudo de forma mais independente do que antes."
Nadia, 15 anos

"Meu avô, minha avó e minha mãe me ouvem. Eu sei que eles entendem que eu tenho TDAH... Às vezes me sinto muito lento e triste. O carinho da minha mãe deixa isso melhor. A tristeza vai embora."
Kieran, 10 anos

"Meu pai era provavelmente a pessoa mais importante, porque ele sempre estava me ajudando a descobrir maneiras de eu me virar. Ele nunca interferiu, a menos que fosse necessário ou eu pedisse. Ele também me ajudava com várias técnicas de respiração e me lembrava: 'Ei, vamos tentar nos concentrar'. Era irritante, mas agora percebo que ele estava só tentando me ajudar e me direcionar para lembrar de recuperar o foco."

Sonya, 17 anos

Paciência, escuta, afeto, confiança e redirecionamento: os meus Cinco C's da parentalidade TDAH que você aprendeu aqui são abarcados por esse tipo de apoio familiar. Em vez de vozes alteradas, mal-entendidos dolorosos, ameaças infrutíferas e soluções unilaterais para problemas, agora você se controla antes de lidar com seu filho, ouvir suas palavras e ações e descobrir o que está acontecendo. Juntos, vocês fazem acordos para domar o monstro da lição de casa, limpar o quarto e desligar o computador em troca de bons incentivos, que incluem interações com você. A criança ou o adolescente melhora a cooperação porque desejar participar. Ao ver seus esforços, você os elogia. Com autoControle, Compaixão, Colaboração, Consistência e Celebração, você nutre a conexão, ensina lições de vida e aumenta a autoestima de seu filho.

Pode parecer impossível ajudar sua filha a reagir àquela voz negativa quando ela não consegue escrever o trabalho de história às vésperas do prazo; lembrar de **Parar, Pensar e Agir** quando seu filho destruir furioso o castelo da irmã; ou confiar no **Conecta fácil/Desconecta tranquilo** quando depara com uma criança aos berros que se nega a desligar o jogo de computador. Eu sei que você pode fazer todas essas coisas. Usar os Cinco C's requer prática e podem ocorrer alguns tropeções antes de se tornarem um hábito. Continue tentando mesmo assim. Qualquer estresse inicial que você enfrente vai desaparecer à medida que sua família começar a alcançar as intenções desejadas – juntos. Fazer ajustes em tabelas e acordos e continuar apoiando seu filho por mais tempo do que você acha que deveria garante que essas habilidades de funções executivas entrem em cena e a diretora possa gritar "Ação!".

As crianças sempre me dizem que querem se sentir ouvidas. Ouça sua criança ou seu adolescente. Você não precisa ceder aos desejos dele, mas precisa reconhecer as preocupações que sente, de modo a garantir a participação de seu filho. Ter essa adesão, junto ao amor, à compreensão e à confiança dos pais, faz toda a diferença para que o sucesso seja duradouro.

Apesar de quaisquer desafios que você e seu filho ou sua filha possam enfrentar agora, as coisas vão melhorar. Recentemente, conversei com várias crianças e adolescentes de minhas entrevistas iniciais e fiquei feliz em ver como a vida deles havia melhorado. Camilla, 13 anos, que falava sobre a solidão social, matriculou-se em uma escola especializada em artes, com alunos de perfis variados, onde ela faz dança e encontrou amigos com quem se relacionar. José, agora com 14 anos, frequenta o ensino médio, onde tem um programa de ensino individualizado, tira notas altas e joga futebol o ano todo. Ele não estuda mais com a professora particular que havia sugerido tirar fotos da lição de casa escrita na lousa. Maisie, cuja ansiedade em relação à hora de dormir mantinha tanto ela quanto os pais acordados, frequentou aulas de teatro e agora, aos 13 anos, se apresenta em uma produção de teatro comunitário todos os anos. Ela ainda fica ansiosa com as provas, mas tem dormido melhor. Malik, agora com 15 anos, não é mandado para a diretoria da escola há seis meses e "perde a cabeça" com muito menos frequência em casa. Ele adora ser o *beatboxer* no grupo de canto *a cappella* da escola.

Kayla, 20 anos, começou duas faculdades diferentes, ambas com duração de 4 anos, antes de se transferir para uma terceira, que finalmente parece ser a opção certa. Ela teve direito a adaptações para acompanhar as aulas e fazer as provas, o que precisou organizar e coordenar por conta própria. Ethan, de 20 anos, frequentou a escola de cosmetologia e agora trabalha feliz como assistente de cabeleireiro. Henry, de 19 anos, foi reprovado em seu primeiro semestre em uma faculdade comunitária local e decidiu tirar uma folga dos estudos, mudando-se para uma cidade próxima, onde trabalha com vendas e se sustenta. Orgulhoso de sua independência, ele espera retornar à faculdade no próximo ano, fazendo poucas matérias por período. Superando obstáculos e aprendendo à medida que avançam, todas essas crianças estão trilhando com sucesso seu caminho no mundo.

Por fim, deixo vocês com os conselhos das crianças para outros jovens com TDAH. Suas palavras refletem jornadas corajosas por meio de lutas na escola, em casa e com os colegas. Que suas histórias o inspirem tanto quanto me incentivaram a escrever este livro. Sugiro que você as compartilhe com seu filho ou sua filha.

"Continue se esforçando. A maioria dos professores vai responder bem se você realmente levantar a cabeça e mostrar que está se esforçando muito. Eles podem não dar a você as maiores oportunidades do mundo, mas geralmente estão lá para ajudar. Mesmo não sendo branco, você ainda pode ter esperança de progredir e acompanhar a cultura de poder em que vivemos, se for capaz de se arriscar. Vai dar tudo certo."

Carlos, 15 anos

"Haverá tropeços no caminho, mas você pode superá-los. Ninguém é perfeito, você não é perfeito e tudo bem. É a vida. Contanto que você tenha pessoas para ajudá-lo, como professores ou pais, e bons amigos, você pode superar. Só precisa aprender a controlar sua raiva."

Kia, 12 anos

"Há momentos em que você precisa reagir e dizer: 'Embora eu tenha essa distração, esses problemas de concentração, vou me esforçar ainda mais'. Existem algumas partes do TDAH com as quais você aprende a conviver. É parte da sua identidade e do que o constitui. Você começa a entender um pouco mais. É sempre um desafio, mas definitivamente as coisas melhoram."

Oscar, 14 anos

"Você não é diferente de ninguém, apenas a sua atenção funciona de outra forma. Você deve entender que vai crescer tendo que contornar algumas coisas e encontrar suas próprias estratégias para ter sucesso, assim como todo mundo. Isso não significa que você é burro. É que você tem dificuldade em fazer coisas, como se concentrar. Sentir-se diferente é algo que sempre vai acontecer, mas não pense nisso de um jeito negativo. Você é um ser humano, você é igual a todos e pode fazer o que quiser, quando quiser. Você só tem que se esforçar para isso."

Ivan, 17 anos

Agradecimentos

Em primeiro lugar, gostaria de agradecer a todos os jovens e suas famílias cujas histórias tornaram este livro possível. Foi um grande privilégio conversar e trabalhar com vocês. A coragem, o humor e a persistência que demonstram são uma inspiração constante.

Muitas pessoas ajudaram a dar forma a este projeto. Obrigada a Janine Roberts, doutora em educação, e Carol Saline, por sua incansável edição e pelo apoio contínuo, e por me mostrarem o que significa ser escritora. Minha gratidão aos doutores Jane Cross, Jamie Bell e Jonathan Schwab e seus consultórios pediátricos, por organizarem os encontros com as famílias interessadas. Obrigada a Sam Intrator, PhD, e à dra. Jo Glading-DiLorenzo, por organizarem entrevistas com crianças do Project Coach. Jonathan Lichtenstein, doutor em psicologia, ofereceu ótimas informações sobre neuropsiquiatria. Melinda Messeck, Rae Maltz, Maggie Peebles-Dorin, Isabel Snodgrass e Jonah Hahn forneceram excelente assistência à pesquisa; Sarina Hahn criou ilustrações originais; e os doutores Kyle e Marsha Pruett, Julie Mencher, o dr. Aaron Beck, Rachel Simmons, o pessoal da Big Yellow e Elaine Taylor-Klaus ofereceram apoio inicial e contínuo a esta empreitada. Joann Levin, John Joelson e Kathy Eckles me proporcionaram lugares tranquilos e bonitos onde pensar e escrever.

O feedback perspicaz de meus leitores dedicados – Kathy Casale, mestre; Margaret Miller, doutora em educação; e Kenneth Hahn – melhorou imensamente este livro. Tenho muita sorte de ter um círculo maravilhoso de amigos cujo incentivo costuma vir quando é mais necessário. Um agradecimento especial à dra. Laura Markham, uma dessas pessoas verdadeiramente generosas que nutrem o sucesso alheio. Ela tem sido uma defensora do meu trabalho, apoiando-me de todas as maneiras possíveis, incluindo com apresentações ao pessoal da TarcherPerigee.

A Marian Lizzi e sua incrível equipe na TarcherPerigee, obrigada por acreditarem no meu trabalho e o terem melhorado tanto. Foi um grande prazer colaborar com vocês ao longo deste projeto. Sou muito grata por suas edições criteriosas, pelo entusiasmo autêntico com este livro e a paciência contínua com minhas muitas perguntas. Suzy Evans, minha agente, sua orientação e apoio têm sido um padrão valioso. Christina Veal, sou extremamente grata por sua gentileza constante, trabalho de relações públicas e conhecimento de marketing.

Minha mais profunda gratidão à minha família. Kenny, Jonah e Sarina, vocês me ensinaram o verdadeiro significado de amor, paciência e conexão. Vocês me lembram constantemente da preciosa âncora que as famílias podem ser e trazem muita luz para minha vida. Eu sou uma pessoa, mãe e esposa melhor por causa de vocês. Um sincero agradecimento ao meu marido, Kenny, minha fortaleza e melhor amigo, pelas inúmeras maneiras pelas quais acreditou em mim e me incentivou.

Por fim, sou grata a todos os pesquisadores que estudam o TDAH e compartilham suas informações importantes conosco. Sem o trabalho de vocês, este livro nunca teria virado realidade.

Fontes para os pais

ORGANIZAÇÕES

Children and Adults with Attention-Deficit/Hyperactivity Disorder (CHADD) (www.chadd.org): fornece informações, grupos de apoio locais e revista mensal.

Learning Disabilities Association of America (www.ldaamerica.com): oferece programas, recursos, defesa e pesquisas sobre dificuldades de aprendizagem.

Common Sense Media (www.commonsensemedia.org): oferece artigos, resenhas e classificações independentes sobre televisão, jogos, livros, filmes e aplicativos.

ADHD Coaches Organization (www.adhdcoaches.org): apresenta informações sobre treinamento, boletim informativo e programas de TDAH.

SITES RELACIONADOS A TDAH

www.drsharonsaline.com: blog mensal, vídeos informativos, podcast e apoio gratuito para pais com base em estratégias práticas e integrativas de atenção, comportamento e aprendizagem.

www.additudemag.com (*ADDitude Magazine*): boletins informativos e revista mensal sobre o universo TDAH.

www.impactadhd.com: blog, suporte gratuito, recursos, vídeos, treinamentos e orientação para pais.

www.understood.org: informações, blog e comunidade de apoio para pais sobre questões de aprendizagem e atenção para crianças entre 3 e 20 anos.

www.drhallowell.com: notícias, artigos, aplicativos e blogs sobre como viver com TDAH a partir da abordagem do especialista internacional em TDAH e autor de best-sellers dr. Edward Hallowell.

www.brownadhdclinic.com: livros, artigos, recursos e blog do principal especialista e pesquisador em TDAH, dr. Thomas Brown.

www.russellbarkley.org: livros, boletim informativo *ADHD Report*, fichas técnicas e cursos do dr. Russell Barkley, autoridade no assunto.

www.smartbutscatteredkids.com: blog e livros sobre o desenvolvimento de funções executivas em crianças e adolescentes dos drs. Peg Dawson e Richard Guare.

SITES ÚTEIS AOS PAIS

www.ahaparenting.com: conselhos gerais para os pais, blog, vídeos e recursos produzidos com uma perspectiva empática e cuidadosa, da especialista internacional em pais e autora dra. Laura Markham.

www.lynnlyonsnh.com: apoio, conselhos e blog para ajudar as famílias a lidar com a ansiedade, da autora e assistente social Lynn Lyons.

www.livesinthebalance.org: recursos, boletim informativo, workshops, vídeos e defesa para pais e educadores sobre crianças com desafios comportamentais, do autor, médico e pesquisador dr. Ross Greene.

www.thefamilydinnerproject.org: dicas, blog, recursos e receitas para ajudar os pais a criar jantares em família divertidos e bem-sucedidos.

Notas

CAPÍTULO 1

1. GREENE, R. W. *Lost at school*: why our kids with behavioral challenges are falling through the cracks and how we can help them. New York: Scribner, 2008.
2. TAFFEL, R. *Childhood unbound: saving our kids' best selves* – confident parenting in a world of change. New York: Free Press, 2009.
3. BAUMRIND, D. Child care practices anteceding three patterns of preschool behavior. *Genetic Psychology Monographs*, v. 75, n. 1, p. 43-88, 1967.
4. HONIG, A. S. Research in review: compliance, control, and discipline. *Young Children*, v. 40, n. 2, p. 50-8, 1985.
5. KOHN, A. *Unconditional parenting*: moving from rewards and punishment to love and reason. New York: Atria, 2005.
6. THE MINDFUL CLASSROOM. Self-regulation one breath at a time, 2012. Disponível em: www.themindfulclassroom.wordpress.com/tag/mindful-breathing/. Acesso em: 15 fev. 2021.
7. MARKHAM, L. *Peaceful parent, happy kids:* how to stop yelling and start connecting. New York: Perigee Book, 2012.
8. SHAW, P. *et al*. Attention-deficit/hyperactivity disorder is characterized by a delay in cortical maturation. *Proceedings of the National Academy of Sciences*, v. 104, n. 49, p. 19649-54, 2007.
9. DALAI LAMA. *The art of happiness*: a handbook for living. New York: Riverhead, 1998.
10. HALLOWELL, E. M.; JENSEN, P. S. *Superparenting for ADD:* an innovative approach to raising your distracted child. New York: Ballantine, 2008.
11. BAUMEISTER, R. F. *et al*. Bad is stronger than good. *Review of General Psychology*, v. 5, n. 4, p. 323-70, 2001.
12. FREDRICKSON, B. L. *Positivity:* top-notch research reveals the upward spiral that will change your life. New York: Three Rivers Press, 2009, p. 32.

CAPÍTULO 2

1. HALLOWELL; JENSEN, *op. cit.*

2. DOUGLAS, V. I. Stop, look and listen: the problem of sustained attention and impulse control in hyperactive and normal children. *Canadian Journal of Behavioural Science/Revue Canadienne des Sciences du Comportement*, v. 4, n. 4, p. 259-82, 1972.

3. *Diagnostic and statistical manual of mental disorders:* DSM-5. Washington, DC: American Psychiatric Publishing, 2014.

4. FARAONE, S. V. *et al.* The worldwide prevalence of ADHD: Is it an American condition? *World Psychiatry*, v. 2, n. 2, p. 104-13, 2003; POLANCZYK, G. *et al.* The worldwide prevalence of ADHD: A systematic review and metaregression analysis. *American Journal of Psychiatry*, v. 164, n. 6, p. 942-8, 2007.

5. WILLCUTT, E. G. The Prevalence of DSM-IV attention-deficit/hyperactivity disorder: a meta-analytic review. *Neurotherapeutics*, v. 9, n. 3, p. 490-9, 2012; VISSER, S. N. *et al.* (2014). Trends in the parent-report of health care provider: diagnosed and medicated ADHD: United States, 2003-11. *Journal of the American Academy of Child and Adolescent Psychiatry*, v. 53, n. 1, 34-46.

6. CENTERS FOR DISEASE CONTROL AND PREVENTION. Attention-deficit/hyperactivity disorder (ADHD), 2017. Disponível em: www.cdc.gov/ncbddd/adhd/data.html. Acesso em: 15 fev. 2021.

7. RUCKLIDGE, J. J. Gender differences in ADHD: implications for psychosocial treatments. *Expert Review of Neurotherapeutics*, v. 8, n. 4, p. 643-55, 2008.

8. CENTERS FOR DISEASE CONTROL AND PREVENTION, *op. cit.*

9. BARKLEY, R. A. *Taking charge of ADHD:* the complete, authoritative guide for parents. 3. ed. New York: Guilford Press, p. 112-3, 258-60, 2013; WILENS, T. E. *et al.* Does stimulant therapy of attention-deficit/hyperactivity disorder beget later substance abuse? A Meta-Analytic Review of the Literature. *Pediatrics*, v. 111, n. 1, p. 179-85, 2003.

10. WATTS, V. ADHD diagnoses climb across racial/ethnic groups. *Psychiatric News*. American Psychiatric Association, 2016.

11. STARCK, M.; GRÜNWALD, J.; SCHLARB, A. A. Occurrence of ADHD in parents of ADHD children in a clinical sample. *Neuropsychiatric Disease and Treatment*, v. 12, p. 581-8, 2016; LARSSON, H. *et al.* The heritability of clinically

diagnosed attention deficit hyperactivity disorder across the lifespan. *Psychological Medicine*, v. 44, n. 10, p. 2223-9, 2014.

12. BIEDERMAN, J. *et al.* High risk for attention deficit hyperactivity disorder among children of parents with childhood onset of the disorder: a pilot study. *American Journal of Psychiatry*, v. 152, n. 3, p. 431-5, 1995.

13. BARKLEY, *Taking charge of ADHD*, p. 112-3, 258-60; BANERJEE, T. D., MIDDLETON, F. e FARAONE, S. V. Environmental risk factors for attention-deficit hyperactivity disorder. *Acta Paediatrica*, v. 96, n. 9, p. 1269-74, 2007.

14. ARNSTEN, A. F. Toward a new understanding of attention-deficit hyperactivity disorder pathophysiology: an important role for prefrontal cortex dysfunction. *CNS Drugs*, v. 23, sup. 1, p. 33-41, 2009; RUBIA, K., ALEGRIA A. A.; BRINSON, H. Brain abnormalities in attention-deficit hyperactivity disorder: a review. *Revista de Neurología*, v. 58, sup. 1, S3-S18, 2014.

15. MONASTRA, V. J. *Parenting children with ADHD:* ten lessons that medicine cannot teach. 2. ed. Washington, DC: APA LifeTools, 2014.

16. VOLKOW, N. D. et al. Evaluating dopamine reward pathway in ADHD: clinical implications. *JAMA: The Journal of the American Medical Association*, v. 302, n. 10, p. 1084-91, 2009.

17. BROWN, T. E. *A new understanding of ADHD in children and adults*: executive function impairments. New York: Routledge, 2013; GALLO, E. F.; POSNER, J. Moving towards causality in attention-deficit hyperactivity disorder: overview of neural and genetic mechanisms. *The Lancet Psychiatry*, v. 3, n. 6, p. 555-67, 2016.

18. BROWN, *op. cit.*

19. WOLTERING, S. *et al.* Executive function in children with externalizing and comorbid internalizing behavior problems. *Journal of Child Psychology and Psychiatry*, v. 57, n. 1, p. 30-8, 2017. Disponível em: www.doi.org/10.1111/jcpp.12428. Acesso em: 15 fev. 2021.

20. BROWN, *op. cit.*

21. MAYES, S. D. e CALHOUN, S. L. Frequency of reading, math, and writing disabilities in children with clinical disorders. *Learning and Individual Differences*, v. 16, n. 2, p. 145-57, 2006. Disponível em: www.doi.org/10.1016/j.lin-

dif.2005.07.004. Acesso em: 15 fev. 2021.

22. DUPAUL, G. J.; GORMLEY, M. J.; LARACY, S. D. Comorbidity of LD and ADHD: implications of DSM-5 for assessment and treatment. *Journal of Learning Disabilities*, v. 46, n. 1, p. 43-51, 2012. Disponível em: www.doi.org/10.1177/0022219412464351. Acesso em: 15 fev. 2021.; LARSON, K. *et al*. Patterns of comorbidity, functioning, and service use for US children with ADHD, 2007. *Pediatrics*, v. 127, n. 3, p. 462-70, 2011; MAYES S. D.; CALHOUN, S. L. *op. cit*.

23. MEDINA, J. Specific learning disorder. *Psych Central*, 2017. Disponível em: www.psychcentral.com/disorders/specific-learning-disorder. Acesso em: 15 fev. 2021.

24. SEXTON, C. C. et al. The co-occurrence of reading disorder and ADHD. *Journal of Learning Disabilities*, v. 45, n. 6, p. 538-64, 2012. Disponível em: www.doi.org/10.1177/0022219411407772. Acesso em: 15 fev. 2021.

25. SHAYWITZ, S. E.; GRUEN, J. R.; SHAYWITZ, B. A. Management of dyslexia, its rationale, and underlying neurobiology. *Pediatric Clinics of North America*, v. 54, n. 3, p. 609-23, 2007.

26. KUTSCHER, M. L.; ATTWOOD, T.; WOLFF, R. R. *Kids in the syndrome mix of ADHD, LD, autism spectrum, Tourette's, anxiety and more!*: the one-stop guide for parents, teachers and other professionals. London: Jessica Kingsley, 2014.

27. MAYES, S. D.; CALHOUN, S. L. Learning, attention, writing, and processing speed in typical children and children with ADHD, autism, anxiety, depression, and oppositional-defiant disorder. *Child Neuropsychology*, v. 13, n. 6, p. 469-93, 2007; YOSHIMASU, K. *et al*. Written-language disorder among children with and without ADHD in a population-based birth cohort. *Pediatrics*, v. 128, n. 3, e605-12, 2011.

28. Esses padrões podem ser chamados de "transtorno desafiador opositivo". Geralmente surgem na infância e muitas vezes refletem também dificuldades de relacionamento. Às vezes, esses problemas se transformam em questões mais sérias na adolescência, incluindo roubo, destruição de propriedade ou mentira persistente. Ver: BARKLEY, R. A. *Attention-deficit hyperactivity disorder: a handbook for diagnosis and treatment*. 4. ed. New York:

Guilford Press, 2015, p. 184-218; LARSON, K. *et al.*, *op. cit.*

29. HOZA, B. Peer functioning in children with ADHD. *Ambulatory Pediatrics*, v. 7, sup. 1, p. 101-6, 2007.

30. BARKLEY, *Attention-deficit hyperactivity disorder*; ELIA, J.; AMBROSINI, P.; BERRETTINI, W. ADHD characteristics: I. concurrent co-morbidity patterns in children and adolescents. *Child and Adolescent Psychiatry and Mental Health*, v. 2, n. 1, p. 15, 2008.

31. MASI, L.; GIGNAC, M. ADHD and comorbid disorders in childhood psychiatric problems, medical problems, learning disorders and developmental coordination disorder. *Clinical Psychiatry*, 2015. Disponível em: https://clinical-psychiatry.imedpub.com/adhd-and-comorbid-disorders-inchildhoodpsychiatric-problems-medicalproblems-learning-disordersand-developmental-coordinationdisorder.php?aid=7487. Acesso em: 15 fev. 2021.

32. BUNFORD, N.; EVANS, S. W.; WYMBS, F. ADHD and emotion dysregulation among children and adolescents. *Clinical Child and Family Psychology Review*, v. 18, n. 3, p. 185-217, 2015.

33. DUPAUL; GORMLEY; LARACY. Comorbidity of LD and ADHD; Subcommittee on Attention-Deficit/Hyperactivity Disorder Committee on Quality Improvement. Clinical practice guideline: treatment of the school-aged child with attention-deficit/hyperactivity disorder. *Pediatrics*, v. 108, n. 4, p. 1033-44. Disponível em: www.doi.org/10.1542/peds.108.4.1033. Acesso em: 15 fev. 2021.

34. U.S. DEPARTAMENT OF EDUCATION. Building the legacy: IDEA 2004, 2006. Disponível em: www.sites.ed.gov/idea/. Acesso em: 15 fev. 2021.

35. *Id.* Protecting students with disabilities. Office for Civil Rights, 2015. Disponível em: www.ed.gov/about/offices/list/ocr/504faq.html. Acesso em: 15 fev. 2021.

36. THE MTA COOPERATIVE GROUP. A 14-month randomized clinical trial of treatment strategies for attention-deficit/hyperactivity disorder. *Archives of General Psychiatry*, v. 56, n. 12, p. 1073-86, 1999.

37. JENSEN, P. S. *et al.* ADHD comorbidity findings from the MTA study: comparing comorbid subgroups. *Journal of the American Academy of Child and Adolescent*

Psychiatry, v. 40, n. 2, p. 147-58, 2001.

38. JENSEN, C. M.; STEINHAUSEN, H-C. Comorbid mental disorders in children and adolescents with attention-deficit/hyperactivity disorder in a large nationwide study. *Attention Deficit and Hyperactivity Disorders*, v. 7, n. 1, p. 27-38, 2015.

39. BIEDERMAN, J. *et al*. A naturalistic 10-year prospective study of height and weight in children with attention-deficit hyperactivity disorder grown up: sex and treatment effects. *The Journal of Pediatrics*, v. 157, n. 4, p. 635-4, 2010.

40. KOHLS, G.; HERPERTZ-DAHLMANN, B.; KONRAD, K. Hyperresponsiveness to social rewards in children and adolescents with attention-deficit/hyperactivity disorder (ADHD). *Behavioral and Brain Functions*, v. 5, n. 1, p. 20, 2009.

41. Foi demonstrado que a terapia com foco cognitivo que também inclui *mindfulness* melhora emoções de reconhecimento e compreensão com menos julgamento. Da mesma forma, pode reduzir as interações familiares negativas e melhorar o controle emocional para os pais e seus filhos com TDAH. Ver: SHAW, P. *et al*. Emotion dysregulation in attention deficit hyperactivity disorder. *American Journal of Psychiatry*, v. 171, n. 3, p. 276-93, 2014.

42. MEPPELINK, R.; DE BRUIN, E. I.; BÖGELS, S. M. Meditation or medication? Mindfulness training *versus* medication in the treatment of childhood ADHD: a randomized controlled trial. *BMC Psychiatry*, v. 16, n. 1, 2016; SCHMIEDELER, S. "[Mindfulness-based intervention in attention-deficit-/hyperactivity disorder (ADHD).]" *Zeitschrift für Kinder-und Jugendpsychiatrie und Psychotherapie*, v. 43, n. 2, p. 123-31, 2015.

43. DEN HEIJER, A. E. *et al*. Sweat it out?: the effects of physical exercise on cognition and behavior in children and adults with ADHD: a systematic literature review. *Journal of Neural Transmission*, v. 124, sup. 1, p. 3-26, 2016. Disponível em: https://pubmed.ncbi.nlm. nih.gov/27400928/. Acesso em: 15 fev. 2021.

44. CORTESE, S. *et al*. Neurofeedback for attention-deficit/hyperactivity disorder: meta-analysis of clinical and neuropsychological outcomes from randomized controlled trials. *Journal of the American Academy of Child and*

Adolescent Psychiatry, v. 55, n. 6, p. 444-55, 2016; BARKLEY, R. A. Research Findings. *The ADHD Report*, v. 23, n. 8, 2015. Disponível em: www.guilfordjournals.com/loi/adhd. Acesso em: 15 fev. 2021.

CAPÍTULO 3

1. HALLOWELL; JENSEN, *op. cit.*

CAPÍTULO 4

1. LAWRENCE-LIGHTFOOT, S. *The essential conversation: what parents and teachers can learn from each other*. New York: Ballantine Books, 2004.
2. DUPAUL; GORMLEY; LARACY, *op. cit.*
3. *Ibid.*
4. LAHEY, J. *The gift of failure: how the best parents learn to let go so their children can succeed*. New York: HarperCollins, 2015.

CAPÍTULO 5

1. GOLEMAN, D. *Foco:* a atenção e seu papel fundamental para o sucesso. Rio de Janeiro: Objetiva, 2013, p. 203.

CAPÍTULO 6

1. NADEAU, K. G.; LITTMAN, E. B.; QUINN, P. O. *Understanding girls with ADHD*: how they feel and why they do what they do. Silver Spring: Advantage, 1999.

CAPÍTULO 7

1. DUPAUL; GORMLEY; LARACY, *op. cit.*

CAPÍTULO 10

1. GOLEMAN, D. *Inteligência emocional*: a revolucionária teoria que redefine o que é ser inteligente. Rio de Janeiro: Objetiva, 1996.
2. THOMAS, E. The amygdala & emotions. 2015. Disponível em: www.effective-mind-control.com/amygdala.html. Acesso em: 15 fev. 2021.
3. BROWN, *op. cit.*, p. 36.
4. SCHMEICHEL, B. J.; VOLOKHOV, R. N.; DEMAREE, H. A. Working memory capacity and the self-regulation of emotional expression and experience. *Journal of Personality and Social Psychology*, v. 95, n. 6, 1526-40, 2008.
5. HALLOWELL; JENSEN, *op. cit*, p. 77.
6. *Ibid.*, p. 77-80.
7. PRATT, K. Psychology tools: what is anger? A secondary emotion. 2014. Disponível em: https://healthypsych.com/psychology-tools-what-is-anger-a-secondary-emotion/. Acesso em: 15 fev. 2021.
8. CHANSKY, T. E. *Freeing your child from negative thinking: powerful, practical strategies to build a lifetime of resilience, flexibility, and happiness*. Cambridge: Da Capo Press, 2008, p. 36-8.

9. KEMP, C. Many parents use time-outs incorrectly. 2017. Disponível em: www.aappublications.org/news/2017/01/24/TimeOut012417. Acesso em: 15 fev. 2021.; MORGAN, A. Why traditional time-outs don't work and what to do instead. 2017. Disponível em: www.notimefor-flashcards.com/2017/01/time-outs-dont-work.html. Acesso em: 15 fev. 2021.

10. GEURTS, H. M.; LUMAN, M.; VAN MEEL, C. S. What's in a game: the effect of social motivation on interference control in boys with ADHD and autism spectrum disorders. *Journal of Child Psychology and Psychiatry*, v. 49, n. 8, 848-57, 2008. Disponível em: www.doi.org/10.1111/j.1469-7610.2008.01916.x. Acesso em: 15 fev. 2021.; SERGEANT, J. Modeling attention: deficit/hyperactivity disorder: A critical appraisal of the cognitive-energetic model. *Biological Psychiatry*, v. 57, n. 11, p. 1248-55, 2005. Disponível em: www.doi.org/10.1016/j.bps.2004.09.010. Acesso em: 15 fev. 2021.

11. WILSON, R.; LYONS, L. L. *Anxious kids, anxious parents*: 7 ways to stop the worry cycle and raise courageous & independent children. Deerfield Beach: Health Communications, Inc, 2013.

CAPÍTULO 11

1. Inspirado pelo trabalho de Peg Dawson e Richard Guare em seu livro *Smart but scattered*. DAWSON, P. e GUARE, R. *Smart but scattered*: the revolutionary "executive skills" approach to helping kids reach their potential. New York: Guilford Press, 2009.

CAPÍTULO 12

1. NADEAU, LITTMAN; QUINN, *op. cit.*; LEE, S. S. *et al.* Prospective association of childhood attention-deficit/hyperactivity disorder (ADHD) and substance use and abuse/dependence: a meta-analytic review. *Clinical Psychology Review*, v. 31, n. 3, p. 328-41, 2011.

2. BROWN, *op. cit.*, p. 155.

3. FLORY, K. *et al.* Childhood ADHD predicts risky sexual behavior in young adulthood. *Journal of Clinical Child & Adolescent Psychology*, v. 35, n. 4, p. 571-7, 2006; BABINSKI, D. E.; WASCHBUSCH, D. A. The interpersonal difficulties of women with ADHD. *The ADHD Report*, v. 24, n. 7, p. 1-8, 2016. Disponível em: www.doi.org/10.1521/adhd.2016.24.7.1. Acesso em: 15 fev. 2021.

4. BERTIN, M. *The family ADHD solution*: a scientific approach to maximizing your child's attention

and minimizing parental stress. New York: St. Martin's Griffin, 2011, p. 162-4.

CAPÍTULO 13

1. ITO, M. *et al. Hanging out, messing around, and geeking out:* kids living and learning with new media. Boston: The MIT Press, 2013.
2. LENHART, A. Teens, social media & technology overview 2015. 2015. Disponível em: www.pewinternet. org/2015/04/09/teens-social-media-technology-2015. Acesso em: 15 fev. 2021.
3. EADICICCO, L. Americans check their phones 8 billion times a day. 2015. Disponível em: https://time.com/4147614/smart-phone-usage-us-2015/#:~:text=A%20study%20recently%20released%20by,devices%20on%20a%20daily%20basis. Acesso em: 15 fev. 2021.
4. NUNEZ-SMITH, M. *et al.* Media + child and adolescent health: a systematic review. *Common Sense Media,* 2008.
5. AMERICAN PSYCHOLOGICAL AS-SOCIATION. Stress in America: coping with change, 2017.
6. STEINER-ADAIR, C. com BARKER, T. H. *The big disconnect:* protecting childhood and family relationships in the digital age. New York: Harper Paperbacks, 2014. Ver p. 4 e 17 para uma análise sobre como esses comportamentos impactam o relacionamento entre pais e filhos.
7. AMERICAN PSYCHOLOGICAL AS-SOCIATION, *op. cit.*
8. *Ibid.*
9. CHASSIAKOS, Y. R. Children and adolescents and digital media. *Pediatrics,* v. 138, n. 5, e1-e18, 2016. Disponível em: pediatrics.aap-publications.org/content/138/5/e20162593. Acesso em: 15 fev. 2021.
10. THEFAMILYDINNERPROJECT.ORG: Food, fun and conversation about things that matter. Disponível em: www.thefamilydinnerproject.org. Acesso em: 15 fev. 2021.
11. UNDERWOOD, M. K.; FARIS, R. #Being thirteen: social media and the hidden world of young adolescents' peer culture. 2015. Disponível em: assets.documentcloud.org/documents/2448422/being-13-report.pdf. Acesso em: 15 fev. 2021.
12. *Ibid.*

Bibliografia

ACADEMIA AMERICANA DE PSIQUIATRIA E INICIATIVA NACIONAL PARA A QUALIDADE DA SAÚDE INFANTIL. *Caring for children with ADHD:* a resource toolkit for clinicians. Chicago: McNeil, 2002. Disponível em: www.nichq. org/childrens-health/adhd/resources/vanderbilt-assessment-scales. Acesso em: 15 fev. 2021.

ANDERSON, A. K. Feeling emotional: the amygdala links emotional perception and experience. *Social Cognitive and Affective Neuroscience*, v. 2, n. 2, p. 71-2, 2007.

ANDERSON, P. Assessment and development of Executive Function (EF) during childhood. *Child Neuropsychology*, v. 8, n. 2, p. 71-82, 2002.

BARKLEY, R. A. *Barkley deficits in executive functioning scale*: children and adolescents. New York: Guildford Press, 2011.

BARKLEY, R. A. *Executive Functions*: what they are, how they work, and why they evolved. New York: Guilford Press, 2012.

BARKLEY, R. A.; Murphy, K. A. *Attention:* deficit hyperactivity disorder: a clinical workbook. New Haven: Yale University Press, 2006.

BAWEJA, R. *et al.* The effectiveness and tolerability of central nervous system stimulants in school-age children with attention-deficit/hyperactivity disorder and disruptive mood dysregulation disorder across home and school. *Journal of Child and Adolescent Psychopharmacology*, v. 26, n. 2, p. 154-63, 2016.

BIEDERMAN, J. Age-dependent decline of symptoms of attention deficit hyperactivity disorder: impact of remission definition and symptom type. *American Journal of Psychiatry*, v. 157, n. 5, p. 816-8, 2000.

BIEDERMAN, J. *et al.* Predictors of persistence in girls with attention deficit hyperactivity disorder: results from an 11-year controlled follow-up study. *Acta Psychiatrica Scandinavica*, v. 125, n. 2, p. 147-56, 2012.

BROWN, T. E. *Attention deficit disorder*: the unfocused mind in children and adults. New Haven: Yale University Press, 2005.

BROWN, T. E. *Smart but stuck:* emotions in teens and adults with ADHD. San Francisco: Jossey-Bass, 2014.

BUITELAAR, J. K. Optimising treatment strategies for ADHD in adolescence to minimise "lost in transition" to adulthood. *Epidemiology and Psychiatric Sciences*, v. 26, n. 5, p. 448-52, 2017.

COLOROSO, B. 15 clues your child is getting bullied & what to do about it. 2016. Disponível em: www.impactadhd.com/manage-emotions-and-impulses/child-is-getting-bullied. Acesso em: 15 fev. 2021.

CONNERS, K. *Conners*. 3. ed. Toronto: Multi-Health Systems, 2008.

COOPER-KAHN, J.; DIETZEL, L. *Late, lost, and unprepared:* a parents' guide to helping children with Executive Functioning. Bethesda: Woodbine House, 2008.

CORTESE, S. *et al.* Toward systems neuroscience of ADHD: a meta-analysis of 55 fMRI studies. *American Journal of Psychiatry*, v. 169, n. 10, 1038-55, 2012.

DAVIDSON, R. J.; BEGLEY, S. *The emotional life of your brain*: how its unique patterns affect the way you think, feel, and live – and how you can change them. New York: Hudson Street Press, 2012.

DAWSON, P.; GUARE, R. *Executive skills in children and adolescents*: a practical guide to assessment and intervention. 2. ed. New York: Guilford Press, 2010.

DAWSON, P.; GUARE, R. *Coaching students with executive skills deficits*. New York: Guilford Press, 2012.

DAWSON, P.; GUARE, R. *Smart but scattered teens*: the "executive skills" program for helping teens reach their potential. New York: Guilford Press, 2013.

DENDY, C. A. e ZIEGLER, A. *A bird's eye view of life with ADD and ADHD*: advice from young survivors. 2. ed. Cedar Bluff: Cherish the Children, 2007.

EARLY CHILDHOOD AUSTRALIA, INC. Collaborating with families: not a problem! *Every Child*, v. 18, n. 1, p. 28-9, 2012.

ELLISON, K. *Buzz*: a year of paying attention. New York: Hyperion, 2010.

EPSTEIN, T.; SALTZMAN-BENAIAH, J. Parenting children with disruptive behaviors: evaluation of a collaborative problem solving pilot program. *Journal of Clinical Psychology Practice*, p. 27-40, 2010.

FERRER, E. *et al.* Achievement gap in reading is present as early as first grade and persists through adolescence. *Journal of Pediatrics*, v. 167, n. 5, p. 1121-5, 2015.

GILLBERG, C. *et al.* Co-existing disorders in ADHD: implications for diagnosis and intervention. *European Child + Adolescent Psychiatry*, v. 13, sup. 1, i80-i92, 2004.

GOLD, A. L.; MOREY, R. A.; MCCARTHY, G. Amygdala-prefrontal cortex functional connectivity during threat: induced anxiety and goal distraction. *Biological Psychiatry*, v. 77, n. 4, p. 394-403, 2015.

GREENE, R. W. The aggressive, explosive child. *In:* AUGUSTYN, M.; ZUCKERMAN, B.; CARONNA, E. B. (Org.). *The Zuckerman Parker handbook of developmental and behavioral pediatrics for primary care.* 2. ed. Baltimore: Lippincott, Williams & Wilkins, 2011, p. 282-4.

GREENE, R. W. et al. Effectiveness of collaborative problem solving in affectively dysregulated youth with oppositional defiant disorder: initial findings. *Journal of Consulting and Clinical Psychology*, v. 72, n. 6, p. 1157-64, 2004.

HALLOWELL, E.; RATEY, J. *Driven to distraction:* recognizing and coping with attention deficit disorder from childhood to adulthood. 2. ed. New York: Anchor, 2011.

HARTY, S. C. *et al.* Anger-irritability as a mediator of attention deficit hyperactivity disorder risk for adolescent alcohol use and the contribution of coping skills. *Journal of Child Psychology and Psychiatry*, v. 58, n. 5, p. 555-63, 2017.

HOSAIN, G. M. *et al.* Attention deficit hyperactivity symptoms and risky sexual behavior in young adult women. *Journal of Women's Health*, v. 21, n. 4, p. 463-68, 2012.

JOHNSON, M. *et al.* Attention-deficit/hyperactivity disorder (ADHD) with oppositional defiant disorder in Swedish children: an open study of collaborative problem solving. *Acta Paediactrica*, v. 101, n. 6, p. 624-30, 2012.

KAPALKA, G. *Counseling boys and men with ADHD.* New York: Routledge, 2010.

KOK, F. M. *et al.* Problematic peer functioning in girls with ADHD: a systematic literature review. *PLOS ONE*, v. 11, n. 11, e0165119, 2016.

KOOIJ, S. J. J. *et al.* European consensus statement on diagnosis and treatment of adult ADHD: The European Network Adult ADHD. *BMC Psychiatry*, v. 10, n. 1, 2010.

LANGE, K. W. *et al.* The history of attention deficit hyperactivity disorder. *Attention Deficit and Hyperactivity Disorders*, v. 2, n. 4, p. 241-55, 2010.

LOE, I. M.; FELDMAN, H. M. Academic and educational outcomes of children with ADHD. *Ambulatory Pediatrics*, v. 7, sup. 1, p. 82-90, 2007.

MAUTONE, J. A.; LEFLER, E. K.; POWER, T. J. Promoting family and school success for children with ADHD: strengthening relationships while building skills. *Theory into Practice*, v. 50, n. 1, p. 43-51, 2011.

MERIKANGAS, K. R. *et al.* Lifetime prevalence of mental disorders in U.S. adolescents: results from the national comorbidity survey replication: adolescent supplement (NCS-A). *Journal of the American Academy of Child & Adolescent Psychiatry*, v. 49, n. 10, p. 980-9, 2010.

MILLER, V. A. Parent-child collaborative decision making for the management of chronic illness: a qualitative analysis. *Families, Systems, & Health*, v. 27, n. 3, p. 249-66, 2009.

MOLINA, B. S. *et al.* Adolescent substance use in the multimodal treatment study of attention-deficit/hyperactivity disorder (ADHD) (MTA) as a function of childhood ADHD, random assignment to childhood treatments, and subsequent medication. *Journal of the American Academy of Child & Adolescent Psychiatry*, v. 52, n. 3, p. 250-63, 2013.

MOLINA, B. S. *et al.* The MTA at 8 years: prospective follow-up of children treated for combined-type ADHD in a multisite study. *Journal of the American Academy of Child & Adolescent Psychiatry*, v. 48, n. 5, p. 484-500, 2009.

MOLINA, B. S.; PELHAM, W. E. Childhood predictors of adolescent substance use in a longitudinal study of children with ADHD. *Journal of Abnormal Psychology*, v. 112, n. 3, p. 497-507, 2003.

MOYA-ALBIOL *et al.* Psychophysiological responses to cooperation: the role of outcome and gender. *International Journal of Psychology*, v. 48, n. 4, p. 542-50, 2013.

MRUG, S. *et al.* Peer rejection and friendships in children with attention-deficit/hyperactivity disorder: contributions to long-term outcomes. *Journal of Abnormal Child Psychology*, v. 40, n. 6, p. 1013-26, 2012.

MURRAY-CLOSE, D. *et al.* Developmental processes in peer problems of children with attention-deficit/hyperactivity disorder in the multimodal treatment study of children with ADHD: developmental cascades and vicious cycles. *Development and Psychopathology*, v. 22, n. 4, p. 785-802, 2010.

NEWCORN, J. H. *et al.* Symptom profiles in children with ADHD: effects of comorbidity and gender. *Journal of the American Academy of Child & Adolescent Psychiatry*, v. 40, n. 2, p. 37-146, 2001.

NIGG, J. T. Attention-deficit/hyperactivity disorder and adverse health outcomes. *Clinical Psychology Review*, v. 33, n. 2, p. 215-28, 2013.

OLLENDICK, T. H. *et al.* Parent Management Training (PMT) and Collaborative & Proactive Solutions (CPS): a randomized control trial for oppositional youth. *Journal of Clinical Child and Adolescent Psychology*, v. 45, n. 5, p. 591-604, 2016.

PETERSON, R. L. *et al.* Cognitive prediction of reading, math, and attention: shared and unique influences. *Journal of Learning Disabilities*, v. 50, n. 4, p. 408-21, 2017.

POLDERMAN, T. J. *et al.* A systematic review of prospective studies on attention problems and academic achievement. *Acta Psychiatrica Scandinavica*, v. 122, n. 4, p. 271-84, 2010.

POLLASTRI, A. *et al.* The collaborative problem solving approach: outcomes across settings. *Harvard Review of Psychiatry*, v. 21, v. 4, p. 188-99, 2013.

QUINN, P. O.; Nadeau, K. G. (Org.). *Understanding women with AD/HD*. Silver Spring: Advantage, 2002.

REYNOLDS, C. R.; KAMPHAUS, R. W. *Behavior assessment system for children*. 3ª ed. New York: Pearson, 2015.

RILEY, A. R. *et al.* A survey of parents' perceptions and use of time-out compared to empirical evidence. *Academic Pediatrics*, v. 17, n. 2, p. 168-75, 2017.

RUBIA, K.; ALEGRIA, A.; BRINSON, H. Imaging the ADHD brain: disorder-specificity, medication effects and clinical translation. *Expert Review of Neurotherapeutics*, v. 14, n. 5, p. 519-38, 2014.

SEIDMAN, L. J. *et al.* Impact of gender and age on executive functioning: do girls and boys with and without attention deficit hyperactivity disorder differ neuropsychologically in preteen and teenage years? *Developmental Neuropsychology*, v. 27, n. 1, p. 79-105, 2005.

SESMA, H. W. *et al.* The contribution of executive skills to reading comprehension. *Child Neuropsychology*, v. 15, n. 3, p. 232-46, 2009.

SHAYWITZ, S. E.; Shaywitz, B. A. Dyslexia (specific reading disability). *Biological Psychiatry*, v. 57, n. 11, p. 1301-9, 2005.

SIEGEL, D. *Brainstorm*: the power and purpose of the teenage brain. New York: Jeremy P. Tarcher/Penguin, 2013.

SOBANSKI, E. *et al.* Emotional lability in children and adolescents with attention deficit/hyperactivity disorder (ADHD): clinical correlates and familial prevalence: emotional lability in ADHD. *Journal of Child Psychology and Psychiatry*, v. 51, n. 8, p. 915-23, 2010.

SPENCER, T. J. *et al.* Effect of psychostimulants on brain structure and function in ADHD: a qualitative literature review of magnetic resonance imaging-based neuroimaging studies. *Journal of Clinical Psychiatry*, v. 74, n. 9, p. 902-17, 2013.

STASIK, D. *et al.* [Graphomotor functions in children with attention deficit hyperactivity disorder (ADHD).] *Psychiatria Polska*, v. 43, n. 2, p. 183-92, 2008.

STILES, J.; JERNIGAN, T. L. The basics of brain development. *Neuropsychology Review*, v. 20, n. 4, p. 327-48, 2010.

SWANSON, E. N.; OWENS, E. B.; HINSHAW, S. P. Pathways to self: harmful behaviors in young women with and without ADHD: a longitudinal examination of mediating factors. *Journal of Child Psychology and Psychiatry*, v. 55, n. 5, p. 505-15, 2014.

SWANSON, J. M. *et al.* Clinical relevance of the primary findings of the MTA: success rates based on severity of ADHD and ODD symptoms at the end of treatment. *Journal of the American Academy of Child & Adolescent Psychiatry*, v. 40, n. 2, p. 168-79, 2001.

TALAN, J. ADHD brains lag in development, new study finds. *Neurology Today*, v. 7, n. 24, p. 1, 2007.

TOUGH, P. *How children succeed*: grit, curiosity and the hidden power of character. New York: Houghton Mifflin Harcourt, 2012.

TUCKMAN, A. *Understand your brain, get more done*: the ADHD executive functions workbook. Plantation: Speciality Press, 2012.

UCHIDA, M. *et al.* Adult outcome of ADHD: an overview of results from the MGH longitudinal family studies of pediatrically and psychiatrically referred youth with and without ADHD of both sexes. *Journal of Attention Disorders*, p. 1-12, 2015.

UNIVERSITY OF MICHIGAN. Slow to mature, quick to distract: ADHD brain study finds slower development of key connections. University of Michigan Health System, 2015. Disponível em: https://www.sciencedaily. com/releases/2014/09/140915153607.htm#:~:text=2-,Slow%20to%20 mature%2C%20quick%20to%20distract%3A%20ADHD%20brain%20 study%20finds,slower%20development%20of%20key%20connections&- text=Kids%20and%20teens%20with%20ADHD,and%20between%2C%20 key%20brain%20networks. Acesso em: 15 fev. 2021.

VOLKOW, N. D. *et al.* Motivation deficit in ADHD is associated with dysfunction of the dopamine reward pathway. *Molecular Psychiatry*, v. 16, n. 11, p. 1147-54, 2011.

WILLCUTT, E. G.; DOYLE, A. E.; NIGG, J. T.; FARAONE, S. V.; PENNINGTON, B. F. Validity of the executive function theory of attention-deficit/hyperactivity disorder: a meta-analytic review. *Biological Psychiatry*, v. 57, n. 11, p. 1336-46, 2005.

WILLCUTT, E. G. *et al.* Etiology and neuropsychology of comorbidity between RD and ADHD: the case for multiple-deficit models. *Cortex*, v. 46, n. 10, p. 1345-61, 2010.

WOLRAICH, M. L. Attention-deficit/hyperactivity disorder among adolescents: a review of the diagnosis, treatment, and clinical implications. *Pediatrics*, v. 115, n. 6, p. 1734-46, 2005.

ZWI, M. *et al.* Parent training interventions for attention deficit hyperactivity disorder (ADHD) in children aged 5 to 18 years. *In*: Cochrane Collaboration (Org.). Cochrane Database of Systematic Reviews. Chichester: John Wiley & Sons, Ltd, 2011.

3ª reimpressão, outubro 2024

FONTES Lyon, Programme
PAPEL Alta Alvura 90 g/m²
IMPRESSÃO Imprensa da Fé